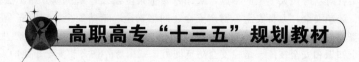
高职高专"十三五"规划教材

大学生
安全教育

王会强　刘竟成　主编
张晓东　主审

化学工业出版社

·北京·

本书针对新时代大学生的特点，从保障安全角度出发，系统地介绍了法律法规知识、国家安全、运动安全、人身安全、财产安全、网络安全、消防安全、交通安全、疾病预防和应急救护等方面的安全知识，具有较强的针对性和实用性，有利于帮助大学生提高安全意识、掌握安全知识和安全技能、增强安全防范能力，减少意外伤害和安全事故的发生。

本书可作为高职高专学生安全教育的教材，也可供各类学校学生和安保工作者参考。

图书在版编目（CIP）数据

大学生安全教育/王会强，刘竟成主编．—北京：化学工业出版社，2018.10 （2022.10重印）
高职高专"十三五"规划教材
ISBN 978-7-122-32826-7

Ⅰ.①大… Ⅱ.①王… ②刘… Ⅲ.①大学生-安全教育-高等职业教育-教材 Ⅳ.①G645.5

中国版本图书馆 CIP 数据核字（2018）第 184988 号

责任编辑：张双进　　　　　　　　　　　文字编辑：李　曦
责任校对：王素芹　　　　　　　　　　　装帧设计：王晓宇

出版发行：化学工业出版社（北京市东城区青年湖南街 13 号　邮政编码 100011）
印　　装：三河市延风印装有限公司
710mm×1000mm　1/16　印张 15　字数 279 千字　2022 年 10 月北京第 1 版第 5 次印刷

购书咨询：010-64518888　　　　　　　　售后服务：010-64518899
网　　址：http://www.cip.com.cn

凡购买本书，如有缺损质量问题，本社销售中心负责调换。

定　　价：39.00 元　　　　　　　　　　　　　　　版权所有　违者必究

前言 FOREWORD

　　幸福来自于人的平安与健康，安全是人类幸福生活的基础。对于大学生来说，安全是一个大学生完成学业的重要保证，也是每一位大学生健康成长的基本条件。随着高等职业教育的发展和高职院校办学规模的扩张，在校生人数不断增加，随之而来的威胁大学生人身安全的各种因素造成的意外伤害事故也日益增多，对师生、学校和社会造成了不良影响。因此，加强对大学生的安全教育，让学生学习相关法律法规和必要的安全知识，掌握必要的安全防范技能，学会科学自救互救方法，增强遵纪守法观念和安全防范意识，提高自我保护能力，预防和减少违法犯罪具有十分重要的意义，因此重庆化工职业学院组织相关学生教育工作者和安全管理专家编写了《大学生安全教育》教材。

　　本书针对新时代大学生的特点，从保障大学生安全和减少意外伤害的角度出发，系统地介绍了法律法规、国家安全、运动安全、人身安全、财产安全、网络安全、消防安全、交通安全、疾病预防和应急救护等方面的知识，涉及大学生学习、生活等多个方面，内容力求广泛性、针对性及实用性。

　　本书由王会强、刘竟成任主编，张晓东主审，参加教材编写的人员还有张荣、练学宁、文莉军、刘立、彭斌、刘菊梅、王雨和骆火红。

　　本书在编写过程中参阅和借鉴了同类著作和相关文献资料，在书末的参考文献中一一列出，在此一并表示感谢。由于编者水平及实际工作经验等方面的限制，书中难免有不妥之处，敬请读者和同行批评指正。

编者

2018 年 5 月

目录 CONTENTS

01 第一章 法律法规 / 001

第一节 常用法律法规 / 001
一、《中华人民共和国刑法》/ 001
二、《中华人民共和国民法通则》/ 002
三、《中华人民共和国治安管理处罚法》/ 003
四、《中华人民共和国国家安全法》/ 004
五、《中华人民共和国保守国家秘密法》/ 004
六、《中华人民共和国安全生产法》/ 005
七、《危险化学品安全管理条例》/ 006
八、《中华人民共和国职业病防治法》/ 006
九、《工伤保险条例》/ 007
十、《中华人民共和国劳动法》/ 007

第二节 大学生要学会保障自己的合法权益 / 008
一、大学生享有的权利 / 008
二、诉讼法所规定的相关权利 / 010
三、大学生要正确维权 / 011
四、正当防卫 / 012

第三节 高校学生管理文件介绍 / 012
一、教育部等上级部门制定的相关文件 / 012
二、高校自己制定的管理文件 / 015

第四节 违反校规校纪的处理程序 / 016
一、《普通高等学校学生管理规定》中对大学生违纪处理的有关规定 / 016
二、常见学校处分与申诉程序规定 / 017

习题 / 018

02 第二章 国家安全 / 020

第一节 国家安全的定义和内容 / 020
一、国家安全的定义 / 020

二、国家安全的主要内容 / 021
第二节　国家传统安全与非传统安全 / 023
　　一、国家传统安全的含义及基本点 / 023
　　二、国家非传统安全的含义及基本点 / 025
第三节　维护国家安全 / 028
　　一、危害国家安全的行为 / 028
　　二、维护国家安全的义务 / 028
　　三、大学生维护国家安全的具体要求 / 029
习题 / 031

03 第三章
运动安全　　　　　　　　　/ 033

第一节　运动安全常识 / 033
第二节　体育课和竞技比赛注意事项 / 034
　　一、上体育课应注意安全防范 / 034
　　二、参加竞技比赛要注意安全防范 / 035
第三节　常见的运动不适症状及损伤的处理 / 035
第四节　游泳安全知识 / 037
第五节　户外运动安全知识 / 038
习题 / 040

04 第四章
人身安全　　　　　　　　　/ 041

第一节　预防意外伤害 / 041
　　一、生活方面 / 041
　　二、学习方面 / 042
第二节　预防纠纷与防止斗殴 / 043
　　一、正确认识及预防纠纷 / 044
　　二、冷静处理纠纷防止斗殴 / 044
第三节　防滋扰 / 045
　　一、外部滋扰的常见形式 / 045
　　二、滋扰事件的特点 / 046
　　三、如何应对外部滋扰 / 047
第四节　防止性骚扰和性侵害 / 048
　　一、性骚扰和性侵害的主要形式 / 048
　　二、防止性骚扰和性侵害 / 049
第五节　防身自卫 / 049

一、如何正确理解正当防卫 / 050
二、大学生应掌握一些必要的防卫术 / 050

习题 / 051

05 第五章
财产安全 / 052

第一节　防止被盗 / 052
一、学生容易被盗的场所 / 052
二、盗窃学生宿舍常见的手段 / 052
三、学生宿舍容易被盗的时段 / 053
四、学生防盗应注意的事项 / 053
五、现金、储蓄卡保管和 ATM 机取款安全事项 / 055
六、如何处理宿舍被盗 / 056

第二节　防止受骗 / 056
一、大学生容易受骗的原因 / 056
二、诈骗作案的主要手段 / 057
三、大学生诈骗案件的预防 / 060
四、信用卡诈骗及其应对 / 061

第三节　防止抢劫 / 062
一、防抢知识 / 062
二、面对抢劫如何应对 / 063

习题 / 063

06 第六章
网络安全 / 065

第一节　网络成瘾 / 065
一、网络成瘾的内涵 / 065
二、大学生网络成瘾的危害 / 067
三、大学生网络成瘾的应对措施 / 068

第二节　网络犯罪的防范 / 069
一、网络犯罪的概念 / 069
二、网络犯罪的成因 / 069
三、网络犯罪危机应对 / 070

第三节　校园贷 / 073
一、校园贷 / 073
二、校园贷的现状 / 073
三、校园贷的防范 / 075

第四节　计算机病毒危机应对 / 076

一、计算机病毒的预防 / 076
　　二、计算机病毒危机应对方法 / 078
习题 / 079

07 第七章
消防安全　　　　　　　　/ 081

第一节　火灾知识 / 081
　　一、燃烧知识 / 081
　　二、火灾及其分类 / 082
　　三、火灾的发展过程 / 082
　　四、引火源 / 083
　　五、燃烧产物 / 084
　　六、高校典型火灾事件 / 084

第二节　防火知识 / 086
　　一、校园防火 / 086
　　二、公共场所防火 / 087
　　三、森林防火 / 087

第三节　灭火知识 / 088
　　一、灭火原理 / 088
　　二、灭火剂 / 088
　　三、常见手提式灭火器及其使用 / 089
　　四、消火栓 / 091

第四节　火灾救援、火场逃生 / 091
　　一、报火警 / 091
　　二、火灾扑救 / 092
　　三、火场逃生 / 093

习题 / 095

08 第八章
交通安全　　　　　　　　/ 097

第一节　校园交通安全 / 097
　　一、校园内交通事故多发的原因 / 097
　　二、学校常见的交通安全事故 / 098

第二节　交通事故的预防 / 099
　　一、步行须注意的问题 / 099
　　二、乘车须注意的问题 / 099
　　三、驾驶非机动车须注意的问题 / 099
　　四、驾驶机动车须注意的问题 / 100

五、乘坐地铁须注意的问题 / 100
　　六、认识常用的交通安全标志 / 101
第三节　意外交通事故的处理方法 / 102
　　一、及时报警 / 102
　　二、学会自救 / 103
习题 / 103

09 第九章 疾病预防 / 104

第一节　常见疾病及处理方法 / 104
　　一、流行性感冒 / 104
　　二、病毒性上呼吸道感染 / 105
　　三、细菌性食物中毒 / 105
　　四、细菌性痢疾 / 106
　　五、肺结核 / 106
　　六、病毒性肝炎 / 107
　　七、狂犬病 / 107
　　八、艾滋病（AIDS）/ 108
第二节　增强体质减少疾病方法 / 109
　　一、大学生要养成良好的生活习惯 / 109
　　二、大学生的营养需要 / 110
　　三、减少不良饮食习惯 / 110
　　四、良好的睡眠卫生习惯 / 111
　　五、拒绝吸烟 / 111
　　六、警惕电脑对自己的伤害 / 113
　　七、用眼卫生知识 / 113
习题 / 114

10 第十章 应急救护 / 116

第一节　应急救护概述 / 116
　　一、应急救护 / 116
　　二、生存链 / 117
　　三、如何拨打"120"急救电话 / 117
第二节　心肺复苏术 / 118
　　一、心搏骤停 / 118
　　二、认识心肺复苏术 / 118
　　三、心肺复苏术的操作步骤 / 119

四、心肺复苏术的有效指征 / 120

第三节　创伤现场救护 / 123
　　一、创伤止血技术 / 123
　　二、包扎 / 127
　　三、骨折固定 / 132
　　四、伤病员搬运 / 133

第四节　日常生活中常见伤情的现场救护 / 135
　　一、蜂蜇伤 / 135
　　二、毒蛇咬伤 / 136
　　三、眼异物 / 136
　　四、触电 / 136

第五节　常见疾病的现场救护 / 137
　　一、中暑 / 137
　　二、休克 / 137
　　三、烧烫伤急救 / 138
　　四、酸灼伤和碱灼伤急救 / 139
　　五、食物中毒 / 140
　　六、一氧化碳中毒 / 140

习题 / 141

附录
高等学校安全知识教育与管理的法规文件　/ 142

　　一、《普通高等学校学生管理规定》 / 142
　　二、《高等学校校园秩序管理若干规定》 / 153
　　三、《学生伤害事故处理办法》 / 155
　　四、《普通高等学校学生安全教育及管理暂行规定》 / 160
　　五、《高等学校消防安全管理规定》 / 164
　　六、《中华人民共和国国家安全法》 / 173
　　七、《中华人民共和国职业教育法》 / 181
　　八、《中华人民共和国安全生产法》 / 185
　　九、《中华人民共和国治安管理处罚法》 / 202
　　十、《中华人民共和国侵权责任法》 / 219

参考文献　/ 228

第一章 法律法规

随着我国社会主义市场经济的不断深化和教育改革进程的快速推进,高等学校办学体制不断更新,办学规模不断扩大,在校大学生数量不断增多。同时,潜伏在校园内部和周边地区的许多不安全因素也不断涌现,各类意外伤害和安全事故时有发生。大学生安全问题已成为师生、家长、学校及社会普遍关心的热点问题。

法律是维护社会正常运行的重要保障,公民的生活离不开法律、国家的治理离不开法律。对大学生进行法律知识教育,目的在于培养他们自觉遵守法律的良好习惯,以增强法制观念。大学生在校期间,应认真学习《中华人民共和国宪法》《中华人民共和国刑法》《中华人民共和国民法通则》《中华人民共和国治安管理处罚法》《中华人民共和国劳动法》《中华人民共和国国家安全法》《中华人民共和国保守国家秘密法》《中华人民共和国安全生产法》《普通高等学校学生管理规定》《高等学校校园秩序管理若干规定》《学生伤害事故处理办法》《普通高等学校学生安全教育及管理暂行规定》和《高等学校学生行为准则》等有关法律法规,真正做到学法、懂法、守法、用法,规范自己的行为,学会用法律保护自己的合法权益。下面逐一介绍和大学生生活密切相关的法律法规。

第一节 常用法律法规

一、《中华人民共和国刑法》

《中华人民共和国刑法》(以下简称《刑法》)共四百五十二条,分总则、分则两大编。总则规定了刑法的任务、基本原则和适用范围,犯罪行为的特征、刑罚的种类、刑罚的具体运用等。分则规定了各类犯罪行为的构成、罪名和刑罚的具体适用标准等。

我国《刑法》第三十二至三十四条规定，我国刑罚分为主刑和附加刑两种。主刑的种类有管制、拘役、有期徒刑、无期徒刑、死刑。附加刑的种类有罚金、剥夺政治权利、没收财产。

刑法进行惩罚的目的并不在于惩罚本身，而在于通过惩罚维护民众的权益和社会秩序的安定，能够促进人民生活的整体提高。刑法的正义在于给予犯罪人应有的惩罚，促进人民的幸福自由。

2015年8月29日，第十二届全国人民代表大会常务委员会第十六次会议表决通过《中华人民共和国刑法修正案（九）》，自2015年11月1日起开始施行。在信息网络或者其他媒体上传播虚假信息出现在《中华人民共和国刑法修正案（九）》中，在刑法第二百九十一条之一中增加一款作为第二款："编造虚假的险情、疫情、灾情、警情，在信息网络或者其他媒体上传播，或者明知是上述虚假信息，故意在信息网络或者其他媒体上传播，严重扰乱社会秩序的，处三年以下有期徒刑、拘役或者管制；造成严重后果的，处三年以上七年以下有期徒刑。"国家考试找人替考由以往行政处罚转变为追究刑事责任，在刑法第二百八十四条后增加一条："在法律规定的国家考试中，组织作弊的，处三年以下有期徒刑或者拘役，并处或者单处罚金；情节严重的，处三年以上七年以下有期徒刑，并处罚金。""代替他人或者让他人代替自己参加第一款规定的考试的，处拘役或者管制，并处或者单处罚金。"

2017年11月4日，第十二届全国人民代表大会常务委员会第三十次会议通过《中华人民共和国刑法修正案（十）》，并自公布之日起施行。为了惩治侮辱国歌的犯罪行为，切实维护国歌奏唱、使用的严肃性和国家尊严，刑法第二百九十九条中修改为："在公共场合，故意以焚烧、毁损、涂划、玷污、践踏等方式侮辱中华人民共和国国旗、国徽的，处三年以下有期徒刑、拘役、管制或者剥夺政治权利。在公共场合，故意篡改中华人民共和国国歌歌词、曲谱，以歪曲、贬损方式奏唱国歌，或者以其他方式侮辱国歌，情节严重的，依照前款的规定处罚。"

二、《中华人民共和国民法通则》

《中华人民共和国民法通则》（以下简称《民法通则》）于1987年1月1日起施行，是为了保障公民、法人的合法民事权益，正确调整民事关系，适应社会主义现代化建设事业发展的需要，根据宪法和我国实际情况，总结民事活动的实践经验而制定的。其基本原则是保障公民、法人的合法民事权益，正确调整民事关系，适应社会主义现代化建设事业发展的需要，调整平等主体的公民之间、法人之间、公民和法人之间的财产关系和人身关系。

《民法通则》规定了公民（自然人）的民事权利能力和民事行为能力、法人的概念、民事法律行为和代理、民事权利（财产权、债权、知识产权、人身权）、民事责任、诉讼时效等内容。

2009年8月27日，第十一届全国人民代表大会常务委员会第十次会议决定对《民法通则》中明显不适应社会主义市场经济和社会发展要求的规定做出修改，将《民法通则》第七条修改为："民事活动应当尊重社会公德，不得损害社会公共利益，扰乱社会经济秩序。"删去第五十八条第一款第六项："经济合同违反国家指令性计划的"。

三、《中华人民共和国治安管理处罚法》

2012年10月26日，第十一届全国人民代表大会常务委员会第二十九次会议通过《关于修改〈中华人民共和国治安管理处罚法〉的决定》的修正，于2013年1月1日起施行，共六章一百一十九条。《中华人民共和国治安管理处罚法》（以下简称《治安管理处罚法》）是一部系统规范治安管理处罚的实体、程序、执法监督等内容的基本法律，是公安机关办理治安案件的准据法、程序法。这部法律在维护社会治安秩序、保障公民合法权益、规范公安机关和人民警察依法行使职权等方面，都具有广泛而深远的意义。

违反《治安管理处罚法》的行为涉及社会生活的各个领域，包括：

① 扰乱公共秩序的行为，如扰乱机关、团体、企事业单位的秩序，致使正常工作不能进行；扰乱车站、码头等公共场所的秩序；扰乱公共汽车等公共交通工具上的秩序等。

② 妨害公共安全的行为，如非法携带、存放枪支弹药；违法生产、销售、储存危险物品；非法制造、贩卖、携带管制刀具等。

③ 侵犯他人人身权利的行为，如殴打他人，非法限制他人人身自由，侮辱、诽谤他人，虐待家庭成员等。

④ 侵犯财产权利的行为，如偷窃、骗取、抢夺少量财物；哄抢他人财物；敲诈勒索、故意损坏公私财物等。

⑤ 妨害社会管理的行为，如窝赃、买赃，吸食、注射毒品，倒卖票证，利用封建会道门、迷信活动扰乱社会秩序，冒充国家机关工作人员招摇撞骗，尚不够刑事处罚的。

⑥ 违反消防管理的行为，如在有易燃易爆物品的地方，违反禁令吸烟、使用明火；违反规定占用防火间距；有重大火灾隐患，经公安机关通告而拒不改正的。

⑦ 违反户口或者居民身份证管理的行为，如涂改户口证件，不按规定申报

户口，领取居民身份证，拒不改正等。

⑧ 奸淫、嫖宿暗娼以及介绍容留卖淫的行为，尚不构成犯罪的。

⑨ 违反交通管理的行为，如挪用、转借机动车辆牌证或驾驶证；违反交通规则，造成交通事故；酒后驾车等。

⑩ 违反规定种植罂粟等毒品原植物或非法运输、买卖、存放、使用罂粟，尚不构成犯罪的行为，以及进行赌博或者为赌博提供条件等。

四、《中华人民共和国国家安全法》

2015年7月1日，第十二届全国人民代表大会常务委员会第十五次会议通过新的《中华人民共和国国家安全法》。国家主席习近平签署第29号主席令予以公布。法律对政治安全、国土安全、军事安全、文化安全、科技安全等11个领域的国家安全任务进行了明确，共七章八十四条，自2015年7月1日起施行。

《中华人民共和国国家安全法》是为了维护国家安全，保卫人民民主专政的政权和中国特色社会主义制度，保护人民的根本利益，保障改革开放和社会主义现代化建设的顺利进行，实现中华民族伟大复兴。根据《中华人民共和国宪法》制定的法规，任何组织和个人进行危害中华人民共和国国家安全的行为都必须受到法律的追究。本法所称危害国家安全的行为，是指境外机构、组织、个人实施或者指使、资助他人实施的，或者境内组织、个人与境外机构、组织、个人相勾结实施的下列危害中华人民共和国国家安全的行为，主要包括：

① 阴谋颠覆政府，分裂国家，推翻社会主义制度的行为；

② 参加间谍组织或者接受间谍组织及其代理人的任务的行为；

③ 窃取、刺探、收买、非法提供国家秘密的行为；

④ 策动、勾引、收买国家工作人员叛变的行为；

⑤ 进行危害国家安全的其他破坏活动的行为。

五、《中华人民共和国保守国家秘密法》

1. 国家秘密包括的秘密事项

《中华人民共和国保守国家秘密法》（以下简称《保密法》）第二条规定：国家秘密是关系国家安全和利益，依照法定程序确定，在一定时间内只限一定范围的人员知悉的事项。《保密法》第九条规定，国家秘密包括下列秘密事项：

① 国家事务重大决策中的秘密事项；

② 国防建设和武装力量活动中的秘密事项；

③ 外交和外事活动中的秘密事项以及对外承担保密义务的事项；

④ 国民经济和社会发展中的秘密事项；

⑤ 科学技术中的秘密事项；

⑥ 维护国家安全活动和追查刑事犯罪中的秘密事项；

⑦ 经国家保密行政管理部门确定的其他秘密事项。

2. 泄露国家秘密的法律责任

违反《保密法》规定，有下列行为之一的，依法给予处分；构成犯罪的，依法追究刑事责任：

① 非法获取、持有国家秘密载体的；

② 买卖、转送或者私自销毁国家秘密载体的；

③ 通过普通邮政、快递等无保密措施的渠道传递国家秘密载体的；

④ 邮寄、托运国家秘密载体出境，或者未经有关主管部门批准，携带、传递国家秘密载体出境的；

⑤ 非法复制、记录、存储国家秘密的；

⑥ 在私人交往和通信中涉及国家秘密的；

⑦ 在互联网及其他公共信息网络或者未采取保密措施的有线和无线通信中传递国家秘密的；

⑧ 将涉密计算机、涉密存储设备接入互联网及其他公共信息网络的；

⑨ 在未采取防护措施的情况下，在涉密信息系统与互联网及其他公共信息网络之间进行信息交换的；

⑩ 使用非涉密计算机、非涉密存储设备存储、处理国家秘密信息的；

⑪ 擅自卸载、修改涉密信息系统的安全技术程序、管理程序的；

⑫ 将未经安全技术处理的退出使用的涉密计算机、涉密存储设备赠送、出售、丢弃或者改作其他用途的。

六、《中华人民共和国安全生产法》

《中华人民共和国安全生产法》于2014年8月31日第十二届全国人民代表大会常务委员会第十次会议通过，自2014年12月1日施行。共有七章一百一十四条，主要对"生产经营单位的安全生产保障""从业人员的安全生产权利义务""安全生产的监督管理""生产安全事故的应急救援与调查处理"及"法律责任"做出了基本的法律规定。该法的目的是为了加强安全生产工作，防止和减少生产安全事故，保障人民群众生命和财产安全，促进经济社会持续健康发展。

安全生产工作应当以人为本，坚持安全发展，坚持安全第一、预防为主、综合治理的方针，强化和落实生产经营单位的主体责任，建立生产经营单位负责、职工参与、政府监督、行业自律和社会监督的机制。

生产经营单位应当对从业人员进行安全生产教育和培训，保证从业人员具备必要的安全生产知识，熟悉有关的安全生产规章制度和安全操作规程，掌握本岗位的安全操作技能，了解事故应急处理措施，知悉自身在安全生产方面的权利和义务。未经安全生产教育和培训合格的从业人员，不得上岗作业。

生产经营单位使用被派遣劳动者的，应当将被派遣劳动者纳入本单位从业人员统一管理，对被派遣劳动者进行岗位安全操作规程和安全操作技能的教育和培训。劳务派遣单位应当对被派遣劳动者进行必要的安全生产教育和培训。

生产经营单位接收中等职业学校、高等学校学生实习的，应当对实习学生进行相应的安全生产教育和培训，提供必要的劳动防护用品。学校应当协助生产经营单位对实习学生进行安全生产教育和培训。

生产经营单位的特种作业人员必须按照国家有关规定经专门的安全作业培训，取得相应资格，方可上岗作业。

七、《危险化学品安全管理条例》

《危险化学品安全管理条例》于2011年2月16日国务院第一百四十四次常务会议修订通过（国务院令第591号），修订后的《危险化学品安全管理条例》于2011年12月1日正式实施，共有八章一百零二条。2013年12月4日，国务院第三十二次常务会议通过《国务院关于修改部分行政法规的决定》，将《危险化学品安全管理条例》第六条第五项中的"铁路主管部门负责危险化学品铁路运输的安全管理，负责危险化学品铁路运输承运人、托运人的资质审批及其运输工具的安全管理"修改为"铁路监管部门负责危险化学品铁路运输及其运输工具的安全管理"。

《危险化学品安全管理条例》的目的是为了加强危险化学品的安全管理，预防和减少危险化学品事故，保障人民群众生命财产安全，保护环境。危险化学品安全管理，应当坚持安全第一、预防为主、综合治理的方针，强化和落实企业的主体责任。生产、储存、使用、经营、运输危险化学品的单位的主要负责人对本单位的危险化学品安全管理工作全面负责。

危险化学品单位应当具备法律、行政法规规定和国家标准、行业标准要求的安全条件，建立、健全安全管理规章制度和岗位安全责任制度，对从业人员进行安全教育、法制教育和岗位技术培训。从业人员应当接受教育和培训，考核合格后上岗作业；对有资格要求的岗位，应当配备依法取得相应资格的人员。

八、《中华人民共和国职业病防治法》

2017年11月4日，第十二届全国人民代表大会常务委员会第三十次会议决定，通过对《中华人民共和国职业病防治法》（以下简称《职业病防治法》）做出修改，修改后的法规共有七章八十八条。《职业病防治法》的目的是为了预防、控制和消除职业病危害，防治职业病，保护劳动者健康及其相关权益，促进经济社会发展。

职业病防治工作坚持预防为主、防治结合的方针，建立用人单位负责、行政机关监管、行业自律、职工参与和社会监督的机制，实行分类管理、综合治理。用人单位应当建立、健全职业病防治责任制，加强对职业病防治的管理，提高职业病防治水平，对本单位产生的职业病危害承担责任。用人单位的主要负责人和职业卫生管理人员应当接受职业卫生培训，遵守职业病防治法律、法规，依法组织本单位的职业病防治工作。

用人单位应当对劳动者进行上岗前的职业卫生培训和在岗期间的定期职业卫生培训，普及职业卫生知识，督促劳动者遵守职业病防治法律、法规、规章和操作规程，指导劳动者正确使用职业病防护设备和个人使用的职业病防护用品。劳动者不履行规定义务的，用人单位应当对其进行教育。

九、《工伤保险条例》

《国务院关于修改〈工伤保险条例〉的决定》已经于2010年12月8日国务院第一百三十六次常务会议通过（国务院令第586号），自2011年1月1日起施行。本条例共分八章六十七条。具体内容如下：

① 条例制定的目的是为了保障因工作遭受事故伤害或者患职业病的职工获得医疗救治和经济补偿，促进工伤预防和职业康复，分散用人单位的工伤风险。

② 职工有下列情形之一的，应当认定为工伤：

a. 在工作时间和工作场所内，因工作原因受到事故伤害的；

b. 工作时间前后在工作场所内，从事与工作有关的预备性或者收尾性工作受到事故伤害的；

c. 在工作时间和工作场所内，因履行工作职责受到暴力等意外伤害的；

d. 患职业病的；

e. 因工外出期间，由于工作原因受到伤害或者发生事故下落不明的；

f. 在上下班途中，受到非本人主要责任的交通事故或者城市轨道交通、客运轮渡、火车事故伤害的；

g. 法律、行政法规规定应当认定为工伤的其他情形。

③ 职工因工作遭受事故伤害或者患职业病进行治疗，享受工伤医疗待遇。

十、《中华人民共和国劳动法》

1994年7月5日，第八届全国人民代表大会常务委员会第八次会议审议通过《中华人民共和国劳动法》（以下简称《劳动法》），并于1995年1月1日起施行。该法的目的是为了保护劳动者的合法权益，调整劳动关系，建立和维护适应社会主义市场经济的劳动制度,促进经济发展和社会进步。作为我国第一部全面调整劳动关系的基本法和劳动法律体系的母法,是制定和执行其他劳动法律法规的依据。

《劳动法》第四章工作时间和休假的条款规定:国家实行劳动者每日工作时间不超过八小时,平均每周工作时间不超过四十四小时的工时制度;用人单位应当保证劳动者每周至少休息一日;用人单位由于生产经营需要,经与工会和劳动者协商后可以延长工作时间,一般每日不得超过一小时,因特殊原因需要延长工作时间的,在保障劳动者身体健康的条件下延长工作时间每日不得超过三小时,但是每月不得超过三十六小时。

《劳动法》第六章劳动安全卫生的条款规定:用人单位必须建立、健全劳动安全卫生制度,严格执行国家劳动安全卫生规程和标准,对劳动者进行劳动安全卫生教育,防止劳动过程中的事故,减少职业危害;用人单位必须为劳动者提供符合国家规定的劳动安全卫生条件和必要的劳动防护用品,对从事有职业危害作业的劳动者应当定期进行健康体检;从事特种作业的劳动者必须经过专门培训并取得特种作业资格;劳动者在劳动过程中必须严格遵守安全操作规程,劳动者对用人单位管理人员违章指挥、强令冒险作业,有权拒绝执行,对危害生命安全和身体健康的行为,有权提出批评、检举和控告。

第二节 大学生要学会保障自己的合法权益

公民需要了解自身应有的各种权利,培养自觉运用法律维护自身和他人的合法权益不受侵犯的意识,只有这样才能强化国家权力运作的制约机制和监督作用,保障权力的正当行使,使个人的自由得到保障。大学生权益是指大学生在接受高等教育的特殊时期,作为国家普通公民和高校受教育者两重身份应享有的权利与权利的行使而带来的利益之和。大学生具有的双重身份决定了大学生权益内容由作为国家公民的普通权益和作为受教育者的特殊权益两部分组成。

一、大学生享有的权利

中华人民共和国教育部令第 41 号《普通高等学校学生管理规定》明确了学生在校期间依法享有下列权利:参加学校教育教学计划安排的各项活动,使用学校提供的教育教学资源;参加社会实践、志愿服务、勤工助学、文娱体育及科技文化创新等活动,获得就业创业指导和服务;申请奖学金、助学金及助学贷款;在思想品德、学业成绩等方面获得科学、公正评价,完成学校规定学业后获得相应的学历证书、学位证书;在校内组织、参加学生团体,以适当方式参与学校管理,对学校与学生权益相关事务享有知情权、参与权、表达权和监督权;对学校给予的处理或者处分有异议，向学校、教育行政部门提出申诉，对学校、教职员工侵犯其人身权、财产权等合法权益的行为，提出申诉或者依法提起诉讼；法律、法规及学校章程规定的其他权利。

本书要阐述的大学生权益，并不是指大学生作为公民而享有的普通权益，而是大学生作为一个特殊群体而享有的特殊权益。大学生的特殊权益，概括起来主要有：

1. 教学设施使用权

《中华人民共和国教育法》（以下简称《教育法》）第四十三条明确规定，受教育者享有"参加教育教学计划安排的各种活动，使用教育教学设施、设备、图书资料"的权利。此种权利是指大学生充分合理地使用学校的教育教学设施、实验室设备、图书馆书刊资料等的权利，是保障大学生享有良好教育权利的前提和基础。

2. 知情权

《教育法》第三十条规定，学校及其他教育机构应当"以适当方式为受教育者及其监护人了解受教育者的学业成绩及其他有关情况提供便利"。即大学生对学校的各种规章制度、学校的发展状况、自己所学专业的发展前景、对本专业的师资队伍水平、课程设置以及经费投入等基本情况有全面了解的权利。

3. 学业选择权

大学生有自主选择专业、自主选择课程、自由选择课堂和教师的权利。随着高等学校收费制度的改革，新的学分制的全面实施，大学生作为学习的主体，有权自主选择专业、选择课程，同时对个别教学态度不好、教学水平不高、教学效果不佳的教师，有权通过一定程序要求撤换。

4. 监督权

《中华人民共和国高等教育法》（以下简称《高等教育法》）第六十四条规定，"高等学校收取的学费应当按照国家有关规定管理和使用，其他任何组织和个人不得挪用。"第六十五条规定，"高等学校的财务活动应当依法接受监督。"这是指大学生对教师的教学水平、教学态度以及课堂教学质量，对学校教学经费投入情况等进行监督的权利。

5. 受奖励资助权

《中国人民银行助学贷款管理办法》规定，对于家庭经济确有困难、学习努力、遵守国家法律和学校纪律的学生，均有权提出贷款申请。此外，《高等教育法》第五十四条规定："家庭经济困难的学生，可以申请补助或者减免学费。"这些都是大学生应当享有的权利。大学生有按国家有关规定获得奖学金、贷学金或助学金的权利,以解决在校学习期间的学费和生活费用。

6. 职业发展权

《高等教育法》第五十九条规定,"高等学校应当为毕业生、结业生提供就业指导和服务。"思想品德合格,在规定的修业年限内学完规定的课程,成绩合格或者修满相应的学分,准予毕业的大学生应当享有就业的权利。高校必须广开渠道,为毕业生及时提供就业信息,积极开展职业生涯规划和创业支持,切切实实为毕业生的就业做好指导和服务工作。

7. 申诉权

学生申诉制度,是指大学生在合法权益受到侵害时,依照《教育法》及其他法律的规定,向主管的行政机关申诉理由,请求处理或重新处理的制度。我国《教育法》第四十三条规定,学生有"对学校给予的处分不服向有关部门提出申诉,对学校、教师侵犯其人身权、财产权等合法权益,提出申诉或者依法提起诉讼"的权利。这就为维护学生的合法权益确立了非诉讼法律救济的制度,也是《教育法》赋予学生维护自身合法权益的一项民主权利。

8. 隐私权

保障公民的隐私权是法律界人士的共识。作为社会公民的大学生,其隐私、个人信息、名誉权受到法律的保护。

二、诉讼法所规定的相关权利

1.《中华人民共和国刑事诉讼法》

《中华人民共和国刑事诉讼法》(以下简称《刑事诉讼法》)是有关刑事诉讼的立法规定和司法实践的法律。它制定了刑事诉讼的基本原则、刑事诉讼中的专门机关和诉讼参与人、辩护与代理、刑事证据制度、强制措施和附带民事诉讼以及刑事诉讼的五大阶段。

根据我国现行法律规定,刑事诉讼主要包括五个阶段:立案、侦查、起诉、审判和执行。

① 立案指公安机关、人民检察院、人民法院对报案、控告、举报和犯罪人的自首等方面的材料进行审查,判明是否有犯罪事实并需要追究刑事责任,依法决定是否作为刑事案件交付侦查或审判的诉讼活动。

② 侦查指由特定的司法机关为收集、查明、证实犯罪和缉获犯罪人而依法采取的专门调查工作和有关的强制性措施。

③ 起诉有两种,包括公诉和自诉。

④ 审判是指人民法院在控、辩双方及其他诉讼参与人参加下,依照法定的

权限和程序，对依法向其提出诉讼请求的刑事案件进行审理和裁判的诉讼活动。

⑤ 执行则指刑事执行机关为了实施已经发生法律效力的判决和裁定所确定的内容而进行的活动，在我国，刑事执行的主体主要是人民法院、公安机关和监狱等。

2. 《中华人民共和国民事诉讼法》和《民法通则》中的相关规定

《中华人民共和国民事诉讼法》（以下简称《民事诉讼法》）于1991年4月9日第七届全国人民代表大会第四次会议通过，并于2017年6月27日第十二届全国人民代表大会常务委员会第二十八次会议《关于修改〈中华人民共和国民事诉讼法〉和〈中华人民共和国行政诉讼法〉的决定》第三次修正。《民事诉讼法》以宪法为根据，结合我国民事审判工作的经验和实际情况制定。其任务是保护当事人行使诉讼权利，保证人民法院查明事实，分清是非，正确适用法律，及时审理民事案件，确认民事权利义务关系，制裁民事违法行为，保护当事人的合法权益，教育公民自觉遵守法律，维护社会秩序、经济秩序，保障社会主义建设事业顺利进行。

《民事诉讼法》规定："民事诉讼当事人有平等的诉讼权利；各民族公民都有用本民族语言、文字进行民事诉讼的权利；人民法院审理民事案件时，当事人有权进行辩论；当事人有权在法律规定的范围内处分自己的民事权利和诉讼权利等。"

《民法通则》第七章规定了诉讼时效问题。该法规定："向人民法院请求保护民事权利的诉讼时效期间为二年，法律另有规定的除外。"并规定下列的诉讼时效期间为一年：

① 身体受到伤害要求赔偿的；
② 出售质量不合格的商品未声明的；
③ 延付或者拒付租金的；
④ 寄存财物被丢失或者损毁的。

诉讼时效期间从知道或者应当知道权利被侵害时起计算。但是，从权利被侵害之日起超过二十年的，人民法院不予保护。有特殊情况的，人民法院可以延长诉讼时效期间。超过诉讼时效期间，当事人自愿履行的，不受诉讼时效限制。在诉讼时效期间的最后六个月内，因不可抗力或者其他障碍不能行使请求权的，诉讼时效中止。从中止时效的原因消除之日起，诉讼时效期间继续计算。诉讼时效因提起诉讼、当事人一方提出要求或者同意履行义务而中断。从中断时起，诉讼时效期间重新计算。

三、大学生要正确维权

由于法律意识淡薄，法制观念不强，有些大学生在解决纠纷时，往往不借助国家司法制度而通过私下协商、谈判达成和解。有些大学生认为即使是刑事犯罪行为，只要双方当事人愿意，也可进行"私了"。其实这不仅是对法律的误解，也是对犯罪行为的一种放纵，使犯罪分子得不到应有的法律制裁而心存侥幸，必然继续为患一方，这对整个社会的危害是可想而知的。

根据法律规定，只有与他人存在民事或轻微刑事争议时，才允许当事人之间和解，比如合同纠纷、轻微伤害、交通事故等。但是，如果涉及刑事犯罪时，比如当事人有诈骗、故意伤害、强奸行为时，就不允许犯罪嫌疑人与当事人和被害人之间进行私了。即便已经私了，犯罪行为人还是要受到法律追究，承担相应的刑事责任。所以，学生要知道"私了"也要符合法律规定，对刑事犯罪不可盲目私下了结。

四、正当防卫

我国《刑法》第二十条第一款规定："为了使国家、公共利益、本人或者他人的人身、财产和其他权利免受正在进行的不法侵害，而采取的制止不法侵害的行为，对不法侵害人造成损害的，属于正当防卫，不负刑事责任。"

1. 实施正当防卫必须同时符合的四个条件

① 只有在国家公共利益、本人或他人的合法权利受到不法侵害时；

② 必须是在不法侵害正在进行的时候；

③ 必须是对不法侵害者本人实施防卫，而不能对无关的第三者实施；

④ 正当防卫不能超过必要的限度，造成不应有的损害。

2. 大学生实施正当防卫行为后的注意事项

正当防卫是法律赋予公民的神圣权利，大学生应牢记这个权利，善于运用这个权利，当遇到抢劫、盗窃、强奸、行凶、杀人、放火等违法犯罪行为时，就要善于运用正当防卫行为来维护合法权利。实施正当防卫行为后要及时向公安机关报告，主动配合公安执法人员打击犯罪行为。

第三节　高校学生管理文件介绍

为维护普通高等学校正常的教育教学秩序和生活秩序，保障学生身心健康，促进学生德、智、体、美全面发展，依据《教育法》《高等教育法》以及其他有关法律法规，教育部制定了一系列的文件规定。各高校根据上级部门的文件规定又制定了适合本学校实际情况的规章制度，以维护本校的教学、管理秩序。

一、教育部等上级部门制定的相关文件

教育部与上级有关部门先后制定和修订了一些有关指导高校进行学生管理和

第一章　法律法规

安全教育的规章制度，为高校的教学和管理活动提供指南。大学生要对这些规章制度进行必要的了解，并在日常生活中认真遵守。

1. 《普通高等学校学生管理规定》（教育部令第 41 号）

该规定对高校、学生的任务和义务做了明确的规定。

高等学校要坚持社会主义办学方向，坚持马克思主义的指导地位，全面贯彻国家教育方针；要坚持以德树人为根本，以理想信念教育为核心，培育和践行社会主义核心价值观，弘扬中华优秀传统文化和革命文化、社会主义先进文化，培养学生的社会责任感、创新精神和实践能力；要坚持依法治校，科学管理，健全和完善管理制度，规范管理行为，将管理与育人相结合，不断提高管理和服务水平。

学生应当拥护中国共产党领导，努力学习马克思列宁主义、毛泽东思想、中国特色社会主义理论体系，深入学习习近平总书记系列重要讲话精神和治国理政新理念新思想新战略，坚定中国特色社会主义道路自信、理论自信、制度自信、文化自信，树立中国特色社会主义共同理想；应当树立爱国主义思想，具有团结统一、爱好和平、勤劳勇敢、自强不息的精神；应当增强法治观念，遵守宪法、法律、法规，遵守公民道德规范，遵守学校管理制度，具有良好的道德品质和行为习惯；应当刻苦学习，勇于探索，积极实践，努力掌握现代科学文化知识和专业技能；应当积极锻炼身体，增进身心健康，提高个人修养，培养审美情趣。

学生在校期间依法履行下列义务：遵守宪法和法律、法规；遵守学校章程和规章制度；恪守学术道德，完成规定学业；按规定缴纳学费及有关费用，履行获得贷学金及助学金的相应义务；遵守学生行为规范，尊敬师长，养成良好的思想品德和行为习惯；法律、法规及学校章程规定的其他义务。

2. 《高等学校校园秩序管理若干规定》（原国家教育委员会令第 13 号）

进入学校的人员，必须持有本校的学生证、工作证、听课证或者学校颁发的其他进入学校的证章、证件。未持有前款规定的证章、证件的国内人员进入学校，应当向门卫登记后进入学校。

学生一般不得在学生宿舍留宿校外人员，遇有特殊情况留宿校外人员，应当报请学校有关机构许可，并且进行留宿登记，留宿人离校应注销登记。不得在学生宿舍内留宿异性。

师生员工应当严格按照学校的安排进行教学、科研、生活和其他活动，任何人都不得破坏学校的教学、科研和生活秩序，不得阻止他人根据学校的安排进行教学、科研、生活和其他活动。

在校内举行集会、讲演等公共活动，组织者必须在七十二小时前向学校有关机构提出申请，申请中应当说明活动的目的、人数、时间、地点和负责人的姓名。学校有关机构应当最迟在举行时间的四小时前将许可或者不许可的决定通知组织者。逾期未通知的，视为许可。集会、讲演等应符合我国的教育方针和相应的法规、规章，不得反对我国宪法确立的根本制度，不得干扰学校的教学、科研和生活秩序，不得损害国家财产和其他公民的权利。

师生员工组织社会团体，应当按照《社会团体登记管理条例》的规定办理。成立校内非社会团体的组织，应当在成立前由其组织者报请学校有关机构批准，未经批准不得成立和开展活动。校内非社会团体的组织和校内报刊必须遵守法律、法规、规章，贯彻我国的教育方针和遵守学校的制度，接受学校的管理，不得进行超出其宗旨的活动。告示、通知、启事、广告等，应当贴在学校指定或者许可的地点。散发宣传品、印刷品应当经过学校有关机构同意。

3.《普通高等学校学生安全教育及管理暂行规定》（原国家教育委员会教学〔1992〕7号）

学生必须严格遵守国家法律、法规和学校的各项规章制度，注意自身的人身和财物安全，防止各种事故的发生。

学生在日常教学及各项活动中，应遵守纪律和有关规定，听从指导，服从管理；在公共场所，要遵守社会公德，增强安全防范意识，提高自我保护能力。

学生组织集体课外活动，须经学校同意，按学校规定进行。学校须认真进行安全审查，条件不具备时不得批准。

学生应严格遵守宿舍管理的规定，自觉维护宿舍的安全与卫生，提高自我管理能力。

发现刑事、治安案件或交通、灾害等事故，在场学生应保护现场，及时报告学校或公安部门并协助处理。在学校范围内的，学校应迅速采取措施，控制事态发展，减轻伤害和损失。

学生未经批准擅自离校不归发生意外事故的，学校不承担责任。对擅自离校不归，学校不知去向的学生，学校应及时寻找并报告当地公安部门，及时通知学生家长。半月不归且未说明原因者，学校可张榜公布，按自动退学除名。

学生假期或办理离校手续后发生意外事故的，学校不承担责任。

4.《高等学校学生行为准则》（教育部教学〔2005〕5号）

① 志存高远，坚定信念。努力学习马克思列宁主义、毛泽东思想、邓小平理论和"三个代表"重要思想，面向世界，了解国情，确立在中国共产党领导下走社会主义道路、实现中华民族伟大复兴的共同理想和坚定信念，努力成为有理想、有道德、有文化、有纪律的社会主义新人。

② 热爱祖国，服务人民。弘扬民族精神，维护国家利益和民族团结。不参与违反四项基本原则、影响国家统一和社会稳定的活动。培养同人民群众的深厚

感情，正确处理国家、集体和个人三者利益关系，增强社会责任感，甘愿为祖国为人民奉献。

③ 勤奋学习，自强不息。追求真理，崇尚科学；刻苦钻研，严谨求实；积极实践，勇于创新；珍惜时间，学业有成。

④ 遵纪守法，弘扬正气。遵守宪法、法律法规，遵守校纪校规；正确行使权利，依法履行义务；敬廉崇洁，公道正派；敢于并善于同各种违法违纪行为作斗争。

⑤ 诚实守信，严于律己。履约践诺，知行统一；遵从学术规范，恪守学术道德，不作弊，不剽窃；自尊自爱，自省自律；文明使用互联网；自觉抵制黄、赌、毒等不良诱惑。

⑥ 明礼修身，团结友爱。弘扬传统美德，遵守社会公德，男女交往文明；关心集体，爱护公物，热心公益；尊敬师长，友爱同学，团结合作；仪表整洁，待人礼貌；豁达宽容，积极向上。

⑦ 勤俭节约，艰苦奋斗。热爱劳动，珍惜他人和社会劳动成果；生活俭朴，杜绝浪费；不追求超越自身和家庭实际的物质享受。

⑧ 强健体魄，热爱生活。积极参加文体活动，提高身体素质，保持心理健康；磨砺意志，不怕挫折，提高适应能力；增强安全意识，防止意外事故；关爱自然，爱护环境，珍惜资源。

5.《教育部关于切实加强高校学生住宿管理的通知》（教社政〔2004〕6号）

各高校应积极创造条件为学生解决住宿问题，原则上不允许学生自行在校外租房居住。对已在校外租房的学生，应要求其搬回校内住宿；对极少数坚持在校外租房的学生，要向他们耐心说明可能产生的后果和个人应承担的责任，并逐一登记，建立报告和承诺制度，说明租房的原因、房屋详细地址、联系方式，承诺加强人身和财产安全的自我保护，经本人与家长双方签字报学校备案。

二、高校自己制定的管理文件

为了保证学校正常的教学、管理秩序，按照国家法律法规和教育部的文件精神，各高校又根据自身的实际情况制定了一系列的规章制度。这些制度主要包括以下几个方面。

（1）行为规范，如学生管理规定、文明公约、考试管理规定、安全教育管理规定、违纪处分条例、请假管理规定、考勤制度等。

（2）学籍学位，如学籍管理规定、应征入伍规定、公派出国学生管理、重修暂行规定等。

（3）公共秩序，如校园文化建设、图书馆、教师管理规定、住宿管理规定等。

（4）权益保障，如申诉处理办法等。

（5）资助困难学生，如各类奖学金、助学金管理办法，勤工助学规定，学费收缴办法，绿色通道入学规定，贷款办法等。

（6）安全管理，如消防规定，安全事故预案，社团和活动审批，门卫管理规定，保密规定，安全用电、用水制度等。

（7）就业和社会实践，如职业生涯规划制度、学生档案管理办法、创业扶持办法、社会实践制度等。

（8）思想引导，如心理健康教育等。

第四节　违反校规校纪的处理程序

一、《普通高等学校学生管理规定》中对大学生违纪处理的有关规定

① 纪律处分的种类分为：警告、严重警告、记过、留校察看、开除学籍。

② 学校可以给予开除学籍处分的情形包括：违反宪法，反对四项基本原则、破坏安定团结、扰乱社会秩序的；触犯国家法律，构成刑事犯罪的；受到治安管理处罚，情节严重、性质恶劣的；代替他人或者让他人代替自己参加考试、组织作弊、使用通信设备或其他器材作弊、向他人出售考试试题或答案牟取利益，以及其他严重作弊或扰乱考试秩序行为的；学位论文、公开发表的研究成果存在抄袭、篡改、伪造等学术不端行为，情节严重的，或者代写论文、买卖论文的；违反本规定和学校规定，严重影响学校教育教学秩序、生活秩序以及公共场所管理秩序的；侵害其他个人、组织合法权益，造成严重后果的；屡次违反学校规定受到纪律处分，经教育不改的。

③ 纪律处分的程序和要求如下。

学校对学生作出处分，应当出具处分决定书。处分决定书应当包括下列内容：学生的基本信息；作出处分的事实和证据；处分的种类、依据、期限；申诉的途径和期限；其他必要内容。

学校给予学生处分，应当坚持教育与惩戒相结合，与学生违法、违纪行为的性质和过错的严重程度相适应。学校对学生的处分，应当做到证据充分、依据明确、定性准确、程序正当、处分适当。

在对学生作出处分或者其他不利决定之前，学校应当告知学生作出决定的事实、理由及依据，并告知学生享有陈述和申辩的权利，听取学生的陈述和申辩。

处理、处分决定以及处分告知书等，应当直接送达学生本人，学生拒绝签收的，可以以留置方式送达；已离校的，可以采取邮寄方式送达；难于联系的，可以利用学校网站、新闻媒体等以公告方式送达。

对学生作出取消入学资格、取消学籍、退学、开除学籍或者其他涉及学生重大利益的处理或者处分决定的，应当提交校长办公会或者校长授权的专门会议研究决定，并应当事先进行合法性审查。

除开除学籍处分以外，给予学生处分一般应当设置 6~12 个月期限，到期按学校规定程序予以解除。解除处分后，学生获得表彰、奖励及其他权益，不再受原处分的影响。

学校应当成立学生申诉处理委员会，负责受理学生对处理或者处分决定不服提起的申诉。学生申诉处理委员会应当由学校相关负责人、职能部门负责人、教师代表、学生代表、负责法律事务的相关机构负责人等组成，可以聘请校外法律、教育等方面专家参加。

学生对学校的处理或者处分决定有异议的，可以在接到学校处理或者处分决定书之日起 10 日内，向学校学生申诉处理委员会提出书面申诉。学生申诉处理委员会对学生提出的申诉进行复查，并在接到书面申诉之日起 15 日内作出复查结论并告知申诉人。

学生对复查决定有异议的，在接到学校复查决定书之日起 15 日内，可以向学校所在地省级教育行政部门提出书面申诉。省级教育行政部门应当在接到学生书面申诉之日起 30 个工作日内，对申诉人的问题给予处理并作出决定。自处理、处分或者复查决定书送达之日起，学生在申诉期内未提出申诉的视为放弃申诉，学校或者省级教育行政部门不再受理其提出的申诉。处理、处分或者复查决定书未告知学生申诉期限的，申诉期限自学生知道或者应当知道处理或者处分决定之日起计算，但最长不得超过 6 个月。

被开除学籍的学生，由学校发给学习证明。学生按学校规定期限离校，档案、户口退回其家庭户籍所在地。

二、常见学校处分与申诉程序规定

各高校对学生违反校纪校规做出上述处分时，首先由学生所在院系或部门将学生违纪情况调查清楚，掌握确凿证据和材料，然后根据各自学生违纪处理规定的相应条款，提出初步处理意见，同时通知学生，告诉学生可以陈诉、申辩。一般来说，警告、严重警告、记过、留校察看由学生处组织学院及有关部门会签，提出处理意见，上报学校学生工作委员会进行审核；退学处理、开除学籍处分除遵循以上程序外，还要报学校校长办公会议批准，然后下发处分决定书，并送达受处分学生。

学生对处分决定有异议的，在接到学校处分决定书之日起10个工作日内，可以向学校学生申诉处理委员会提出书面申诉。如果学生申诉，学生申诉处理委员会对学生提出的申诉进行复查，并在接到书面申诉之日起15个工作日内，作出复查结论并告知申诉人。需要改变原处分决定的，由学生申诉处理委员会提交学校重新研究决定。学生对复查决定有异议的，在接到学校复查决定书之日起15个工作日内，可以向学校所在地省级教育行政部门提出书面申诉。

习　题

一、判断题（正确的在括号内划"√"、错误的划"×"）

1. 我国刑罚分为主刑和附加刑两种。（　　）

2. 偷窃、骗取、抢夺少量财物，敲诈勒索属于侵犯他人财产权利的行为。（　　）

3. 大学生酒后违法犯罪会因你饮酒而从轻处罚。（　　）

4.《工伤保险条例》于2011年1月1日施行。（　　）

5.《中华人民共和国劳动法》规定平均每周工作时间不超过四十小时。（　　）

6. 在工作时间和工作场所内，因履行工作职责受到暴力等意外伤害的可算为工伤。（　　）

7. 我国现行法律规定，刑事诉讼主要包括五个阶段：立案、侦查、起诉、审判和执行。（　　）

8. 纪律处分的种类分为：警告、严重警告、记过、留校察看、开除学籍。（　　）

二、单选题（把下面正确答案字母填在括号内）

1. 属于侵犯他人财产权利的行为有（　　）。
   A. 偷窃　　　　B. 买赃　　　　C. 储存危险化学品

2.《普通高等学校学生管理规定》规定学生在校期间依法不享有下列哪个权利？（　　）
   A. 参加学校教育教学计划安排的各项活动，使用学校提供的教育教学资源
   B. 参加社会服务、勤工助学，在校内组织、参加学生团体及文娱体育等活动
   C. 获得毕业后直接留校任职相关职务或得到指定就业安排

3. 全国法制宣传日是每年的（　　）。
   A. 10月4日　　B. 11月4日　　C. 12月4日

4.《普通高等学校学生管理规定》规定学生对处分决定有异议的，在接到学校处分决定书之日起（　　）个工作日内，可以向学校学生申诉处理委员会提出书面申诉。

A. 3　　　　　　B. 5　　　　　　C. 10

三、简答题

1. 危害中华人民共和国国家安全行为主要包括哪些？
2. 当代大学生享受哪些权利？
3. 正当防卫应当满足什么条件？
4. 学生违反学校哪些规定可以开除学籍处分？

第二章 国家安全

"国家兴亡,匹夫有责",国家安全关系到国家的安危,关系到每一个国民的切身利益。有国家就有国家安全工作,古今中外,无论处于什么社会形态,或者实行怎样的社会制度,都会视国家利益为最高、最根本的利益,将维护国家安全列为首要任务。维护国家安全,是中国特色社会主义建设事业顺利进行、实现国家长治久安和中华民族伟大复兴的重要保障。所以,每位大学生都应当成为国家安全和利益的自觉维护者。大学生通过对国家安全相关知识的学习,可以提高国家安全意识,树立全面、系统的国家安全观,从而增强公民意识、法律意识和国家安全意识,增强维护国家安全的责任感、义务感和荣誉感,自觉防范和制止危害国家安全的行为。这对于我们国家的稳定发展和长治久安具有深远的现实意义和战略意义。

第一节 国家安全的定义和内容

一、国家安全的定义

党的十八大以来,为适应我国国家安全面临的新形势、新任务,以习近平同志为核心的党中央提出了总体国家安全观,强调全面维护各领域国家安全,对加强国家安全工作和国家安全立法作出了重要部署。2015年7月1日,第十二届全国人民代表大会常务委员会第十五次会议审议通过了《中华人民共和国国家安全法》(以下简称《国家安全法》),该法自公布之日起正式生效。

《国家安全法》第二条规定,国家安全是指国家政权、主权、统一和领土完整、人民福祉、经济社会可持续发展和国家其他重大利益相对处于没有危险和不受内外威胁的状态，以及保障持续安全状态的能力。

国家安全工作应当坚持总体国家安全观，以人民安全为宗旨，以政治安全为根本，以经济安全为基础，以军事、文化、社会安全为保障，以促进国际安全为依托，维护各领域国家安全，构建国家安全体系，走中国特色国家安全道路。中华人民共和国公民、一切国家机关和武装力量、各政党和各人民团体、企业事业组织和其他社会组织，都有维护国家安全的责任和义务。

为提升全社会的国家安全意识，《国家安全法》将每年4月15日定为全民国家安全教育日，通过多种形式开展国家安全宣传教育活动。

二、国家安全的主要内容

国家安全是一种国家利益，不是普通的利益，而是一个主权国家的核心利益，国家安全是政治权力组织的国家及其所建立的社会制度的生存与发展的保障。它包括国家独立、主权和领土完整以及相关的国家政权、社会制度和国家机关的安全。其范围较为广泛，涉及国家政治安全、国土安全、军事安全、经济安全、文化安全、社会安全、科技安全、信息安全、生态安全、资源安全、核安全11个领域。

1. 独立的国家主权

主权在国际法上是指一个国家独立自主地处理其内外事务的最高权力。是一个国家对其管辖区域所拥有的至高无上的、排他性的政治权力，简而言之，为"自主自决"的最高权威，也是对内立法、司法、行政的权力来源，对外保持独立自主的一种力量和意志。主权的法律形式对内常规定于宪法或基本法中，对外则是国际的相互承认。因此它也是国家最基本的特征之一，国家主权的丧失往往意味着国家的解体或灭亡。国家主权独立和安全是国家安全的前提和基础。

国际法上有关主权原则的规定为一国保卫主权安全提供了法律依据和法律保障。例如，1946年12月6日联合国大会通过的《国家权利义务宣言草案》第一条规定："各国有独立权，因而有权自由行使一切合法权利，包括其政体之选择，不接受其他任何国家之命令。"1970年10月24日，联合国大会通过的《关于各国依联合国宪章建立友好关系及合作之国际法原则之宣言》指出：各国一律享有主权平等，包括各国法律地位平等、每一国均享有充分主权之固有权利、国家之领土完整及政治独立不得侵犯、每一国均有权利自由选择并发展其政治、社会、经济及文化制度等。

2. 完整的国家领土

国家领土是指完全隶属于国家主权下的地球空间部分，这一部分并非限制在地球的表面，它不仅包括陆地和水域表面部分，还包括陆地和水域的上空和底土部分。国家领土由领陆、领水、领空和底层领土组成。因此,国家领土不仅仅是一个面积概念,从三维空间上看,它是一个立体概念。国家的领土主权和完整不可侵犯是国际社会公认的一项重要的国际法原则。它要求:

① 不得以武力威胁或使用武力破坏一国的领土完整;
② 国家边界不容侵犯;
③ 一国领土不得成为军事占领之对象;
④ 使用威胁或武力取得领土的行为为非法,对以此种方式取得的领土不予承认。

领土安全是国家生存与安全的必要前提。领土完整是国家独立的重要标志,是国家主权、国家安全的重要组成部分。领土主权不可侵犯也是国际法早已确认的重要准则。《联合国宪章》第二条第四项规定:"各会员国在其国际关系上不得使用威胁或武力,或以与联合国宗旨不符之任何其他方法,侵害任何会员国或国家之领土完整或政治独立。"

3. 政治安全

政治安全就是政治主体在政治意识、政治需要、政治内容、政治活动等方面免于内外各种因素侵害和威胁而没有危险的客观状态。更简洁的定义是:政治安全就是在政治方面免于内外各种因素侵害和威胁的客观状态。

政治安全是相对于经济、科技、文化、社会、生态等其他领域的安全而言的。政治安全的主体是国家。国家政治安全是指国家主权、领土、政权、政治制度、意识形态等方面免受各种侵袭、干扰、威胁和危害的状态。这种状态在我国表现为:对外保持国家的主权独立、领土完整;对内保持人民民主专政政权和社会主义政治制度的稳固、马克思主义主流意识形态占据主导地位以及社会稳定。我国的国家安全环境中,政治安全的核心是党的领导的有效性(权威性)和执政地位的稳定。

4. 经济安全

经济利益安全是整个国家安全体系的依托和基础。因此,经济安全,是指经济全球化时代一国保持其经济存在和发展所需资源有效供给、经济体系独立稳定运行、整体经济福利不受恶意侵害和非可抗力损害的状态和能力,是指一国的国民经济发展和经济实力处于不受根本威胁的状态。它包括两个方面:一是指国内经济安全,即一国经济处于稳定、均衡和持续发展的正常状态;二是指国际经济安全,即一国经济发展所依赖的国外资源和市场的稳定与持续,免于供给中断或价格剧烈波动而产生的突然打击,散布于世界各地的市场和投资等商业利益不受威胁。为了达到这种状态,国家既要保护、调节和控制国内市场,又要维护全球化了的民族利益,参与国际经济谈判,实现国际经济合作。

5. 文化安全

文化安全是指一个国家或者是民族区域内，自身发展及传承下来的民族特色，民族文化（包括语言、文字、民间艺术、风俗习惯、文化景观等）的独立性特征。文化安全在国家安全中的地位是特殊的，文化安全为一个国家提供了稳定的内部环境和强大的发展经济与科学技术生产力的精神动力，为人民大众的和谐生活打下了良好的思想道德基础。在文化的差异与冲突中如何保持和延续自身文化的问题，就是文化安全和国家文化安全的本质所在。因此可以说，文化安全就是文化特质的保持与延续，而国家文化安全就是一个国家现存文化特质的保持与延续。这正是国家文化安全的本质所在，因为离开了文化特质的保持与延续，也就没有了文化安全问题。

6. 生态安全

随着世界工业化的飞速发展，全球性的环境问题日益突出，生态环境安全也日益引起国际社会的普遍关注。因此，生态安全是指生态系统的健康和完整情况。是人类在生产、生活和健康等方面不受生态破坏与环境污染等影响的保障程度，包括饮用水与食物安全、空气质量与绿色环境等基本要素。健康的生态系统是稳定的和可持续的，在时间上能够维持它的组织结构和自治，以及保持对胁迫的恢复力。反之，不健康的生态系统，是功能不完全或不正常的生态系统，其安全状况则处于受威胁之中。

7. 国防安全

国防安全是指一个国家免于外敌入侵和战争威胁的状态。其主要含义是指主权国家的生存与发展不受外来军事力量的威胁与侵略，这里尤其是要突出国家的主权和领土的完整不受侵犯，国家政权稳定，以及国家所必备的维护国家安全的军事实力与军事的手段等。从根本上讲，国家的根本利益集中体现在安全和发展两个方面。安全问题主要是解决生存和不被侵略的问题；发展问题主要是解决和平时期建设与外部环境的问题。而安全与发展权益的获得和保障，最根本的是依靠国防的强大。只有安全稳定的国内、国际环境，国家才能发展；只有发展，国家安全防务才有建设与巩固的基础，两者是相辅相成的有机整体。因此，强大的国防，是国家、民族生存与发展的基本条件。

第二节　国家传统安全与非传统安全

一、国家传统安全的含义及基本点

国家传统安全是对国家安全的一般对象及具体问题的综合性、全面性的反映和认识,主要是指军事、政治、外交等方面的安全;传统安全是国际关系的主题,主要指与国家间军事行为有关的冲突;此外,传统安全是与新的安全领域相对的一个概念,着重强调一个国家的领土安全、人的生命安全以及政权的安全等。

传统安全是国际关系的主题,一般是指与国家间军事行为有关的冲突。安全概念是国际关系理论中的核心概念。战争,以及由战争引起的安全问题一直在国际关系中占有重要的地位,以国家为中心的权力和安全观是国际关系的主要内容。在国际关系结构中,每个国家都自主地行使主权,但不应有凌驾于各国之上的权威。各国不能恣意妄为,国家行为也会受到外部力量(主要是其他国家的行为)的制约,国家依靠内部力量维护自身的安全。但是实际上,国家的实力、地理位置、人口资源影响着国家的能力和外交政策的导向,外部力量很难对势力强大的国家进行制约。国家运用权力去追求利益,权力是国家获得利益的最大保证,也是赢得冲突的最大保证。在这种意义上,传统安全主要指的是国家安全。当前我国的国家传统安全主要包括以下基本内容:

1. 我国当前的国土安全形势

国土安全是国家安全的基础,维护国家领土安全是从物质基础方面保障国家的生存与发展。全面观察我国周边形势,截至当前,在比较长的一段时间之内,我国与周边国家没有任何形式的直接军事冲突,和周边领国的领土界限问题也逐步得到解决。然而进入2012年,世界经济的走向进一步下行、美国战略重心加速转向亚太地区和中国崛起等因素,共同构成了当前世界政治格局的大气候。朝鲜半岛形势的扑朔迷离、中日关系的不断波折、南海领土争端的存在与变化、西南邻国的政治和军事形势新动向等,使得中国周边安全环境发生了较大的变化。一些潜在的不利因素也在直接或间接的影响着我国的国土安全。

2. 国家统一问题

台湾自古以来都是中国领土不可分割的一部分。任何试图把我国的台湾分裂出去的做法,都是全体中国人绝对不能接受的。解决我国台湾问题,实现国家统一,是全体中国人民一项庄严而神圣的使命。

3. 我国的政治安全形势

政治安全是国家安全的前提。经济全球化的深入发展、美国全球战略的演变以及国际社会对我国和平崛起的种种不同心态,都对我国的政治制度和政治发展产生着某种程度的冲击和影响。我们要清醒地看到,西方反华势力对我国的"西化""分化"战略不会改变。我国面临的政治安全问题将会继续存在。

4. 经济安全

随着改革开放的扩大,中国与外部世界的联系愈加广泛。特别是中国加入世贸组织（WTO），标志着中国的对外开放进入了一个新的阶段。但在中国进入世界经济的运转体系之后，我国的贸易对外依存度常年居高不下，只在金融危机期间略有下降，但迅速反弹；石油对外依存度不仅处于高水平，还处在上升通道；技术自主能力虽有提高但低于10%，与大国的地位不相符。不仅如此，这些指标还存在结构安全的问题，例如在贸易领域，我国的前四位贸易伙伴在贸易量中所占的比重常年在45%以上，进一步降低了贸易领域的经济安全水平。因此，只有全面、协调、可持续的经济发展，使国家的综合国力得到显著增强，才能有效化解经济全球化所带来的诸多负面影响，保证国家经济安全。因此，必须按照科学发展观的要求，坚持把发展作为第一要务，正确处理好对外开放、发展国际经济合作与维护国家利益和经济安全的关系。必须采取适合本国实际情况，符合国际经贸规则、惯例的保护措施，保护本国的产业、市场和国家的经济利益。

5. 生态安全

党的十六大报告中明确提出，同国防安全、经济安全一样，生态安全是国家安全的重要组成部分，维护生态平衡和保证生态安全是建设和谐社会系统的基石。2014年4月15日，国家安全委员会第一次会议就明确地将生态安全纳入国家安全体系，生态安全由此正式成为国家安全的重要组成部分，我国对生态安全的认识提升到了一个新高度。党的十九大报告提出，建设生态文明是中华民族永续发展的千年大计。必须树立和践行绿水青山就是金山银山的理念，坚持节约资源和保护环境的基本国策，像对待生命一样对待生态环境，统筹山水林田湖草系统治理，实行最严格的生态环境保护制度，形成绿色发展方式和生活方式，坚定走生产发展、生活富裕、生态良好的文明发展道路，建设美丽中国，为人民创造良好的生产生活环境，为全球生态安全作出贡献。由此可见，生态安全的重要性日益得到广泛认可和重视。

二、国家非传统安全的含义及基本点

当前，我国国家安全的形势日益严峻，面临着对外维护国家主权、安全、发展利益，对内维护政治安全和社会稳定的双重压力，各种可以预见和难以预见的风险因素明显增多，非传统领域安全问题日益凸显。国家安全内涵和外延比历史上任何时候都要丰富，时空领域比历史上任何时候都要宽广，内外因素比历史上任何时候都要复杂。

非传统安全（non-traditional security，NTS）又称"新的安全威胁"（new-security threats，NST），指的是人类社会过去没有遇到或很少见过的安全威胁；具体来说，是指近些年逐渐突出的、发生在战场之外的安全威胁。相对于传统安全而言，非传统安全的内涵更广泛和复杂，主要包括恐怖主义、武器扩散、生态环境安全、经济危机、资源短缺、疾病蔓延、食品安全、信息安全、科技安全、金融安全、非法移民、走私贩毒、有组织犯罪、海盗、洗钱等方面。当前涉及我国的非传统安全主要包括以下基本内容:

1. 维护国家安全,打击恐怖主义

所谓恐怖主义就是实施者对非武装人员有组织地使用暴力或以暴力相威胁,通过将一定的对象置于恐怖之中,来达到某种政治目的的行为。国际社会中某些组织或个人采取绑架、暗杀、爆炸、空中劫持、扣押人质等恐怖手段,企求实现其政治目标或某项具体要求的主张和行动。恐怖主义事件主要是由极左翼和极右翼的恐怖主义团体,以及极端的民族主义、种族主义的组织和派别所组织策划的。

中华人民共和国的反恐政策以《刑法》2001年12月29日第九届全国人民代表大会常务委员会第二十五次会议通过的《中华人民共和国刑法修正案(三)》《国家安全法》及其实施细则,中国加入的一系列反恐怖国际公约(如联合国通过的《制止恐怖主义爆炸的公约》《制止向恐怖主义提供资助的国际公约》)以及联合国安理会通过的第1267号、第1333号、第1373号、第1456号等反恐决议为依据。对于已经定性的恐怖组织和恐怖分子,禁止其在中国境内的一切活动,禁止支持、资助、庇护,冻结他们的资产。

中国反对任何形式的恐怖主义。中国当前面临的反恐形势总体稳定,但现实恐怖威胁仍然存在。近年来,在党中央、国务院的坚强领导下,我国反恐怖工作不断取得新进展:各级反恐怖工作协调机制建立完善,加大了反恐怖侦察打击力度,多次挫败恐怖分子对我国实施恐怖袭击的图谋;反恐怖应急处置能力有了明显的提高。

2. 信息安全

信息安全本身包括的范围很大。大到国家军事、政治等机密安全,小到如防范商业、企业机密泄露、防范青少年对不良信息的浏览、个人信息的泄露等。网络环境下的信息安全体系是保证信息安全的关键,包括计算机安全操作系统、各种安全协议、安全机制(数字签名、信息认证、数据加密等),直至安全系统,其中的任何一个安全漏洞便可以威胁全局安全。信息安全服务至少应该包括支持信息网络安全服务的基本理论,以及基于新一代信息网络体系结构的网络安全服务体系结构。网络安全的风险也无处不在,各种网络大量存在和不断被发现,计算机系统遭受病毒感染和破坏的情况相当严重,呈现出异常活跃的态势。面对网络安全的严峻形势,我国的网络安全保障工作基础薄弱,水平不高,网络安全系统在预测、反应、防范和恢复能力方面存在许多薄弱环节。在监督管理方面缺乏依据和标准,监管措施不到位,监管体系尚待完善,保障制度不健全、责任不落

实、管理不到位。网络安全法律法规不够完善，关键技术和产品受制于人，网络安全服务机构专业化程度不高，行为不规范，管理人才缺乏。

注重教育和培训，从小做起，从己做起，有效利用各种信息安全防护设备，进一步提高网络人员的安全防护技能。保证个人的信息安全，必须把做好人的工作作为网络安全的第一道防线和最关键环节，抓实抓好。一方面，把网络安全教育和日常化经常性教育结合起来，真正将安全意识、安全观念植根于脑海中，体现在行动上，防止网络安全教育走过场、流于形式；另一方面，根据不同层次、不同环境，建立完善的网络安全人员培训体系，制订专门的培训课程和教学标准，及时更新培训内容，增强人员的自主防护能力，确保网络的主要部门、重点系统和关键环节都有全职的、经验丰富的安全管理人员，提高整个系统的安全防护能力，从而促进整个系统的信息安全。

3. 金融安全

作为整个经济和社会的血液，金融的安全和稳定，直接影响到我国经济与社会的整体发展。如果失去了金融安全，极有可能引起社会动荡。另外，金融安全又必须建立在社会稳定的基础上，因为社会不稳定的某些突发性因素往往是引发金融危机的导火索。按金融业务性质来划分，金融安全可划分为银行安全、货币安全、股市安全等，其极端就是银行危机、货币危机、股市危机等。我国的网上银行业务处于刚刚起步阶段，各项风险防范措施尚不完善。网上银行支付系统、信用卡系统、结算系统等多个重要的银行业务系统随时都面临着被不速之客袭击破坏的危险。我们引进了先进的网上金融技术，但配套的风险防范制度和安全预警系统还需要和中国国情逐渐结合，在这期间，金融安全问题尤为重要。

4. 海上通行安全问题

随着我国与世界市场贸易往来的日趋密切，中国远洋货物运输发展也在不断壮大，我国已经成了海上运输大国，在对外贸易中起着举足轻重的地位。中国是世界十大海洋运输国之一，外贸对海洋运输业的依赖程度达70%左右。对中国来说，海洋是参与经济全球化的主要途径，海上交通线是对外经济联系的重要通道。据商务部统计，2012年对外贸易总额达18221.2亿美元，外贸依存度超过70%。随着中国对外贸易的蓬勃发展，远洋航运业也在迅速壮大。据联合国贸易发展委员会统计，2011年中国已拥有远洋船舶2700余艘，总载重吨位为5400万吨，居全球第三位。据国家统计局统计，2012年前8个月中国主要港口的货物吞吐量达32.25亿吨，其中，外贸货物吞吐量达到了11.57亿吨。大量战略物资如原油、矿物、工业制成品等的进出口多依赖海上运输。

由此可见，由于经济的开放性及对外依存度的提高，海洋运输已经成为支撑中国经济发展的重要基础。但是，中国海洋运输业的安全状况是非常脆弱的。这种脆弱性主要表现在，中国海洋运输的大部分航线途经中东、东南亚等不安全海域，由于海盗活动的泛起，它对海洋运输安全的威胁增大，而中国又缺乏单独对其进行打击、全面保护海运航线的实力与现实的可能性。所以，中国的海洋运输安全状况不容乐观。例如，2009年索马里附近海域发生海盗袭击事件214起，至少47艘船只被劫持，占全球海盗活动的一半以上。2010年6月14日，"海员援助组织"发布的最新统计显示，2010年以来，索马里海盗已扣押20余艘外国船只，扣留人质400余人，创下近年来索马里海盗劫持货轮、扣留人质数量的历史新高。2008年12月20日，中国政府宣布决定派海军舰艇近期前往亚丁湾、索马里海域执行护航任务。自2008年12月26日以来，中国海军先后派出29批护航编队赴亚丁湾、索马里海域执行护航任务，为维护国家利益和世界和平作出了贡献，受到国际社会的广泛赞誉。

第三节　维护国家安全

一、危害国家安全的行为

危害国家安全罪是指危害国家主权、领土完整和安全，分裂国家、颠覆人民民主专政的政权和推翻社会主义制度的行为。危害国家安全罪的罪名目录主要包括：背叛国家罪；分裂国家罪；煽动分裂国家罪；武装叛乱、暴乱罪；颠覆国家政权罪；煽动颠覆国家政权罪；资助危害国家安全犯罪活动罪；投敌叛变罪，叛逃罪；间谍罪；为境外窃取、刺探、收买、非法提供国家秘密、情报罪；资敌罪。

《中华人民共和国国家安全法》规定，危害国家安全的行为有以下五个方面：一是阴谋颠覆政府、分裂国家、推翻社会主义制度的；二是参加间谍组织或者接受间谍组织及其代理人任务的；三是窃取、刺探、收买、非法提供国家秘密的；四是策动、勾引、收买国家工作人员叛变的；五是进行危害国家安全的其他破坏活动的。

二、维护国家安全的义务

《国家安全法》第七十七条规定，公民和组织应当履行下列维护国家安全的义务：

① 遵守宪法、法律法规关于国家安全的有关规定；
② 及时报告危害国家安全活动的线索；
③ 如实提供所知悉的涉及危害国家安全活动的证据；
④ 为国家安全工作提供便利条件或者其他协助；

⑤ 向国家安全机关、公安机关和有关军事机关提供必要的支持和协助；
⑥ 保守所知悉的国家秘密；
⑦ 法律、行政法规规定的其他义务。

任何个人和组织不得有危害国家安全的行为，不得向危害国家安全的个人或者组织提供任何资助或者协助。

三、大学生维护国家安全的具体要求

大学生通过对国家安全相关知识的学习，要提高国家安全意识，树立系统的国家安全观，正确认识涉及政治、民族、社会、宗教、外交等各方面问题，自觉抵御西方反华势力的渗透、腐朽没落价值观念的冲击，增强维护国家安全的责任感、义务感和荣誉感。对于当前国际、国内的安全形势，大学生应从以下几个方面来履行维护国家安全的义务。

1. 正确认识宗教、防止邪教侵害

青年学生要坚决抵制邪教的侵害，要加强自身反邪教知识的学习，自觉成为崇尚科学、反对邪教的实践者、宣传者和教育者，切实提高识别和抵制邪教的能力。坚持以科学的态度对待一切：生病了，要及时到医院就诊；要加强心理科学知识的学习，始终保持良好的健康心态，遇到不顺心的事，要学会放松和缓解，正确对待人生的坎坷，千万不要为寻求精神寄托而误入邪教的泥潭。作为青年一代，要树立科学健康的生活方式，不断增强免疫能力，我们要从"法轮功"等邪教组织危害社会、祸国殃民的例证中认清"法轮功"反人类、反社会、反科学的邪教本质，大力倡导科学精神。弘扬精神文明，积极参与科学文明、健康向上的校园文化科技活动，用科学理论和知识武装头脑，做遵纪守法、崇尚科学、反对邪教的新一代。

2. 维护民族团结，反对民族分裂

我国是一个多民族的国家，各民族之间的经济文化交流和友好交往，一直是历史的主流。事实证明中华民族作为世界上最优秀的民族之一，在社会主义现代化建设的今天取得如此重大的成就，正是因为我们的民族团结。民族团结是社会主义民族关系的基本特征和核心内容之一，也是党和国家追求的目标。社会主义社会各民族之间的团结，是以中国共产党的领导为核心的，是以社会主义制度和祖国统一为基础的。民族团结是社会安定、国家昌盛和民族进步繁荣的必要条件。中国的民族团结与国家统一有着内在的联系。民族团结的原则要求各族人民热爱祖国、维护统一，严密防范和坚决打击各种民族分裂活动，勇于与分裂恐怖势力做斗争。

大学生要主动地维护民族团结，主要有以下基本要求：

① 认识到民族团结的重要性，树立维护民族团结的意识；

② 做到三个尊重，即尊重各民族的宗教信仰，尊重各民族的风俗习惯，尊重各民族的语言文字；

③ 自觉关心和帮助少数民族同学，不说不利于民族团结的话，不做不利于民族团结的事；

④ 积极向周围的人宣传我国的民族政策，并向有关部门就如何维护民族团结积极建言献策；

⑤ 反对大汉族主义和地方民族主义，勇于同一切破坏民族团结的行为作斗争。

3. 保守国家秘密，防止失密、泄密

我国在政治、经济、科技、文化等各领域都有了飞越式发展，境外一些间谍情报机关和各种敌对势力把中国作为他们进行颠覆、渗透和破坏的主要目标，从没有停止过危害我国安全的活动。他们正在并将继续利用我国扩大开放、加入WTO等时机，以公开的、合法的身份，通过各种渠道和途径，广泛收集、窃取、刺探我国经济、科技等情报，从事危害我国国家安全和利益的活动。与此同时，国内极少数敌视社会主义的分子，也极力寻求境外一些间谍情报机关和其他敌对势力的支持，与其相互勾结，进行破坏和捣乱。

国家利益高于一切，保密责任重于泰山。在战争年代，保守国家秘密，就是保障国家政权的安全，保证革命的胜利。在和平年代，保守国家秘密，就是保障国家安全和利益，保护个人生命，保证家庭幸福。毛泽东说："保守国家秘密，慎之又慎。"大学生应该牢固树立保密意识，并将之内化到我们的意识和行动中去，任何时刻都不松懈。

4. 主动维护校园稳定

创建安全和谐校园环境关系到学校正常的教学、生活秩序以及学校和社会的稳定，对于保证青年大学生的健康成长、维护社会稳定和国家安全、实现中华民族伟大复兴至关重要。

作为大学生，要积极维护学校良好的学习和生活环境，自觉维护学校的稳定，主要做到以下几点。

① 认清社会发展形势，准确自我定位，确立明确的学习奋斗目标，以饱满的热情投入到学习中去。树立正确的世界观、人生观、价值观，努力使自己成为德才兼备的复合型人才。

② 明确校风、学风建设的重要意义，自觉维护校园安全稳定，积极行动起来，以创建优良校风、学风和维护校园安全稳定为己任，为校风、学风和维护校园安全稳定献计献策，积极参加各项活动。

③ 团结同学，和同学和睦相处，善于化解同学之间的矛盾。我们应做到不因小事和同学争吵，不打架斗殴，不在校园内外发生暴力行为，争做文明的大学生。关心身边同学，留意生活细节，若发现任何不安全因素和隐患，要及时向辅导员老师或有关部门报告。

④ 积极维护其他少数民族同学的信仰与传统，与其他民族的同学和睦相处，共同创建和谐校园。

⑤ 培养文明的生活和行为方式，发挥自我教育、自我管理、自我服务的主动性和创造性，规范行为举止，强化日常管理，形成良好校风。

⑥ 学生党员和学生干部应严于律己，起带头和表率作用，要敢于同不良风气作斗争，要积极地引导同学参与校风、学风建设和维护校园安全稳定活动中来。遇见有民族分裂的传单、信息要主动及时地上报学院和学校主管部门，为校风、学风建设和维护校园安全稳定树立典范。

习　题

一、判断题（正确的在括号内划"√"、错误的划"×"）

1. 国土安全是国家安全的基础，维护国家领土安全是从物质基础方面保障国家的生存与发展。（　　）
2. 非传统安全主要就是政治安全和领土安全。（　　）
3. 危害国家安全罪就是叛国罪。（　　）
4. 关心国家安全，首先要树立维护国家安全、荣誉和利益的意识。（　　）
5. 如实提供所知悉的涉及危害国家安全活动的证据，是公民和组织应当履行维护国家安全的权利。（　　）

二、单选题（把下面正确答案字母填在括号内）

1. 国家安全的基础是（　　）。
   A. 经济安全　　B. 生态安全　　C. 领土安全　　D. 政治安全
2. 国家安全从总体上可以分为传统安全与（　　）。
   A. 海洋安全　　B. 非传统安全　　C. 反恐安全　　D. 信息安全
3. 国家安全的根本体现在政治安全、国土安全和（　　）。
   A. 军事安全　　B. 科技安全　　C. 主权安全　　D. 文化安全
4. 整个国家安全体系的依托和基础是（　　）。
   A. 政治利益　　B. 经济利益安全　　C. 经济建设　　D. 生态利益
5.《国家安全法》规定，机关、团体和其他组织应当对本单位的人员进行（　　）教育。

A. 职业道德　　B. 职业技术　　C. 政治思想　　D. 维护国家安全

三、简答题

1. 国家安全的基本内容是什么？
2. 危害国家安全的行为主要包括哪些方面？
3. 大学生应如何维护国家安全？

第三章 运动安全

体育运动可以锻炼身体、增强体质,培养大学生的耐力和毅力,但是如果在体育锻炼中不注意保护自己,忽视事故预防工作,就容易出现运动中受伤,如摔伤、撞伤、扭伤、拉伤、砸伤、溺水等,严重的还可能会造成终身残疾以至死亡。

体育运动还可以调节身心、提高学习效率。参加体育运动必须要有一定的体能和技巧要求,其中不少项目还具有较强的竞争性和对抗性,因此一定程度上具有潜在的不安全性,很可能会导致运动中轻则伤及肌肤,重则伤及脏器、筋骨。因此,掌握自我保护及预防体育运动中的各种意外伤害的方法,进行科学的体育运动是很重要的。

第一节 运动安全常识

任何运动都会对身体增加压力,开始一项新运动前,要确定自己能否适应此项运动的极限,并确定合适的运动量。患有各种疾病并处于急性期的学生不宜参加剧烈运动,如患有先天性心脏病、肝炎、肾炎、肺结核等。为了保证运动安全,大学生要注意以下几个方面。

① 正确穿着。这包括运动中使用合适、安全的装备,包括合适的鞋和衣服,必要时更换跑步鞋和排汗性好的衣服。

② 运动前做热身。合适的热身运动能很有效地预防受伤。热身运动包括步行、慢跑等。

③ 逐步增加运动时间和强度。大多数人在开始锻炼时都热情特别高,往往在短时间内运动强度太大,会对身体造成损害。应从每次 20 分钟、每周 3 次的

频次开始运动,然后逐步增加强度。

④ 不空腹运动。运动前两小时吃点东西,但不要在一顿大餐后立即运动。

⑤ 运动前饮水。在运动前两小时喝点水并带上水,以在运动中随时补充流失的水分。

⑥ 体育活动后应注意的事项。不宜立即吸烟,不宜马上洗澡,不宜贪吃冷饮,不宜蹲坐休息,不宜立即吃饭,也不宜吃大量的糖。

⑦ 休息、恢复,听从身体的信号。如果在运动中感觉到剧烈的疼痛、虚弱或轻微头疼,这是身体在警告运动者必须停止运动。忍着疼痛进行运动会发展成重伤或者慢性伤痛的。休息除了足够的睡眠,很重要的一点是运动频次不能过于密集,运动时间不能过长,否则会降低身体的免疫力,更有可能造成各种各样的运动创伤。

第二节　体育课和竞技比赛注意事项

一、上体育课应注意安全防范

体育课是大学生锻炼身体、增强体质的重要课程。体育课上的训练内容是多种多样的,因此在安全上要注意的事项也因训练的内容、使用的器械不同而有所区别。

① 做好准备活动。各个运动项目均有自身的特点,故准备活动也应体现出该项目的特点,使准备活动具有高效性。

② 课前穿戴注意事项。衣服上不要别胸针、徽章等;手腕、手指、耳朵、脚腕上不要戴金属的或者玻璃的、塑料的装饰物;衣服的兜内不要装小刀、钩针等锋利的物品;头发盘好,尽量不要戴发卡。戴眼镜的同学应该佩戴专用运动眼镜,如果摘下眼镜不影响上体育课,就不要戴,如果实在需要,做动作时要加倍小心。但是,做垫上运动时,必须摘下眼镜。必须穿球鞋或一般的胶底布鞋,不要穿皮鞋或塑料底鞋。

③ 短跑等项目要在规定的跑道进行,不能串跑道。这不仅仅是竞赛的要求,也是安全的保障。特别是快到终点冲刺时,更要遵守规则,因为这时身体的冲力很大,精力又集中在竞技之中,思想上毫无戒备,一旦相互绊倒,就可能导致严重受伤。

④ 在进行单、双杠和跳高训练时,器械下面必须准备好厚度符合要求的垫子,如果直接跳到坚硬的地面上,会伤及腿部关节或后脑。做单、双杠动作时,要采取各种有效的方法,使双手握杠时不打滑,避免从杠上摔下来,使身体受伤。

⑤ 在做跳马、跳箱等跨越式项目训练时，器械前要有跳板，器械后要有保护垫，同时，老师和同学要在器械旁站立保护。在进行投掷训练时，如投铅球、铁饼、标枪等，一定要按老师的口令进行，令行禁止，不能有丝毫的马虎。这些体育器材有的坚硬沉重，有的前端装有尖利的金属头，如果擅自行事，就有可能击中他人或者自己被击中，导致受伤，甚至有可能危及生命。

⑥ 前后滚翻、俯卧撑、仰卧起坐等垫上运动的项目，做动作时要严肃认真，不能打闹，以免发生扭伤。人的颈部血脉、神经连着人的神经中枢、脊椎和大脑，即使是小的伤害也可能酿成严重后果。做俯卧撑和仰卧起坐时，如果打闹，轻者会出现"岔气儿"，重者会伤及胸隔膜等内脏器官。

⑦ 参加篮球、足球等项目的训练时，要学会保护自己，同时也不要因动作野蛮而伤及他人。在这些争抢激烈的运动中，自觉遵守竞赛规则对于安全是很重要的。

二、参加竞技比赛要注意安全防范

学校运动会的竞赛项目多、持续时间长、运动强度大、参加人数多，安全问题十分重要。

① 参加比赛的学生要遵守赛场纪律，服从调度指挥。没有比赛项目的学生不要在赛场中穿行、玩耍，要在指定的地点观看比赛，以免被投掷的铅球、标枪等击伤，也避免与参加比赛的同学相撞，这是确保安全的基本要求。

② 参加比赛前应做好准备活动，以使身体适应比赛。

③ 在临赛的等待时间里，要注意身体保暖。春秋季节应当在轻便的运动服外再穿上防寒外衣。

④ 临赛前不可吃得过饱或者过多饮水。临赛前半小时内，可以吃些巧克力以增加热量；剧烈运动以后，不要马上大量饮水、吃冷饮，也不要立即洗冷水澡。

⑤ 刚刚比赛完，一定要做好整理活动，如慢步走一走。切不可立即坐下来，哪怕是极度疲劳，也要强迫自己走一走，使激烈跳动的心脏逐渐恢复平静。

第三节　常见的运动不适症状及损伤的处理

1. 肌肉酸痛

刚开始跑步的人，通常都会感到大腿和小腿的肌肉酸痛僵硬，这属于运动中的正常生理现象。肌肉收缩产生能量的同时，肌肉内也发生着一系列变化，三磷酸腺苷、磷酸肌酸、糖原分解放能。若强度过大，血液循环跟不上，氧气供应不足，则乳酸堆积，将刺激神经系统，引起肌肉疼痛。用热水烫脚、按摩、洗腿或在洗澡后涂抹缓解药膏按摩，就可以很快恢复。渐渐习惯跑步之后，肌肉的疼痛也自然不会再出现。另外，训练过度也会引起肌肉疼痛，这时应该缩短跑步的距离，或考虑先暂停这项运动。

2. 运动中腹痛

一般运动过程中出现腹痛时，可适当减速，调整呼吸，并以手按压。如果用上述方法疼痛仍不减轻并有所加重时，应立即停止运动，进行检查，找出原因，酌情处理。在运动中发生腹部疼痛时，不单是运动性疾病，还有可能是内脏器质性病变及其他内科疾病发生，尤其是首先要考虑到急腹症发生的可能性，要迅速准确地做出鉴别，如果是急腹症，应立即停止运动并去医院救治。

3. 小腿痉挛

小腿痉挛时，可平躺地上，用异侧手抓住前脚掌，伸直膝关节用力拉；或者平坐或仰卧，伸直膝关节，同伴双手握其足部抵于腹，痉挛者躯干前倾适度用力，同伴用手促其脚背缓慢地背伸，同时推、揉、捏小腿肌肉，就可以使痉挛缓解。

4. 鼻出血

鼻出血是指鼻部受外力撞击而出血。处理方法为：应使受伤者坐下，头后仰，暂时用口呼吸，鼻孔用纱布塞住，用冷毛巾敷在其前额和鼻梁上，一般即可止血。

5. 脑震荡

脑震荡，指头部受外力打击或碰撞到坚硬物体，使脑神经细胞、纤维受到过度震动，可分为轻度、中度和重度脑震荡。对于轻度脑震荡的病人，安静卧床休息一两天后，可在一星期后参加适当的活动。对于中、重度的脑震荡，要先让伤者平静地仰卧在平坦的地方，头部冷敷，注意保暖，及时送医院治疗。

6. 脱臼

脱臼，指由于直接或间接的暴力作用，使关节面脱离了正常的解剖位置。处理动作要轻巧，不可乱伸、乱扭。可以先冷敷，扎上绷带，保持关节固定不动，再请医生矫治。

7. 皮肤损伤

最常见的皮肤损伤莫过于皮肤表面的擦伤了，多发生于身体四肢部位。在运动中器械使用不正确时，非常容易造成擦伤。如果擦伤部位较浅，涂上红药水即可；如果擦伤部位较脏或有渗血，应该先用生理盐水清洗创口，然后再涂红药水。手、脚皮肤磨出水泡时可以涂点润滑膏或凡士林。如果水泡已经破了，有液体渗出，应该及时把水泡内的水挤干，然后抹上一些抗菌药膏。

8. 肌肉及软组织损伤

肌肉急剧收缩或被过度牵拉，就容易造成肌肉拉伤。这时要立即停止运动，并进行冷处理。即用冷水冲洗或毛巾冷敷，使小血管收缩，减少局部充血和水肿。肌肉拉伤之初，切忌揉搓和热敷。此外，身体局部与钝器发生碰撞，会造成软组织挫伤，轻度损伤不需要特殊处理；比较严重的损伤，可以外用活血化瘀的药物，如止痛喷雾剂、云南白药等。

9. 韧带及关节损伤

韧带及关节损伤是由关节部位突然过度扭转、超出正常生理范围造成的，轻者造成韧带拉伤，重者造成韧带断裂或关节脱臼。最易发生韧带及关节损伤的部位有膝关节、踝关节、腰椎以及腕掌部。损伤发生后，应立即停止活动，然后局部冷敷，一两天后，可以使用温热毛巾热敷，并按摩受伤部位以促进血液循环、帮助身体恢复。如果损伤较重，发生韧带断裂或关节脱臼，应保持冷静，尽量不要活动，及时到医院就诊。

10. 出血

一旦出现出血，在对受伤部位进行紧急处理后，应立即送医院救治。如果肢体被割伤、戳伤后导致出血，要抬高肢体，使出血部位高于心脏；简单清洗伤口，然后用绷带挤压包扎；手脚、小臂或小腿发生出血时，可弯曲肘关节或膝关节并加棉垫，然后用绷带作"8"字形包扎。

11. 骨折

常见的骨折分为两种，闭合性骨折和开放性骨折。发生骨折后，应首先用纱巾对伤口做初步固定，再用担架或平木板固定伤者并送医院处理。注意运送伤者过程中尽量不挪动骨折部位。

第四节 游泳安全知识

游泳是磨炼人的意志、锻炼身体的良好方法，也是人们在日常生活中的一种运动技能与生活能力。但如果不掌握一些注意事项，游泳很容易发生危险。为了确保游泳的安全，大学生应该掌握下列自护互救的知识和技能：

（1）游泳要提前做好准备活动。水温通常比体温低，因此，下水前必须做准备活动，否则易导致身体产生不适感。

（2）要在饭后一小时再游泳，饱食后和饥饿时都不宜游泳。剧烈运动和长途跋涉之后也不宜游泳。

（3）要在熟悉的水域游泳。在天然水域游泳时，切忌贸然下水。凡水域周围和水下情况复杂的都不宜下水游泳，以免发生意外。游泳时遇到水草，不要继续往前游，也不要惊慌，不要乱踹乱蹬，否则会使水草越缠越紧；可以仰躺在水面上，一手划水，一手拨开缠在身上的水草，或请别人帮忙解开水草，然后以仰泳从原路游回。

（4）不要长时间游泳。游泳持续时间一般不应超过2小时。皮肤出现鸡皮疙瘩和寒战现象，应及时出水。游泳过程中，体力不支、过度疲劳时，应该停止游动，仰浮在水面上以保存体力，并伸出一只手臂挥动求救。如没有获得救援，千万不要惊慌，待体力恢复后再游回岸。

（5）某些疾病患者要禁止游泳。如高血压、先天性心脏病、严重冠心病、风湿性瓣膜病、较严重心律失常、中耳炎、急性眼结膜炎、过敏性的皮肤病等患者。

（6）选择正确的游泳时间。饮酒后不宜游泳，酒后游泳，体内储备的葡萄糖大量消耗会出现低血糖。女性月经期也不要游泳，月经期间游泳，病菌易进入子宫、输卵管等处，引起感染。

（7）游泳时防止抽筋。一旦在水下发生抽筋，要镇静，不要紧张，一面呼救，一面设法自救。如果离岸很近，最好立即出水，按摩抽筋部位的肌肉。如果离岸较远，不能立即上岸，可以仰面浮在水面上并临时采用牵引、按摩等方法，试着自行救治。如自行救治无效，又无他人帮助，可利用未抽筋的肢体划动上岸。

（8）正确救助溺水者。若发现有人溺水，可以大声呼救，但不要急于下水营救。因为溺水的人多数会挣扎、乱动，只有水性好、体力强的人营救方可成功。贸然下水营救，不但救不出溺水之人，反而会伤及自身。

（9）游泳后不要暴晒。长时间暴晒会产生晒斑，或引起急性皮炎，亦称日光灼伤。为防止晒斑的发生，上岸后最好用伞遮阳，或将浴巾围在身上保护皮肤，或在身体裸露处涂防晒霜。

（10）游泳后不要马上进食。游泳后宜休息片刻再进食，否则会突然增加胃肠的负担，久之容易引起胃肠道疾病。

（11）注意游泳后的卫生。游泳后，最好马上擦去身上的水垢，滴几滴眼药水，擤出鼻腔分泌物。若耳部进水，要将水排出。然后进行肢体按摩或在日光下小憩20分钟，以避免肌群疲劳。

第五节　户外运动安全知识

1. 做好准备工作

每次开展户外运动之前，应做好充分的准备，了解线路情况，关注出行的天气，在高原地带，更要时刻关注天气变化，细心考虑各种可能性，并将这些信息告知每一位队员。检查身体、器械、装备，器材的安全事关重大，尤其是从事登山、攀岩、探洞及极限运动时。驾车出行前，要检查车况。平时运动较少的队员，在野外一旦身体不适，易发生危险，也会给团队造成影响。

2. 拒绝冒险行为

户外运动一定要把风险降到最低，不鼓励冒险行为，不做无把握的冒进。地形复杂时要探明路况后再行动，迷路时要原路返回。领队必须要有安全意识，新队员要听从指挥，勿盲目轻率行动。行动中不得超越领头队员，不落后于守尾队员，不得擅自脱队离队，小组活动必须三人以上行动。

3. 个体要约束自己的行为

要相互协作、相互配合、相互理解、相互忍让，要克制不良的嗜好，要服从领队的指挥，不从事有损集体的活动；要入乡随俗，尊重他人，遵守法律，要避免与当地居民发生冲突。

4. 一切量力而行

不做能力与知识不及之事。体力透支容易产生危险，故做任何活动都必须留有余地，不能硬撑。如有队员感到身体不适或体力不支，应当及时放弃，不能勉强。对有风险的活动，事先要进行适当的培训。要做好活动前的练习与学习，队员要不断提高自己户外运动、应急避险、野外生存的技能。如果碰到难以克服的困难，或者出现较大的意外情况，要及时调整计划乃至放弃。

5. 注意食品与水的安全

要随身携带必要的食物和充足的水，尤其是后者，在无补给水源的地区断水会是致命的危险。要注意食物和水的卫生，避免身体不适。

6. 要避免发生性侵害的可能性

户外运动中保护女性权利要受到高度重视。宿营时，必须由女性自主优先决定住房和帐篷的安排。提倡异性之间分住，不宜安排女队员与不熟悉的异性队员合用帐篷或房间。

7. 购买保险

户外运动中，风险无处不在，出行之前队员要自行购买好保险。如系俱乐部组织的长途远征，组织者要提醒队员购买保险，并为队员代为办理保险相关事务。

8. 注意营地安全

领队和向导要根据扎营的要求安排营地，特别要注意防水、防风、防坠石等。队员要服从领队的安排，顾全大局。领队要提醒队员保管好财物，如果在不太安全的地区露营,应安排值班人员。如果在野兽出没的地区,还应看守篝火,注意用火安全。

9. 发生意外要及时救助

户外运动中一旦出现意外,导致受伤等情况发生,队员有道义上的义务尽一切努力救助,组织户外运动的俱乐部也应千方百计尽救助之力。

习　　题

一、判断题（正确的在括号内划"√"、错误的划"×"）

1. 体育运动后可以马上吃冷饮和洗澡。（　　）

2. 参加运动时运动服可以别胸针、徽章等饰品。（　　）

3. 小腿痉挛时,可平躺地上,用异侧手抓住前脚掌,伸直膝关节用力拉。（　　）

4. 常见的骨折分为两种,闭合性骨折和开放性骨折。（　　）

5. 要在饭后一小时再游泳,饱食后和饥饿时都不宜游泳。（　　）

二、单选题（把下面正确答案字母填在括号内）

1. 下面哪类人员能够参加运动？（　　）

   A. 心脏病　　　　B. 近视眼　　　　C. 肾炎

2. （　　）可以正常参加游泳运动。

   A. 剧烈运动后　　B. 急性眼结膜炎　C. 身体健康

三、简答题

1. 运动肌肉酸痛处理方法有哪些？

2. 体育课前穿戴应注意什么？

3. 肌肉和软组织损伤应怎样处理？

第四章 人身安全

第一节 预防意外伤害

一、生活方面

1. 用电安全

尽管大学生宿舍用电管理比较严格,但是也不应忽视用电安全问题。因电引起的事故一般有两种:一是火灾,二是触电。现在大多数学生都有手机,需要经常充电,因此学校会允许学生使用电源连接插座。学生在使用电器时,要购买质量可靠、符合国家标准的电器产品,并在辅导员或者学校电工的指导下使用,以避免发生安全事故。

2. 用水安全

学生千万不要私自到禁游水域游泳,到宽阔的浴场游泳时,一定要有几个伙伴,大家相互照应。此外,现在大学里都为学生提供开水,提开水的途中要注意脚下,特别是住高层楼房的同学,在楼梯拐弯、上下台阶处一定要格外注意,一旦发生意外情况要先扔暖瓶,保护好自己。

3. 睡眠安全

学校要为同学们提供安全的卧具,上铺的护栏要高于 25 厘米,有条件的学校尽量不要安排学生住双层床。学生们不要在上铺做游戏、打闹,住上铺的学生在收拾床铺时,要站在上床的梯子上进行,并且要请其他同学在下面给予关照、观察,以防发生意外。

4. 遵守交通规则

大学生出行要遵守交通规则，要乘坐有资质的交通工具。现在越来越多的大学生开始选择集体包车返乡，这种方式对于大学生来说比较实惠、方便。但按照国家有关规定，只有车站、学校和企业才具有组织包车的资格，提供车辆的公司必须是专业的运输公司，而且双方必须签署包车协议，为乘客办理包车车票和营运保险，而学生个人是不能组织包车的。

5. 防范传染病

加强体质监测，实施有针对性的健康干预。学校应做好新生入学健康体检和传染病的预防；通过对学生健康的全过程管理，努力控制和减少学生猝死病例等。高校在目前新生体检的基础上，最好每学年为学生进行一次体检，体检项目应加更细化。在此基础上，高校应建立完善的学生健康档案，制定某些疾病的预防措施，提高急救能力。不少疾病受气候变化的影响比较大，因此在季节更替时，高校最好能给予学生"健康提醒"。患有某些疾病的学生也需增强自我保护，住校期间坚持相应的防治措施。

二、学习方面

1. 体育安全

上体育课时，要按照教师的要求，先做预备运动，以防身体的拉伤、扭伤；了解体育活动中可能存在的危险性，以及在活动中避免受伤的方法，养成使用体育器械（如单、双杠，联合器械）时检查其安全可靠性的习惯，避免发生意外事故。

2. 参加心理辅导

提倡学生参加心理类社团，开展心理互助活动。学校应开设心理健康教育选修课，及时化解学生心理危机。大学生遇到心理问题时，应及时向老师和心理专家求助，要在平时加强沟通，避免心理死结的产生。大学生很多心理疾病的发生是由于不能及时找到倾诉的对象，以致各种烦恼在自己的心里发了芽，产生了难以避免的心理死结。

3. 规范和约束课内外活动的行为

杜绝学生在危险的地方（如楼道里、楼梯口、窗台和课桌椅上）或使用有危险性的器具（如棍棒、刀具）追逐打闹；课间活动时避免因开玩笑、恶作剧而造成伤害事故；若遇闪电、打雷、刮台风，要尽量避开大树和危险建筑物，平时不到建筑工地的脚手架下或危墙、广告牌下玩耍；独自参加社会活动时，要注意安全，防止被人挤伤、踩伤；不在楼梯上、栏杆旁、阳台上拥挤、打闹、捉迷藏或探出头来捡东西；不从楼梯栏杆上往下滑。

4. 实习安全保障

学生要自觉接受实习安全教育，严格按照操作规程操作机械和生产线。学校和实习单位在安排学生实习时，应共同制订详尽的实习计划，开展专业教学和职业技能训练；学校要定期检查实习情况，及时处理实习中出现的问题，确保学生实习工作的正常秩序；接收学生实习的单位，应指定专门人员负责学生实习工作，并根据需要推荐安排有经验的技术或管理人员担任实习指导教师，为学生实习提供必要的条件和安全的劳动环境；对学生加强实习劳动安全教育，增强学生的安全意识，提高其自我防护能力。此外，还应为实习学生购买意外伤害保险和工伤保险。

5. 加强自我修养

大学生要处理好人际关系，避免发生矛盾，严于律己，宽以待人，营造良好的人际关系环境。大学生以严于律己、宽以待人的原则来处理与周围人的关系，就可以在与他人发生纠纷的时候，认真听取他人的意见，开展自我批评，从自身找原因，主动宽容他人的过失，处理好与他人的关系。事实证明，争论会引起双方极度的不快，有时甚至会演化成直接的人身攻击，对于人际关系是非常有害的。文明修身可以帮助大学生树立正确的人生观、世界观，帮助大学生与他人和谐相处，减少与他人的矛盾。此外，大学生要正确对待爱情，正确处理友谊与爱情的关系。任何有悖社会规范和社会道德的行为都是对自己和他人的不负责任，极易导致伤害。

6. 加强自我约束，树立法律意识

大学生要做到遵章守纪，加强与他人沟通，减少摩擦，加强自我约束，不做违章违纪之事，这样就降低了与他人发生纠纷的概率。此外，大学生要有法制观念，能够用法律武器来维护自己的合法权益，不做违法违纪的事，不侵害他人利益，不影响他人正常学习和休息；交友要慎重，男女之间交朋友更应该慎重。

第二节　预防纠纷与防止斗殴

矛盾是社会活动交往中出现的不同意见和看法，主要表现在行为上或者语言上、物体上、某件事情上使对方产生不愉快的看法和观点。矛盾无处不在、无时不有，高校师生、学生之间也难免出现矛盾纠纷。矛盾出现后如不能及时化解和调和，往往会产生纠纷甚至会出现打架斗殴或群体性事件，造成人员伤亡、财产损失甚至会影响局部秩序和稳定。

一、正确认识及预防纠纷

1. 了解常见纠纷形式

大学生的纠纷可分为学籍管理纠纷、生活管理纠纷、财物纠纷、恋爱纠纷、公共活动纠纷；按参与纠纷的人数或规模，又可分为个人纠纷、群体纠纷。它的表现形式主要是两种：一是争吵斗嘴，互相攻击、谩骂；二是大家斗殴，争吵不断升级，发展为你推我拉，最后大打出手。两种形式联系紧密，以争吵开始，以打架甚至造成伤害，构成犯罪而告终。

2. 分析纠纷的起因及处理方法

分析纠纷的原因主要有：不拘小节容易发生纠纷；开玩笑过分容易发生纠纷；猜疑容易发生纠纷；骂人容易发生纠纷；嫉妒他人容易发生纠纷；目中无人容易发生纠纷；极端利己容易发生纠纷。

预防和处理纠纷需要做到以下几点。

① 冷静克制。无论矛盾由哪方面引起，都要持冷静态度，绝不可情绪激动，要虚怀若谷，对于那些可能发生摩擦的小事要宽容处之。如果能够做到这一点，就能将一切纠纷化为乌有。

② 诚实谦虚。在与同学以及其他人的相处中，诚实谦虚是加强团结、增进友谊的基础，也是消除纠纷的灵丹妙药。有了诚实谦虚的精神，在发生纠纷的时候就能认真听取他人的意见，进行批评与自我批评，宽容他人的过失，处理好相互间的争执。要知道，谦虚、诚实并不是什么懦弱，而是品德高尚的表现。

③ 注意言词。大学生中的纠纷多数是由口角引起，语言美是社会主义精神文明的重要内容。要做到语言美，一是要说话和气，心平气和地与人说话，以理服人，不强词夺理；二是说话要文雅，谈吐雅致，不说粗话、脏话；三是说话要谦虚，尊重对方，不说大话，不盛气凌人。

二、冷静处理纠纷防止斗殴

大学生由于年轻气盛，控制能力较差，往往会因为小事而控制不住自己的情绪，扩大事态，甚至导致打架斗殴现象的出现。打架斗殴是指人们在现实中超出理智约束的一种激烈的对抗性互相侵害的行为。这种行为的危害性很大，往往造成非常严重的后果，必须进行有效的预防。

① 防突发性打架斗殴的"偏方"——说服术。突发性打架斗殴往往是由不能冷静对待某一小事而引起的。制止这种打架斗殴，首先应采取说服的方针，针对不同的对象，认真讲清道理，使双方互退一步，指出如果发生打架斗殴的严重后果，使冲动的头脑迅速冷静下来，不自酿苦酒。

② 防报复性打架斗殴的方法——攻心术和暗示效应。报复性打架斗殴往往产生于某种心理。在生活中，人们的思想动机必然会从言语、行为等方面显露出来。所以，我们要关心同学的思想变化，发现问题及时而有针对性地进行规劝。同说服术一样，所不同的是攻心术以关切为先导，不直接指出对方的错误，因为那样容易引起对方的反感，或置对方于十分难堪的境地。大学生一般来说自尊心都是很强的，所以应委婉相劝，攻心为上，用一种相似的人或事来善意暗示对方。

③ 防演变性打架斗殴。演变性打架斗殴一般有较长周期的滋生过程。同学们长期生活在一起，不可避免地在思想上和生活上会发生一些摩擦和冲突，而有些伤人感情的话语容易生成积怨，引发打架斗殴，甚至毙命。

④ 防群体性打架斗殴。大学生应该能够从纷繁复杂的生活现象中分辨是非，判断正误。但往往因为是本院系或本年级的老乡或朋友而进行群体性打架斗殴时，有少数大学生一时冲动，不自觉地就参与进去，往往酿成严重后果。特别要提醒同学们注意的是，首先一定要克制自己、冷静思考，切莫推波助澜、火上浇油，形成"交叉感染"，关键时刻，应以大局为重，迅速将其引向解决问题的正当途径。如果感觉到用自己的力量解决有难度的话，应立即向老师或校保卫部门报告。

⑤ 防校外人员寻衅滋事。在大学生活中，有可能遇到家属子弟或校外人员的寻衅滋事，若处理不好，易发生斗殴。对此，首先我们要加强自身修养，与人为善，不因小事而惹是生非。我们如果遇到一些流氓无赖胡搅蛮缠，甚至找上门来寻衅，则绝不能胆小怕事、委曲求全，而应及时报告给公安机关或学校保卫部门，充分运用法律武器来有效地保护自己。否则，一让再让，对方则会认为软弱可欺，进而变本加厉，以至于对自己造成长时期的精神压力，影响学业。

第三节　防滋扰

从广义的角度来讲，滋扰是指无视国家法律和社会公德而寻衅滋事、结伙斗殴、扰乱社会秩序的行为。从狭义的角度来讲，滋扰主要是指对校园秩序的破坏扰乱，对大学生无端挑衅、侵犯乃至伤害的行为。滋扰是一个涉及学校、家庭、社会等诸多因素的社会问题，大学生必须提高警惕，尽力预防和制止外部滋扰，以保证学校教学、科研和生活正常有序地进行。

一、外部滋扰的常见形式

① 校内外的不法青少年通过多种途径与少数大学生进行交往，如发生矛盾或纠葛，便有目的地进入学校寻衅滋事、伺机报复等。

② 有的社会不良青年在游泳、沐浴、购物、看电影、观看比赛等偶然场合，与大学生发生矛盾，有时进而酿成冲突。

③ 有的不良青年专门尾随女同学或有目的地到学生宿舍、教室等处污辱、骚扰、调戏女生，甚至对女同学动手动脚，致使女大学生受到种种伤害。

④ 一些游手好闲的青少年，把学校当作玩乐场所，在校园内游逛，或故意怪叫谩骂、吵吵嚷嚷，或有意扰乱秩序，以搅得鸡犬不宁为乐，显得旁若无人、不可一世。大学生作为学校的最主要的人员构成，与这类人员发生正面冲突的可能性很大。

⑤ 有的不良青年喜欢在师生休息的时候不停地拨打骚扰电话，或者无聊地谈天说地，或者口吐污言秽语，以搅得人不能入睡为乐，这就是电话滋扰。

二、滋扰事件的特点

① 作案人员以青少年居多，以结伙作案较为常见。滋事者在事先往往没有深思熟虑的策划，没有确定的作案目标和明确的行为方向，常常是遇事起意，想干就干。这就决定了这类案件绝大多数只能由法制、道德观念水平低下的不良的青少年所为，而且常常是多人纠合、结伙作案。这是由青少年的生理、心理发展特点所决定的。青少年的体力、智力发育不够成熟，独立性差，依附性很强，有结伙欲望，特别是在进行滋扰活动时多有互相打气壮胆、掩护作案的特征。

② 滋扰作案的动因是为了追求刺激、寻欢作乐，并不一定以损害特定个人为目的，也不以取得某种物质利益为满足。这是滋扰案件区别于其他案件的显著特点之一。由于此种案件的作案人多数是青少年，而且作案事实是在变态心理和江湖义气或封建主义的英雄观等错误乃至反动思想情绪支配下造成的，其表现往往是狂妄自大、称王称霸、想打就打、想骂就骂，无论在什么场合，想砸就砸、想闹就闹、无所顾忌，其行为实质是对校园和社会公共秩序的一种藐视，其行为锋芒所向是整个社会，而并非特定的人和物。

③ 滋扰事件多发生在人员聚集的公共复杂场所，一般情况均以公开方式实施。对于这一特点，应从两方面进行解释：一方面，从进行滋扰活动的个体或群体来说，希望在人员聚集、成分复杂、活动频繁场所实施作案；另一方面，公共复杂场所也适宜滋扰活动实施。所以，便形成了滋扰事件的作案分子对复杂场所的选择性和依赖性特点。同时，由于作案分子均是公开作案，又反映了滋扰案件的嚣张性。

④ 滋扰事件社会影响较大。在滋扰案件发生后，若不及时查处或查处不力，常常会造成严峻的学校治安形势，使师生员工尤其是大学生担惊受怕、提心吊胆、没有安全感，从而影响了学习的积极性，破坏了安定的生活环境，并直接影

响到学校培养人才这一根本任务的完成。

三、如何应对外部滋扰

寻衅滋事是典型的违法活动。在校园内故意起哄、强要强夺、无理取闹、追逐女同学或女教师等违法行为，不仅直接危害师生员工的人身和财产安全，而且还会破坏整个校园的正常秩序。为了根治外部滋扰这类治安问题，从中央到地方各级政府，都加强了对校园周边治安综合治理的整治力度，整个形势正朝好的方向转化，净化了周边的治安环境。若师生遇有滋事，只要有人挺身而出，发动周围的师生共同制止，也会使违法分子有所收敛。一般情况下，在校园内遇有违法滋事，一方面，要敢于出面制止或将违法分子扭送有关部门，或及时向学校保卫部门报案，或拨打"110"电话报警，以便及时抓获犯罪嫌疑人，予以惩办；另一方面，要加强自身的修养，冷静处理，不因小事而招惹是非。大学生是校园的主人，为了维护自身利益，维护校园正常秩序，积极慎重地同外部滋扰这一丑恶现象作斗争是义不容辞的责任。

1. 提高警惕，做好准备，正确对待，慎重处理

面对不良青少年挑起的违法滋扰，千万不要惊慌而要正确对待。要问清缘由，弄清是非。既不畏惧退缩，避而远之，也不随便动手，一味蛮干，而应晓之以理，以礼待人，妥善处理。

2. 充分依靠组织和集体的力量，积极干预和制止违法犯罪行为

如发现滋扰事件，要及时向老师或学校有关部门报告，一旦出现公开侮辱、殴打自己的同学等恶性事件，要敢于见义勇为、挺身而出，积极地加以制止。要注意团结和发动周围的群众，以对滋事者形成压力，迫使其终止违法犯罪行为。那些成群结伙、凶狠残忍的滋事者，总想趁乱一哄而上、为非作歹，只有依靠组织、依靠群众、依靠集体力量才能有效地制止其违法行为。在同仇敌忾的局面下，几个滋事者是不足为惧的，是完全能够被制服的。

3. 注意策略，讲究效果，避免纠缠，防止事态扩大

在许多场合，滋事者显得愚昧而盲目、固执而无赖，有时仅有挑逗性的言语和动作，叫人可气可恼又抓不到有效证据。遇到这种情况，一定要冷静，注意讲究策略和方法，一方面要及时报告并协助有关部门进行处理；另一方面应采取正面对其劝告的方法，避免纠缠，目的就是避免事态扩大和免得把自己与无赖之徒置于等同地位。

4. 自觉运用法律武器保护他人和保护自己

面对滋扰事件，既要坚持以说理为主，不要轻易动手，同时又要注意留心观

察，掌握证据。比如，有哪些人在场，谁先动手，持何种凶器，滋事者有哪些重要的相貌特征，案件大致的经过是怎样的，现场状况如何等。这些证据，对查处违法滋事者是很有帮助的。

大学生除积极防范和制止发生在校园内的滋扰事件外，更应加强自身修养，不断提高自己的综合素质，严格要求自己，绝不能染上违法恶习而使自己站到滋事者的行列中去。

第四节　防止性骚扰和性侵害

一般认为，只要是一方通过言语的或形体的有关性内容的侵犯或暗示，从而给另一方造成心理上的反感、压抑或恐慌的，都可构成性骚扰。性侵害，主要是指在性方面造成的对受害人的伤害。性骚扰和性侵害是危害大学生身心健康的主要问题。由于两性的社会地位和角色不同，相对而言，性骚扰和性侵害的对象常以女大学生为多。因此，女大学生了解一些性侵害和性骚扰的基本情况，掌握一些基本对付方法是很有必要的。

一、性骚扰和性侵害的主要形式

（1）暴力型性侵害　指犯罪分子使用暴力和野蛮手段，如携带凶器威胁、劫持女同学，或以暴力威胁加之言语恐吓，从而对女同学实施性侵害等。

（2）胁迫型侵害　指利用自己的权势、地位、职务之便，对有求于自己的受害人加以利诱或威胁，从而强迫受害人与其发生非暴力型的性行为。其特点有：

① 利用职务之便或乘人之危而迫使受害者就范；

② 设置圈套，引诱受害人上钩；

③ 利用过错或隐私要挟受害人。

（3）社交型性侵害　指在自己的生活圈子里发生的性侵害，与受害人约会的大多是熟人、同学、同乡，甚至是男朋友。受害人身心受到伤害以后，往往出于各种考虑而不愿加以揭发。

（4）诱惑型性侵害　指利用受害人追求享乐、贪图钱财的心理，诱惑受害人而使其受到性侵害。

（5）滋扰型性侵害　滋扰型性侵害的主要形式如下：一是利用靠近女生的机会，有意识地接触女生的身体，在公共汽车、商店等公共场所有意识地挤碰女生等；二是暴露生殖器等变态式性滋扰；三是向女生寻衅滋事、无理纠缠，用污言秽语进行挑逗，或者做出下流举动对女生进行调戏、侮辱。

二、防止性骚扰和性侵害

1. 筑起思想防线，提高识别能力

女大学生特别应当消除贪图小便宜的心理，对一般异性的馈赠和邀请应婉言拒绝，以免因小失大。谨慎待人处事，对于不相识的异性，不要随便说出自己的真实情况，对于那些特别热情的异性，不管是否相识都要倍加注意。一旦发现某异性对自己不怀好意，甚至动手动脚或有越轨行为，一定要严厉拒绝、大胆反抗，并及时向学校有关领导和保卫部门报告，以便及时加以制止。

2. 行为端正，态度明朗

如果自己行为端正，坏人便无机可乘。如果自己态度坚决明确，对方则会打消念头，不再有任何企图。若自己态度暧昧、模棱两可，对方就会增加幻想，继续纠缠。在拒绝对方的要求时要讲求策略，要讲明道理，耐心说服，一般不宜嘲笑挖苦。社交活动中与男性单独交往时，要理智地、有节制地把握好自己，尤其应注意不能过量饮酒。

3. 学会用法律保护自己

对于那些失去理智、纠缠不清的无赖或违法犯罪分子，女大学生千万不要惧怕他们的要挟和讹诈，也不要怕他们打击报复。要大胆揭发其阴谋或罪行，及时向学校领导和老师报告，学会依靠组织和运用法律武器保护自己。千万注意不能"私了"，"私了"的结果常会使犯罪分子得寸进尺，没完没了。

4. 学防身术，提高自我防范有效性

一般女性的体力均弱于男性，防身时要把握时机，出奇制胜，狠、准、快地出击其要害部位，即使不能制服对方，也可制造逃离险境的机会。人的身体各部位都可用来进行自我反击，头的前部和后部可用来顶撞，拳头、手指可进行攻击，肘朝背后猛击是最强有力的反抗，用膝盖对脸和腹股沟猛击相当有效，用脚前掌飞快踢对方胫骨、膝盖和裆部非常有效。同时，要注意设法在案犯身上留下印记或痕迹，以备追查、辨认案犯时做证据。

第五节 防身自卫

大学生在日常生活中，有时难免会遭受不法之徒的骚扰和侵害，为了维护本人或他人的人身以及其他权益免受正在进行的不法侵害所采取的行为称为正当防卫，正当防卫是法律是所允许的。也就是说，作为一个大学生，应当懂得正当防卫是公民的权利和义务。

一、如何正确理解正当防卫

正当防卫是法律赋予人们的一项重要权利,是鼓励和保障大学生同一切违法犯罪行为做斗争的重要手段,对于保障大学生的合法权益,威慑犯罪分子,制止和预防犯罪,具有积极的意义和作用。我国《刑法》规定:"为了使国家、公共利益、本人或者他人的人身、财产和其他权利免受正在进行的不法侵害,而采取的制止不法侵害行为,对不法侵害人造成损害的,属于正当防卫,不负刑事责任。"具体含义如下:

首先,正当防卫是一种正当、合法的行为。我国法律确认了正当防卫的合法地位,确认正当防卫行为的合法性,这种行为不具有社会危害性,不仅不构成犯罪,而且还受到法律的保护、支持和鼓励。

其次,正当防卫是法律赋予大学生的一项权利。当国家、公共利益、公民本人或者他人的人身、财产和其他权利遭受正在进行的不法侵害时,大学生有权对不法侵害予以必要的反击。

再次,正当防卫是对不法侵害者本人实施的不明显超过必要限度的损害行为。一方面,正当防卫是对不法侵害者的人身或者财产的一种损害,只有是不法行为正在进行时,防卫者采取正当防卫的行为,法律才不追究正当防卫者的刑事责任;同时由于正当防卫可能要造成某种伤害,因而它不是无条件、无限度的,防卫者在行使这种权利时,必须符合法定的条件,不允许超过必要限度,不允许滥用防卫权利。

二、大学生应掌握一些必要的防卫术

防卫是人类社会维持人类生存和延续的必要条件之一。差不多所有的生物学家和人类学家都公认:食欲、性欲和防卫是一切生物都具备的三大本能。一个人在遭受到突然袭击和侵害时,如果掌握了一定的防身自卫的技能技巧,就会临危不乱、胆大心细,敢于向袭击和侵害行为奋起反抗,达到义正压邪,维护安全之目的。所以大学生掌握一些防卫术是很有益处的。防卫术有以下几种方法。

① 击腹法:遇到脖子被歹徒勒住,速用拳头或肘猛击歹徒的腹部,致使其松手。
② 蹬踩法:用鞋跟部猛蹬歹徒的胫骨前部或用力踩歹徒的足部。
③ 扭指法:遇到歹徒将自己勒住或抱住时,速将其小指捏住,用力向外侧扳,使之剧痛或折断其手指。
④ 戳喉法:五指合拢并伸直,以指尖或掌侧猛戳歹徒的喉头。
⑤ 击膝法:靠近歹徒时,提膝向其胯下或裆部、小腹部猛撞。
⑥ 戳眼法:用两指叉开成V形,使劲插戳歹徒的眼睛。
⑦ 口咬法:尤其是女性被歹徒抓住后,在不得已时,可用口咬歹徒的舌头、鼻子、口唇、耳朵或手指等。

⑧ 头撞法：与歹徒靠近时，可用头部撞击歹徒的胸、腹和头等要害部位。

要注意：这些方法只能用来对付歹徒，用于正当防卫，千万不可在学生之间滥用，以免造成令人痛心的后果。

习　　题

一、判断题（正确的在括号内划"√"、错误的划"×"）

1. 在暑假由于天气炎热，学生可以找就近的池塘下河游泳。（　　）
2. 在纠纷无法解决时，可以用采取暴力手段，以暴制暴。（　　）
3. 从狭义的角度来讲，滋扰主要是指对校园秩序的破坏扰乱，对大学生无端挑衅、侵犯乃至伤害的行为。（　　）
4. 大学生要处理好人际关系，避免发生矛盾，严于律己，宽以待人，营造良好的人际关系环境。（　　）
5. 在发生事故时，若肇事者提供的"私了"条件不错，则可以考虑"私了"。（　　）
6. 在自己被他人以言语顶撞而采取的暴力手段可以称为"正当防卫"。（　　）
7. 碰见校外不良青年滋扰，应该不给他们任何颜面，以拳头解决问题。（　　）
8. 注意力不集中是校园发生交通事故的主要形式。（　　）

二、单选题（把下面正确答案字母填在括号内）

1. 为了使学生在宿舍中睡眠安全，上铺的护栏要高于（　　）厘米。
   A. 20　　　　　　　B. 25　　　　　　　C. 30
2. 按照国家有关规定，只有车站、学校和（　　）才具有组织包车的资格。
   A. 企业　　　　　　B. 大学生　　　　　C. 年满 18 岁的成年人
3. 在与同学以及其他人相处中，（　　）是加强团结、增进友谊的基础。
   A. 自私自利　　　　B. 以自我为中心　　C. 诚实谦虚
4. 防群体性打架斗殴时，如果感觉到用自己的力量解决有难度的话，应立即向（　　）寻求帮助。
   A. 公安部门　　　　B. 有义气的同乡朋友　C. 老师或校保卫部门
5. 暴力性侵害主要特点有：手段残暴、行为无耻、群体性及（　　）。
   A. 容易诱发其他犯罪　B. 被害人不敢举报　　C. 频繁性

三、简答题

1. 高校学生应怎样保证自己的人身安全？
2. 大学生中常见的纠纷形式有哪些？
3. 什么叫滋扰？
4. 性骚扰和性侵害的定义分别是什么？

第五章 财产安全

第一节 防止被盗

众所周知,盗窃一般都是由于不法分子以秘密手段把他人财物据为己有而引发的行为。但是,是谁给犯罪分子创造了"条件",使其有了可乘之机?仔细想来,答案正是我们日常养成的疏忽大意的行为:居住混杂,搬动频繁;管理松懈,制度不严;同学之间互不关心,缺乏警惕;钥匙乱放乱借;门窗缺乏安全设施等。

一、学生容易被盗的场所

① 学生宿舍最容易被盗;
② 在食堂、教室、图书馆里,乱丢乱放的书包和装有现金的衣物容易被盗;
③ 在宿舍单元楼门口、教学楼门口、图书馆门口等地,乱停乱放的电动车和自行车容易被盗;
④ 学生私自租住的房屋容易被盗;
⑤ 学生乘坐火车、长途客车返乡途中容易被盗;
⑥ 学生外出乘坐公交车容易被盗;
⑦ 学生外出聚会就餐容易被盗。

二、盗窃学生宿舍常见的手段

学生宿舍是大学生们存放财物的主要地方,也是人员集中且流动性大的地方。大学生一定要养成随手关门的良好习惯,离开宿舍和睡前都要检查门窗,避免犯罪分子乘虚而入,溜门盗窃。盗窃学生宿舍常见的手段有如下几种。

① 顺手牵羊。盗贼趁宿舍学生不备或外出如厕、洗衣之时，将放在走廊的物品或晾晒在走道、阳台等处的衣物盗走。若房门大开，宿舍无人或无人注意到盗贼，他则极有可能光顾室内，将窃物范围扩大到笔记本电脑、MP4、电子词典、手表和现金等。

② "金钩"钓鱼。盗贼会用竹竿或铁钩将晾在窗外的衣服或离窗较近的物品盗走。

③ 溜门爬窗。学生宿舍门窗没有关闭，或没有安装结实的护栏，或安装了易于翻越攀登的门头气窗，窃贼都有可能翻入，其中，最常见的是从门头气窗翻入。

④ 撬门扭锁。盗窃分子用大剪钳或电钻，剪断锁扣或钻透锁芯，入室以后将值钱的且容易携带的物品都盗走。

⑤ 内部偷盗。内盗是大学宿舍最常发生的盗窃事件，盗窃分子极易脱身。被同学发现时，他们会采用一些伎俩，如谎称自己是外系的，来宿舍找人，若同学们信以为真，不认真盘问，就可蒙混过关。

⑥ 配有钥匙。盗贼开门入室盗窃的钥匙来源很多，一是原来住过此房，本来就有钥匙；二是为实施作案，偷配钥匙；三是使用万能钥匙。

三、学生宿舍容易被盗的时段

学生宿舍被盗的时间是有规律的，每年都有几个高发期，大学生在这一时期如果加强防范，就会大大减少盗窃事件。

① 新生入学报到期间，宿舍混乱，家长等外来人员多，新生互相不熟悉，易被盗；军训期间，宿舍通常无人，容易被盗。

② 学生都去上课时（一般是9：00~11：00，14：00~16：00）易被盗。特别是上体育课时，大家习惯将钱包和手表放在宿舍里，容易发生盗窃事件；上晚自习时宿舍常常无人，也可能被盗。

③ 周末易失窃。周末同学来访多；周末学生打扫卫生、洗衣服，离开宿舍到盥洗室的时间多。

④ 放假前，到学生宿舍找人、串门的人多，容易发生盗窃事件。

⑤ 寒暑假期间易发生盗窃。一是学生宿舍易被撬门扭锁；二是学生留宿外人；三是学校放松管理；四是有的学生返校作案。

⑥ 夏天天气闷热，大多开窗睡觉，易被盗窃。

⑦ 期末考试期间，宿舍经常没有人，容易发生盗窃案件。

四、学生防盗应注意的事项

大学生常常忽视对自己物品的保管，怕麻烦而不使用收藏柜的现象比较普遍。在宿舍将笔记本电脑、手机随便放在床上；在食堂、图书馆用包占座位；在体育馆、篮球场，书包随意放置。这些做法恰恰为犯罪分子提供了作案条件。大学生应该了解一些防盗的注意事项，养成良好的习惯，不给犯罪分子可乘之机。

1. 宿舍防盗措施

① 长时间离开宿舍应将宿舍门窗关闭好。如果宿舍门锁仅为挂锁，最好更换。最后离开宿舍的同学要特别注意关窗锁门，平时养成随手关窗锁门的习惯。

② 短时间离开宿舍，如上厕所、去洗手间洗漱或者到其他寝室串门时，也要随手锁门。

③ 不要随手将手机、钱包、MP4、数码相机等容易拿走的贵重物品放在桌面或床上，尽量锁好。有笔记本电脑的同学，最好安装储物柜。

④ 大额现金不要放在寝室，应及时存入银行，随用随取。

⑤ 陌生人来访要特别注意，不要将视线离开其行动范围；见到形迹可疑的、在宿舍楼里四处走动、窥探张望的陌生人，要主动多问问，即使不能当场抓住盗贼，也能使盗窃分子感到无机可乘，客观上起到了预防作用。

⑥ 不要将钥匙和证件等乱放，并且不能将钥匙借给他人。

大学生在对其他人还没有真正了解的时候，一定不要过于信任他人，尤其是在宿舍这一集体场所，大学生有义务保护其他同学的财物安全，一定要做到"防人之心不可无"，时刻警惕，不要将钥匙和贵重物品托付他人。

2. 在食堂、教室、操场防盗

① 不要用书包占座位，在就餐时，书包尽量放在双腿上，或者将书包或挎包的包带挎在肩上、手上。

② 如果需要用书包占座位时，包中的贵重物品如手机、钱包、相机等一定要拿出来；如果是几个同学一起用餐，可以轮流打饭。

③ 食堂用餐排队打饭时，不要将手机或者钱包放于上衣的外口袋中以及长裤后口袋中，随身背包、挎包都要移到身前。

④ 在教室午睡或去厕所、外出打电话时，应该携带自己的贵重物品或找同学帮忙看管，以防一觉醒来或外出归来书包或者书包内的贵重物品丢失。

⑤ 在操场上运动时，最好把手机和钱包集中放在一起，找专人帮忙看管，或到相对封闭的场馆运动。

3. 外出时防盗

① 外出采购、游玩时尽量不要携带大量现金和贵重物品，如必须带的钱款较多，最好分散放置在内衣口袋里，外衣只放少量现金以便购买车票或零星物品时使用。

② 外出时，不要把钱夹放在身后的裤袋里，乘公共汽车时不要把钱或贵重物品置于包的底部或边缘，以免盗贼将包割开而盗走钱物。在挤车时，包应放在

身前，不管是吃饭、购物还是拍照，包都不能离身，至少不能脱离视线。

③ 在人多杂乱的地方不要数现金，以免被扒手盯上。同时也不要因不放心而经常摸放钱的地方，这同样会引起狡猾扒手的注意。

④ 乘出租车下车时，要注意清点自己随身携带的物品，以免因与同学聊天或急于办事而把物品丢在车上。另外，乘出租车应索要小票，万一遗失物品也便于查找。

4. 乘车防盗

① 等车时注意身边的人，特别是那些公交车一靠站就去挤而最后却又不上车的人。对手拿报纸、雨伞、塑料袋等物品，且多次重复上下车、行动反常的人也要特别注意。在上下车时，一定要自觉维护站台、车厢秩序，按顺序上下车。不要为争抢座位、急于下车而使劲挤，造成站台、车厢秩序混乱，给犯罪分子可乘之机。

② 乘车前准备好零钱，使用完手机后要立即放回随身携带的包内，钱物及贵重物品应尽量放在贴身口袋内。上车前检查手提包的拉锁，系好衣扣，不给扒手作案的机会。不要在站台上清点财物，不要在车上翻钱包。

③ 防止划包扒窃。上车后，尽量往车厢中间走，在乘车过程中把背包和其他物品置于自己的视线范围内。特别是在拥挤的车辆上，不要把包背在左、右两侧和背上，最佳的办法是将包放在自己胸前，并尽可能用双手护着，保护好随身的财物。如遇有乘客故意触碰紧贴你，尤其要加倍小心。

④ 防止犯罪团伙设计情节在乘客面前表演，吸引乘客的注意力，配合团伙成员作案。如有的盗窃团伙会由两名成员装作为某事争吵，甚至大打出手，在公交车厢里推来推去，并压倒在被害人身上，此时团伙另外的成员便乘乱对乘客下手。

⑤ 注意司机善意的提醒。当司机说："车厢里人多拥挤，请大家保管好自己的随身物品"或"请大家往里走，不要挤在门口"等类似的话时，要领会到这些话可能是防盗暗语，应提高警惕，保护好自己的物品。

⑥ 发现窃贼要立即呼喊，让车内人员共同抓贼。

五、现金、储蓄卡保管和 ATM 机取款安全事项

① 大学生要提高防范意识，不给犯罪分子作案提供方便，在生活中应该注意保护自己的密码，同时也要尊重他人的隐私。另外，现金和贵重物品不要放在明处，大量现金要立即存入银行，少量现金和贵重物品要锁在柜子里或随身携带，这样可以避免不法侵害的发生。

② 存折和储蓄卡的密码及卡号要保密。储蓄卡要随身携带，但不能与自己

的身份证和密码放在一起保管。

③ 存折和储蓄卡的密码最好不要设为自己的出生年月或电话号码，防止被破解密码盗取。

④ 在取款机上取款以后，要随便输入一个临时设定的"密码"，并按"确认"键，这样就可以把自己刚输入的正式密码取消，避免泄露密码。

⑤ 在取款机上取款时，要检查取款机是否安装了其他电子设备，同时警惕他人站在背后偷记你的卡号和密码。

⑥ 若存折或储蓄卡被盗或丢失，应立即带有效证件（身份证、户口簿等）到银行挂失，然后再到学校保卫部门报案。

⑦ 网上银行有一定风险，如使用，一定要使用安全的网络，防止他人利用木马程序盗取账号和密码。

六、如何处理宿舍被盗

① 发现寝室门被撬，抽屉、箱子、柜子锁被撬，或者寝室有被翻动的痕迹时，不要进入寝室内，应立即向学校保卫部门报告，并告知学校有关领导。

② 保护好现场。如果案件发生在寝室内，可在寝室门前（一楼还包括窗外）设岗看守，阻止同学围观，不能让他人进屋，更不能翻动室内的任何物品，封闭现场。对盗窃分子可能留下痕迹的门柄、锁头、窗户、门框等也不能触摸，以免无关人员的指纹留在上面，给勘察现场、认定犯罪分子带来不必要的麻烦。

③ 如果发现存折、信用卡、汇款单被盗，应尽快到银行和邮局挂失。

④ 积极向负责侦察破案的公安、保卫干部反映情况，提供线索，协助破案。如实回答前来勘验和调查的公安、保卫干部提出的各种问题。回答要实事求是，不可凭想象、推测；要认真回忆，力求全面、准确。不能因为一些个人问题而隐瞒情况。实事求是地配合公安、保卫人员作笔录。

第二节 防止受骗

诈骗，是指以非法占有为目的、用虚构事实或隐瞒真相的方法骗取款额较大的公私财物的行为。由于它一般不使用暴力，而是在平静的气氛下进行的，受害者往往会上当。提防和惩治诈骗分子，除需要依靠社会的力量和法律武器以外，更主要的还是大学生自身应提高防范意识，认清诈骗分子的惯用伎俩，以防止上当受骗。

一、大学生容易受骗的原因

① 交友不慎。大学生大多是从学校走进学校，进入大学后吃住在学校，每

天过着宿舍—食堂—教室三点一线的生活。大多数学生喜欢结交朋友,但一些学生防范意识差,警惕性不高,容易听信陌生人的话,从而上当受骗。遇到一些来访的老乡、熟人、同学,或同学的同学、老乡的老乡、朋友的朋友之类的人,难辨真伪。

② 疏于防范。据相关资料显示,在校大学生被骗取钱物,绝大多数是疏于防范。事实上,很多大学生过于热情奔放,性格直率,经历的事情很少,没有处事经验,不能时刻保持警惕。

③ 利欲熏心。当前许多大学生爱慕虚荣而又无戒备之心,妄想不经过劳动而摇身一变成为富翁,面对金钱诱惑的时候,丧失了理性思考的能力。

④ 法律意识淡薄。有些大学生明知一些事情是违法的,却因经受不住别人的诱惑而上当受骗,从事一些非法活动,害人害己;有的学生受骗以后又去欺骗别人。

⑤ 女性较为容易受骗。女性大多珍视感情,且富于同情心,易对别人产生信任感和依赖感;女性大多爱面子,容易迁就对方,常常碍于情面,对违背自己意愿的事不忍拒绝,导致骗子得寸进尺;有的女性急于求成,喜欢搞短期行为,容易被一时之利诱惑;有些女性仅仅因为对方的一两句"我爱你""说话算数",便很快对其产生了"讲信用,靠得住"的"良好"印象,一旦对方再施以小恩小惠,就很容易放松警惕,让骗子牵着鼻子走。

二、诈骗作案的主要手段

1. 校园内诈骗

① 犯罪嫌疑人利用学生警惕性不高、入学时间短不熟悉情况、没有社会经验等弱点或利用学生急于就业和出国等心理,投其所好、应其所急施展诡计而骗取财物,轻易诈骗得手。尤其是新入学的同学们不要轻易相信任何陌生人采用收费方式帮助联系入党和推荐做学生干部等事情,防止坏人冒充学校工作人员进行诈骗。

② 利用高校学生经验少、法律意识淡薄、急于赚钱补贴生活的心理,常以公司名义或其他身份让学生为其推销产品,事后却不兑现诺言和酬金。对于类似的案件,由于事先没有完备的合同手续,处理起来比较困难,往往时间拖得很长,花费了许多精力却得不到应有的回报。

③ 利用学生购物经验少又贪便宜的特点,上门推销各种产品而使其上当受骗。更有一些到学生宿舍推销产品的人,一旦发现室内无人,就会顺手牵羊。

④ 用招工或勤工助学的名义设置骗局,骗取介绍费、押金、报名费等。

⑤ 利用一切机会与大学生拉关系、套近乎或通过上网聊天交友,骗取信任

后寻机作案。

⑥ 谎称学生在学校受到意外伤害，急需汇款治疗，对学生家长及亲属进行诈骗。

⑦ 谎称自己是富家子弟，因发生意外急需用钱，并承诺加倍返还；或对同学谎称自己发生意外，利用同学的同情心理寻机诈骗。

2. 校园外诈骗

在诸多诈骗案中，马路骗子屡屡得手，在受骗的人中年轻人占大多数，其中不乏在校大学生。因此，在校大学生要特别注意提防马路骗子。

① 不要贪图小便宜。诈骗活动得逞的一个先决条件是利用了受骗者爱占小便宜的心理。不要在马路上向无证摊贩购买自己不了解合理价格和质量标准的商品；不要相信货摊周围有人叫好、喊便宜，甚至争先恐后去抢着买的行为，说不定他们就是所谓的"托"。

② 不要轻易参与骗子的游戏。骗子的意图有时候很容易被人看破，但是他们往往利用人们的好奇心理或参与心理引你上钩。如一些马路骗子在街头巷尾摆设的游戏，他们总是先引诱你参与，设法使你在参与中享受到乐趣，然后伺机诈骗钱物。

③ 警惕骗子利用封建迷信诈骗。一些骗子利用看病、算命来骗钱，利用病人想尽快看好病的心理，诱使病人心甘情愿地拿钱去"看病"；或者以"血光之灾"等说法吓唬人，攻破某些人的心理防线，而后他们就会以祈福消灾的迷信手段，骗人拿钱消灾解难。

④ 提防魔术行骗。许多魔术行骗看似公平，实则暗藏机关，一般人看不出行骗者做的手脚。如果稍有不慎，行骗者就有可乘之机，让你尝点甜头之后，把你宰得头破血流。因此，遇到街边摆摊的人表演魔术时，一定莫入圈套。

3. 短信和电话诈骗

短信息和电话诈骗新花样层出不穷，且不少骗局借助高科技软件，环环相扣，让人防不胜防。诈骗分子甚至还紧跟抗震救灾、高考录取等"社会热点"，实施信息诈骗。现在的大学生几乎每人一部手机，并且大多能够通过手机上网，这就给不法分子提供了很好的行骗机会。大学生要了解相关的骗术，绝不能给犯罪分子可乘之机。

① 中奖信息设陷阱。如果你接到"我是××省公证处的公证员或××节目的主持人，您的手机号码或电话号码在××抽奖活动中中了特等奖，奖品是小轿车一部"的短信，请先思考几秒钟，想想自己是否将手机号码投入摇奖或参与过什么活动。

② 冒充银行提醒刷卡消费。如果你收到类似手机短信，再拨打短信里所留

电话号码进行询问时,就进入了不法之徒的圈套。例如,"尊敬的客户:我行 3 月 26 日成功从您账户支出 8700 元,如有疑问请与客服中心联系。"

③ 谎称家人发生意外。若有人打电话称:"您的家人在某地患急病或发生意外,急需用钱,请把钱打到××银行××账号。"一定要核实清楚,不要轻易相信。

④ 冒充电台骗取话费。"您好,您的朋友为您点播了一首歌曲,以此表达他的思念和祝福,请您拨打×××收听。"当你拨打收听时,你的话费余额一定会直线下降。

⑤ 冒充朋友要求充值。"我在外地出差,我的手机很快就没有话费了,麻烦你帮我买张充值卡,再用短信告知卡号与密码。"接到这样的电话或信息,一定要核对对方真实身份。

⑥ 冒充手机服务商。"您好,这里是中国移动(或联通)客户服务热线,由于我们工作失误,您的电话费这几个月累计多收了××元,如确认退费请按……"或是"现联合推出移动、联通手机卡充值,100 元面值的 30 元低价促销,诚招各地代理经销商。"

⑦ 如果收到未知电话号码拨打的电话,或响了两声就挂断的电话,不要随随便便回复。部分号码是加值付费电话,接到这类陌生来电,一定要小心核对再行回复。

⑧ 不法分子利用手机改号软件,克隆了受骗人亲友的手机号码实施诈骗活动。通过这种软件,拨打者可以把主叫号码显示成其设定的任何号码,例如接听者的朋友或亲人的手机号码、家庭电话等。

4. 车站诈骗

① 以查验车票等名义,骗取、调换旅客的车票。

② 谎称自己有熟人在铁路内部能买到车票,骗取旅客的票款;谎称有办法帮忙退票而行骗。

③ 有的票贩子将已到站还未过有效期的中转签字票重新中转签字后卖给旅客,此种车票多数票面较旧,且已被剪口。

④ 对车票上的日期、票价、到站、座别进行更改,使短途变长途,废票变成有效票,票价低的变成票价高的车票。

⑤ 以帮忙订购车票为诱饵,强行拉旅客住宿旅店,收取所谓的订票费。

⑥ 有的人装扮成购票者,和旅客套近乎,称"老乡",取得旅客的信任后,以帮忙买车票、照看行李等手段,骗取旅客的票款和其他财物。冒充热心人,通过聊天套出旅客家庭地址或者电话,向其家人行骗。

⑦ 利用旅客怕惹事的心理和身单力薄的情况,合伙行动,强行向旅客兜售

车票或骗至站外实施诈骗，甚至抢夺钱物。

三、大学生诈骗案件的预防

社会环境千变万化，大学生必须尽快适应环境，学会自我保护。要积极参加学校组织的法制和安全防范教育活动，多了解、多掌握一些防范知识，对自己有百利而无一害。在日常生活中，要做到不贪图便宜、不非法谋取私利；在提倡助人为乐、奉献爱心的同时，要提高警惕性，不能轻信花言巧语；不要把自己的家庭地址等情况随便告诉陌生人，以免上当受骗。一般来说，诈骗分子行骗的过程可分为两个阶段：一是博得信任，二是骗取对方财物。对于行骗者和受害者来说，第一阶段都是最重要的，也是行骗者行为表现得最为突出的阶段。虽然行骗手段多种多样，但只要我们树立较强的反诈骗意识，克服内心的一些不良心理，保持应有的清醒，做到"三思而后行，三查而后行"，在绝大多数情况下是可以避免上当受骗的。

① 要有反诈骗意识。俗话说："害人之心不可有，防人之心不可无。"当然，"防人"并不是要搞得人心惶惶，关键是要有这种意识，对任何人，尤其是陌生人，不可轻信和盲目随从，遇人遇事，应有清醒的认识，不要因为对方说了什么好话、许诺了什么好处，就轻信、盲从。注意保护好自己的私人信息，特别是家里的电话号码，不能轻易泄露给陌生人。

② 交友要谨慎，避免以感情代替理智。与人交往要区别对待，保持应有的理智。对于熟人或朋友介绍的人，要学会"听其言，察其色，辨其行"。对于"初相识的朋友"，不要轻易掏心窝子，更不能言听计从、受其摆布。对于那些心怀鬼胎、居心不良的人，交往要小心，尽量不为他们提供单独行动的时间和空间，以避免给犯罪嫌疑人创造作案条件。

③ 服从校园管理，自觉遵守校纪校规。为了加强校园管理，学校都制定了一系列管理制度。制度是用来约束人们行为的，在执行过程中可能会给同学们带来一些不便，但是制度却是必不可缺的，同学们一定要认真执行有关规定，自觉遵守校纪校规，积极支持有关部门履行管理职能，并努力发挥出自己的应有作用，以防止闲杂人员和犯罪嫌疑人混入校园作案。

④ 防范手机诈骗。目前手机在大学生中的使用相当普遍，大学生手机用户要加强防范意识，特别是涉及对方要求存入钱款、提供现金、提供财物的，应确认通话人是否为手机机主，不宜简单地以来电号码判断对方身份。一些不法之徒经常大量群发代办文凭、证照及通知中奖之类的短信息，有些社会经验不足的同学便轻易相信，一步一步地走进犯罪嫌疑人事先设置好的陷阱。

⑤ 小心传销。用人单位以招聘直销人员的名义登载招聘信息，让求职者交纳一定的产品费用并介绍更多的人从事此工作，此举多为传销，其骗人的"一夜

第五章　财产安全

暴富"论害人害己。

⑥ 切忌贪小便宜。特别是对一些不熟悉的人所许诺的利益，要经过深思和调查。要知道，天上是不会掉馅饼的。克服贪小便宜的心理，行骗者就不会有可乘之机。

⑦ 同学之间相互沟通、相互帮助。在大学里，无论哪个学院、哪个专业，班集体都是一个最基本的组织形式。在这个集体中，大家有着共同的学习目标，同学间、师生间的友谊比什么都珍贵，因此相互间应该加强沟通、互相帮助，分享自己的经验。特别是在自己觉得可能会吃亏上当时，与同学沟通或许就会得到一些帮助并避免受害。

⑧ 一旦发现受骗要迅速报案。发现自己受骗后，必须镇静，千万别慌神，赶快想办法及时掌握对方有罪的证据，迅速报案，要防止打草惊蛇。有的同学认为把钱追回来是关键，所以，在发现上当后便想私了，于是主动找上门去恳求骗子返还财产。这是很愚蠢的做法，这等于告诉对方骗局已经暴露，提醒骗子赶快逃匿。聪明的做法是，一面装作仍蒙蔽在鼓里，随时掌握对方行踪；一面查明对方所骗财产的流向，及时报告公安机关。

四、信用卡诈骗及其应对

信用卡诈骗骗术不外乎三大类。一是高科技作案，如在 ATM 机上安装微型摄像头，利用盗卡器等高科技作案。二是利用人们麻痹、轻信的心理作案，如用假卡或空卡调包、贴"通知"等。犯罪分子在 ATM 机上贴一张所谓的"紧急通知"，声称接到总行计算机病毒监控中心紧急通知，ATM 机系统受到病毒侵害，为保证用户资金安全，用户必须把资金转移到指定账户上，才能升级抗病毒程序。但只要用户把资金转入该账户，立即会被犯罪分子提走。三是用别人的身份证等有效证件作担保、申请账户进行诈骗。

针对这些骗术，持卡人应在以下八个方面多加小心。

① 领卡时，应当场检查密码信封，如信封被打开过则立即要求银行调换。

② 马上修改密码，不可用自己的电话号码、生日等易于破译的号码作密码。

③ 密码和卡号不要轻易示人，一旦犯罪分子掌握密码和卡号，即可利用高科技手段提走现金。ATM 机上的回单不可随意丢掉，因为回单上有卡号信息。

④ 身份证与信用卡分开存放，以防同时丢失，因有身份证无密码也可以取款，身份证不可轻易借人。

⑤ 卡不能与磁性物体放在一起，以防消磁。

⑥ 操作时注意 ATM 机上是否有摄像头等多余"装置"，"吃卡"及卡丢失后要及时挂失、更改密码。

⑦ 不要轻信"紧急通知"和"公告"，以防受骗。

⑧ 在公共场所消费时，收银员还卡后要仔细验收，以防调包。

第三节　防止抢劫

大学生由于打工、找工作需要经常早出晚归，有时可能会遇到坏人抢劫，如果没有一定的应对措施，就有可能造成较大的损失，并且生命都会受到严重威胁。大学生要加强防范意识，了解一些防抢知识，关键时刻有所应对。

一、防抢知识

① 宿舍防抢。一层的窗户要安装防护栏和质量好的防盗门，晚上睡觉关好门窗。单独一人在宿舍时，不要让陌生人进屋。

② 遇到上门推销商品者，不要与其纠缠，更不要开门让其进来。有陌生人替别人代送物品时，先要打个电话问明情况再开门，千万不要轻信，在无法确定其真假时，不妨婉言谢绝，等问明情况后再说，不要轻易开门。

③ 出行防抢。不要随身携带贵重物品，做到财不外露。手机、现金及贵重物品放在包里，买车票、打电话时要注意身边的可疑人员。骑自行车、摩托车的人在停车时一定要将车锁好，提包随身携带，不能放在车筐内或挂在把手上。

④ 背包防抢。背包的人走路或骑自行车时，要尽量靠在道路的内侧，将包背在靠里侧的肩上。背包里尽量不要放贵重物品，如要挂在车把上，最好多绕几圈；改变挎包姿势，变直挎为斜挎。提高警惕，注意可疑人。

⑤ 防尾随抢劫。在街角、偏僻小路或家门口，发现有陌生人尾随时，要沉着冷静，利用通信工具与家人取得联系，必要时拨打"110"报警求助。尤其注意在进家门口时，一定要与陌生人保持一定距离，防止对方突然袭击。

⑥ 夜间独行防抢。夜间行走要选择有灯光的路段，发现有人跟踪时，可直接向小卖部、保安室等灯亮处走，借问路、买东西等方式支走可疑人。如可疑人跟到楼下，不要急于打开自家房门，以免可疑人员尾随入室抢劫。应向灯亮的窗户呼喊熟人或邻居的名字，待可疑人走后再开门进入自己的房间。

⑦ 防麻醉抢劫。对试图与自己表示亲近的陌生人，在无法确定其真实意图的情况下，不能随意接受其提供的饮料、茶水、香烟及食物等。

⑧ 提款防抢。到银行取款时，要注意观察四周是否有异常情况，提取现金数量较多时，最好两人同行。

⑨ 女大学生晚上最好不要独自一人在路偏人稀的道路上行走，在万不得已的情况下，可以考虑在包中装一瓶防身辣椒水，关键时用以自卫。

⑩ 校园内的抢劫案件多发生在夜晚，地点大多是僻静处。尤其是正在恋爱的同学，不要在光线不好的僻静处行走和逗留。即使是在光线好的地方，如路上

已无其他行人，也不要逗留。如果必经偏僻路段，要结伴同行。

二、面对抢劫如何应对

① 进行吓唬。若已处于作案人的控制下，可巧妙地采用语言激将法，使作案人在心理上产生恐慌；或与作案人说笑，表明自己并无反抗之意，使作案人放松警惕，然后寻机逃走。也可利用有利地形和身边的砖头、木棒等足以自卫的武器与作案人形成僵持局面，使作案人短时间内无法近身，造成心理上的压力，同时引来援助者。

② 走为上策。趁入室抢劫的歹徒进来之后还没来得及关门时，当事人应赶紧冲出门外，或者赶紧进入一间能反锁的房间（里面最好有电话可供求救和报警），把门反锁起来，打电话报警或打开窗户大声呼喊等待救援。

③ 叫喊呼救。如果遭遇抢劫时周围有人，有可能得到救援，应及时高声呼救。但如果在偏僻处，周围没有人，就不一定要呼救，以免刺激歹徒伤害自己。

④ 机智报信。当被歹徒限制自由时，要想方设法把信息传递出去。举个例子，有个人在小区停车，突然半空中掉下一个水杯砸中了他的车，他很生气，上楼找事主，结果发现这家女主人正被歹徒威胁，于是马上去报了警。

⑤ 麻痹对方。当自己处于作案人的控制之下而无法反抗时，可按作案人的要求交出部分财物，并理直气壮地对作案人进行说服教育、晓以利害，从而造成作案人心理上的恐慌。

⑥ 记住特征。注意观察作案人，尽量准确记下其特征，如身高、年龄、体态、发型、衣着、胡须、语言、行为等特征。趁作案人不注意时在其身上留下记号，如在其衣服上擦点泥土、血迹，在其口袋中装点有标记的小物件，在作案人得逞后悄悄尾随其后，注意其逃跑方向等。

⑦ 放弃财物。生命安全比财物更重要，如果歹徒要钱，就给他一些。平时存放财物，要养成分存几个地方的习惯。通常歹徒会在获得财物后，尽早溜之大吉。将财物分存几个地方，可减少损失。

⑧ 及时报案。作案人得逞后，有可能继续寻找下一个抢劫目标，更有甚者在附近的商店、餐厅挥霍。各高校一般都有比较严密的防范机制，如能及时报案，准确描述作案人特征，有利于有关部门及时组织力量布控，抓获作案人。在校外被抢者，要及时到就近派出所报案。

习　　题

一、判断题（正确的在括号内划"√"、错误的划"×"）

1. 诈骗是指以非法占有为目的、用虚构事实或隐瞒真相的方法骗取款额较

大的公私财物的行为。(　　)

2. 当发生抢劫时，应观察作案人的特征，并及时向派出所报案。(　　)

3. 为了规避风险，身份证和银行卡应分开存放。(　　)

4. 如果发现存折、信用卡、汇款单被盗，应尽快到银行和邮局挂失。(　　)

二、简答题

1. 学生宿舍防止盗窃措施有哪些？

2. 学生容易上当受骗的原因有几点？

3. 防止女生受骗要点？

4. 防止信用卡诈骗的八个方面是什么？

第六章 网络安全

互联网（Internet）自从 1969 年问世以来，在现实生活中已经应用很广泛。在互联网上我们可以聊天、玩游戏、查阅东西等。更为重要的是在互联网上还可以进行广告宣传和购物。2016 年 1 月 22 日，中国互联网络信息中心（CNNIC）发布的第三十九次《中国互联网络发展状况统计报告》显示，截至 2016 年 12 月，我国网民规模达 7.31 亿，互联网普及率达到 53.2%，超过全球平均水平 3.1 个百分点，超过亚洲平均水平 7.6 个百分点，我国手机网民规模达 6.95 亿，占比达 95.1%，增长率连续 3 年超过 10%。而台式电脑、笔记本电脑的使用率均出现下降。互联网给我们的现实生活带来很大的方便。我们在互联网上可以在数字知识库里寻找自己学业上、事业上的所需，从而帮助我们的工作与学习。然而，在看到网络的积极作用的同时，一些大学生沉迷于网络的虚拟世界当中，将网络当作现实生活，脱离社会，严重影响到自己的学习和生活。在现实生活中，大学生上网受骗的事情屡有发生；同时，一些不法分子利用网络实施犯罪行为，危害网络的信息安全与秩序。作为当代大学生，了解如何正确、科学地使用互联网，掌握基本的防范方法和相关法律法规，从而避免在网络活动中受到伤害，减少危害大学生身心健康的安全隐患。

第一节 网络成瘾

一、网络成瘾的内涵

"网瘾"即网络成瘾综合征（internet addiction disorder，IAD），是指在无成瘾物质作用下的上网行为冲动失控。当遇到挫折，如学业上的失败、工作上的失落、社会交往恐惧、失恋、家庭打击等，为了寻求解脱，长时间地和习惯性地沉浸在网络时空当中，对互联网产生强烈的依赖，以至于达到了痴迷的程度而难以自我解脱的行为状态和心理状态。而沉溺于网络之中，使这种埋藏在潜意识中的压抑得到释放。然而上网者由于经常花费过多时间上网，以至于损害了现实的人际关系和学业事业。

网络成瘾的类型可分为：网上聊天成瘾，网络游戏成瘾，浏览不良信息成瘾，网恋成瘾等。网络成瘾可导致人们的精神恍惚、心灵脆弱、性格孤僻、消极地面对生活，对生活和娱乐活动无兴趣，对其他人冷漠，甚至出现敌视心理。最新调查统计表明：目前全球22亿多网民中，约有1140万人患有不同程度的网络心理障碍，约占网民人数的6%。青少年是社会网络活动的主体，青少年的网络成瘾问题已经引起了社会各界人士的重视。全国政协委员朱尔澄日前披露的一份调查报告显示，北京市约有20余万中学生迷恋网络游戏，目前北京未成年人患"网络成瘾症"比例高达14.8%。2010年重庆市第九人民医院和西南大学心理系联合对重庆市5所学校的400多名学生进行调查。结果显示，网络心理障碍的发病率达到了10%~15%，而意识到这是一种疾病并进行治疗的却不足5%。

【案例】2011年5月15日晚10时53分，在武汉游戏人生10年的青年王某，在湖北天门的家中悄然离世，不满32岁。离开人世时，除去两张不知道密码的银行卡，他留下的是20多个网络游戏账号。从5月8日被一辆救护车送回离别了10年的家，到15日晚去世，王某在病痛中走完了人生的最后7天。王某的父亲难掩心中的悲痛："太长了，感觉这一个星期，比找王某的10年都要长，都要难熬。"此前经天门市第一人民医院初步检查，王某患有左侧自发性气胸，继发性肺结核、双肺损毁，结核性脑膜炎，肛周寒性脓肿等，情况极其危重，建议转荆州市结核病医院。在网友、热心读者和王某的大学同学的帮助下，筹到了几千元钱的王某父亲，于5月13日租了一辆车，将儿子送到了荆州。专家进行了详细的检查和会诊后说：王某的病情十分严重，身体十分虚弱，治疗的成功率已经很小。伤心的王某父亲当晚就带着儿子回到了家中。

回到家后，王某只能侧躺着蜷缩在床上。王某父亲说，如果平躺下来，王某就总是喊胸疼，只有保持侧躺，才能让其受损严重的肺部减少一点压迫，缓解一下痛苦，他连正常的呼吸都很费力，经常需要借助氧气袋，临终说了句"真有意思"就在王某父亲还在为儿子的病情操劳、忧虑的时候，王某的生命正在悄然走向终点。

15日下午，王某父亲突然发现，一直习惯侧躺在床上的王某，突然平躺了过来，而且没有像以前那样喊疼。他问儿子"疼不疼"，儿子却只"嗯嗯啊啊"了几声，没有回答。王某父亲心里有了一丝不祥的预感，上前给王某翻身，却发现他已经不像以前那样，竭尽全力配合自己的动作了。到了晚上，王某开始说胡话，王某父亲记得，儿子说了一句"真有意思"，他问儿子是什么有意思，得到的回答是"你不会知道的"，之后的话，就已经含糊不清，难以分辨了。晚上近11时，王某的心跳停止。这时，离他32岁的生日还有将近半年的时间。

根据王某本人的回忆，他因沉迷网游，2001年从武汉某大学肄业后，短暂归家，后又返回武汉，因为找工作不顺，沦落到借钱度日的地步。2002年春节，他在母校一寝室中度过，因心理压力巨大，他不愿也害怕和家人联系。从2002年起，他在老乡的介绍下，开始在华中师范大学等高校周边收购旧书，但收入微薄，仅够勉强度日，这种状况一直维持到2006年。在此期间，他经常出入这些高校周边的游戏厅和网吧，将大量时间放在了网络游戏上。网友"宁不空"称，2010年11月，游戏群里有人说王某气管炎犯了，有点重；2011年春节时，王某找他私聊，借钱，想在春节买套新衣服；5月1日，王某再次向他借200块钱，称7月后还，说一定要帮他。直到5月10日，网友们通过网络看到本报相关报道才了解到：王某曾在一家有沙发的网吧里，夜以继日地打了7个多月，直到病入膏肓，凄惨返家。这时，他们也才了解到王某10年离家不返的经历。

二、大学生网络成瘾的危害

网络成瘾不仅对学生的身心健康造成严重损害，还直接影响其学习和生活，其危害主要有以下几方面。

① 长期视觉形象思维的强化会导致思维迟钝，零碎、符号的机械式思维代替人的逻辑、模糊思维，导致想象力降低。网瘾学生学习注意力不集中，记忆力和学习兴趣减退，导致学习成绩下降，部分大学生因成绩不好不得不退学、休学。此外，有数据表明，学习成绩差的学生，更易产生网瘾。同时，网络上流动的各种冗余信息成为干扰大学生选择有用信息的"噪声"，网络挤占了大学生阅读书本、思考问题的时间。许多大学生计算机操作得非常熟练，却写不出工整、规范的汉字，文章中的错字、病句随处可见，文字应用能力下降，这种现象不能不让人担忧。

② 网瘾学生的身体健康令人担忧。据调查，网瘾学生中50％以上视力下降，为省钱上网，他们每天只吃一包方便面，易出现消化不良、供血不足、低血糖等，猝死事例也屡见不鲜。长时间的机前操作，加上网吧光线昏暗、空气浑浊，更加重了对网瘾学生身体健康的损害。由于不分昼夜地坐在电脑前，其新陈代谢、生活习惯、生物钟都被破坏了，除影响头脑发育外，还会导致植物神经紊乱、激素水平失衡，使免疫功能降低，引发紧张、头疼和焦虑。

③ 有的网吧经营者为吸引学生前来消费，向学生提供含有赌博、暴力、色情甚至反动内容的电脑游戏，这诱发了青少年聚赌、敲诈、盗窃、斗殴等犯罪行为。网瘾学生攻击意识往往比非网瘾学生要强，他们玩的游戏带有暴力内容，加

之这些暴力内容有交互生动的特点，使其成为青少年习得和模仿攻击性行为的材料。网络上瘾的人醉心于网络空间中的信息采集，痴迷于通过网络电子化身所拥有的虚幻生活，他明知道这种生活是不切实际的，却不能抑制自己，控制能力丧失。在行为方面，有的会出现品行障碍，特别是为了上网而囊中羞涩时，自控力差的大学生就可能不自觉地产生偷、抢、骗的攻击性行为。

④ 有关资料显示，平均每周上网时间 5 小时以上的人群中，13％的人会减少与朋友、家人相处的时间，26％的人会减少与朋友的语言交流，8％的人逐渐与社会隔离。有些大学生本来不善言谈、性格内向，在虚拟的网络空间却变得思维敏捷、滔滔不绝，得到认可。这使他兴奋异常，随着在网络天地不时得到种种心理满足后，发现已离不开电脑、网络了，花在网上的时间越多，与人们沟通的时间越少，朋友就越少，"发现和人说话很吃力"，现实生活的圈子越来越小，生活越来越封闭，人际交往能力只会越来越差；他们有不同程度的社交范围缩小，有人甚至出现自我封闭倾向。

三、大学生网络成瘾的应对措施

① 加强学生学习和课外活动，尽量减少上网时间。降低网络成瘾离不开学校开展的多层次、丰富多彩、参与面较广的校园文化活动，大学生要自觉培养高尚的爱好和兴趣，积极参加健康的教育活动。所以，大学生要积极参加艺术培养、社团文化、实践活动、各类竞技比赛等丰富多彩的文化活动，组织课外学术科技活动兴趣小组，淡化对网络的兴趣，减少上网时间。同时，对网络兴趣浓厚的大学生可以开展网页设计比赛、网络知识竞答、网上信息检索比赛等活动。

② 加强学生心理健康教育，采取有效心理干预措施，降低网络成瘾的负面影响。高校的心理健康教育机构，积极普及心理学知识和网络知识，引导大学生更好地处理现实生活和网络虚拟世界的关系，帮助大学生树立正确的网络使用观念。针对网络依赖和网络成瘾的大学生制订可行的干预措施，尽早实施，团体辅导和个体干预相结合，降低大学生网络成瘾率。重点关注已经成瘾大学生的身心健康状况，运用适当心理咨询和干预治疗方法，促进其各项因子指标好转，把网络对大学生身心发展的负面影响降到最低程度。

③ 大学生应该充分利用图书馆，抵御网络依赖。图书馆的电子阅览室不仅能够上网，还可以提供数据库镜像服务、视频点播服务、课题查新、人员培训、打印复印等，读者能够进入聊天室、发 E-mail 及制作网页。图书馆电子阅览室与以提供网络游戏、影片欣赏、聊天等休闲娱乐为主要功能的网吧不同，它是集电子型网络欣赏、咨询、培训、服务等为一体的现代化多功能阅览室，在很大程度上能成为网吧的替代品。丰富的文献信息资源可以充实学生业余生活，图书馆之所以是知识的宝库，是因为它所收集的文献是经过了大浪淘沙般的筛选而逐渐

积累起来的。这些文献反映了人类在宗教、哲学、科学、艺术等各领域里的卓越成就。图书馆文献资源的特点是品类齐全、内容丰富，既有教辅读物，也有经典名著，读者可以根据自己的阅读兴趣或计划来选择借阅。大学生应当利用业余时间到图书馆阅读，就能不断发现馆藏文献资源中的精华，这不仅有利于自身树立远大理想，还有利于其提升知识素养、磨砺思维。图书馆是自主学习获取知识的工具与场所，它可吸引大学生来馆阅读各种文献资源，有助于转移自身的注意力。

第二节　网络犯罪的防范

一、网络犯罪的概念

网络犯罪，是指行为人运用计算机技术，借助于网络对其系统或信息进行攻击、破坏或利用网络进行其他犯罪的总称。既包括行为人运用其编程、加密、解码技术或工具在网络上实施的犯罪，也包括行为人利用软件指令、网络系统或产品加密等技术及法律规定上的漏洞在网络内外交互实施的犯罪，还包括行为人借助于其居于网络服务提供者特定地位或其他方法在网络系统实施的犯罪。简言之，网络犯罪是针对和利用网络进行的犯罪，网络犯罪的本质特征是危害网络及其信息的安全与秩序。

二、网络犯罪的成因

任何一种犯罪首先是其内在因素在支配它，要有效地预防和减少网络犯罪，首先必须认清其产生的根源，这样才能依法从根本上进行治理和防范。网络犯罪行为的原因是复杂多样的，可归纳为以下几个方面。

1. 计算机网络自身的特点、防范技术滞后

首先，作为一种以高技术为支撑的犯罪，网络犯罪具有瞬时性、动态性、开放性等特点，许多犯罪可以瞬间完成。传统犯罪在很大程度上要受时空条件限制，但在网络所创造的虚拟空间中行为人可以随时随地上网作案，随着犯罪行为的"数字化"，远距离作案也是易如反掌，行为人足不出户就可以在异国他乡兴风作浪。其次，网络本体脆弱，防范技术落后。目前，安全技术体系尚未完备，许多单位和个人网络系统存在安全隐患，难以抵挡网络犯罪的侵袭。同时，管理失控也是重要原因之一。许多网络行业都缺乏一套完善的安全管理制度，即使有也只是"装装门面"，实际上却是一纸空文，使犯罪人很容易作案。

2. 低成本、高效益的巨大诱惑性

网络犯罪风险小，其被发现概率只有总数的1‰～5‰，而获利的丰厚却是

有目共睹。据有关资料统计，平均每起网络犯罪可获利20多万美元，这种高回报、低风险无疑对犯罪分子具有极大的诱惑性。正如日本计算机犯罪学专家所说，"现在几乎没有任何一种犯罪像网络犯罪一样能轻而易举获取到巨额财富。"

3. 法制观念淡薄，缺乏网络伦理道德

许多网络犯罪的产生，犯罪行为实施者本身并没有具体的犯罪动机或犯罪目的，仅仅是因为法制观念淡薄或道德感的缺失而实施网络违法犯罪行为，行为具有很大的随意性。

4. 网络法律体系不完善

目前大多数国家防治网络犯罪法律体系都是不健全的，这不仅体现在法规本身的数量和范围上，而且在诉讼程序上也是如此。另外，传统侦查制度难以适应网络犯罪的特点。难以及时取证、缺乏有效执法机构和高素质专业执法人员、缺乏国际合作和协调等也在一定程度上导致了网络违法犯罪的日益猖獗。

三、网络犯罪危机应对

1. 网上欺诈危机应对

【案例】2011年4月8日，重庆某高职学生李某报警称：聊天时，有人盗用其朋友王某的QQ号与其在网上聊天，称有急事要用2000元钱。被害人给对方汇款2000元，后与其朋友王某联系后发现被骗。

近年来，随着互联网业务的高速发展，随之而来的安全问题正在日益凸显，特别是一再出现的利用互联网、移动互联网实施欺诈的行为。2011年2月，"假银行"欺诈短信泛滥，诱导用户访问"钓鱼"银行网站来套取其的银行卡密码。2011年6月，新浪微博出现安全危机，微博链接成为黑客新的利用对象，利用其传播恶意链接，诈骗手法不断升级，直接危害愈发明显。

用户首先要提高网络安全意识，不要盲目轻信网络广告、手机短信中提示的免费、促销、打折信息，谨防落入不法分子设置的欺诈陷阱之中。同时，用户及时为电脑和手机安装专业的安全防护产品，阻止用户通过PC或手机访问恶意网站，保护上网安全免遭欺诈威胁。此外，虚假客服电话、虚假退票电话类信息也充斥着整个互联网，网民稍不留神，就会上当受骗。建议大学生在使用搜索引擎的时候，对搜索结果一定要认真辨别，谨防上当受骗。

2. 交友陷阱危机应对

【案例】2010年新华网有一则消息："目前，南京一名女中专生会见网友，已经'失踪'5天了，她的父亲在查找女儿时，还意外地发现女儿一个月竟给网友发了7000多条短信。昨天，该女生的父亲张某告诉记者，女儿小霞（化名）

第六章　网络安全

从3月5日就会见网友了,至今一点消息都没有。张某激动地说,小霞自从上了中专后,就迷恋上网,经常夜不归宿,班主任曾多次跑到网吧找她。但小霞似乎对老师的关心和警告没有反应,依然我行我素,有时会见网友几天不露面。小霞此次失踪后,其父求助于电信部门,想了解小霞经常和什么人联系,不料一打开电话单吓了一跳,小霞一个月竟发了7000多条信息给不同的人。他都不知道该从哪一条下手寻找女儿。据了解,张某每天都在网吧、大街小巷寻找女儿,他希望17岁的女儿能早点回家,不要荒废了学业。"

针对此类交友陷阱,大学生应有所防范。

① 要充分认识网络世界存在着虚拟性和险恶性,对网恋多一分清醒,少一分沉醉,时刻保持高度警惕性。

② 时刻保持警惕,不要轻易信任他人。除非与对方已经有很长时间的交往,而且建立起了一定的信任,否则轻易不要与对方约会。有时候直觉会欺骗一个人,尽量多沟通,尽量拖延约会时间是对自己最好的保护。

③ 不要把个人资料在通信过程中告之,需要刻意保护的信息有:真实姓名、住宅电话、手机号码、办公电话、家庭住址,或者可以让他人直接找到你的任何信息。

④ 对那些试图得到私人信息的人保持警惕。众所周知,经过一段时间的正常沟通以后,好友之间互相通报电子邮件之类的信息可以加深关系。此时,好友之间仍然应该保持轻微的警惕与自我保护意识。如果有些人不停地向你索取私人通信方式,或者主动提供给你QQ或邮件。此时请一定保持冷静,慎重对待这种局面,并做出理性选择。

⑤ 选择公共场所约会,并告知他人。如果与好友的关系发展到了一个可以足够信任对方,且可以约会的程度,请在约会前确定一个首要原则:选择公共场所约会并告知他人。你一定多次听到过这样的劝告:单独去一个陌生、偏僻的场所同陌生人约会是多么的危险。

⑥ 控制首次约会的时间,并且一定要坚持自己回家。掌握好首次约会的时间是非常明智的。即使企盼这次约会已经很长时间了,而且做好了精心准备,并且约会非常美满,还是请你不要忘记早些回家,以让家人放心。

⑦ 约会时要察言观色。人不可能通过网络了解一个人的真实背景或真正性格,所以约会时察言观色是加深对对方感性认知的好时机。随时观察对方的任何特征,如吹牛、叹气、挥舞手脚、过激举动、眼神、表情等,建立正确客观的第一印象对你们今后的关系发展大有裨益。

3. 网上虚拟财产交易陷阱危机应对

重庆某高校学生许某在交易网站上出售了一个2400元的游戏账号。当提现的时候,被告知需要办理提现业务,需要交30%保证金。许先生未怀疑有假,就进行了汇款,但该网站称系统无法验证,让许某再打带零头的400元进去,就可以拿回全部钱。但在许某再次汇款后,该网站又称错误冻结了许某的账号,解冻需要打2400元进去。许某看这么多钱都花了,就又打了2400元。该网站称许某的用户金额超过了普通会员,要求再打4800元升级会员。直到这时,许某才感觉自己可能是上当受骗了,只好报警。

从上面的这个案例可以看出,最后出问题的环节都在提现环节。骗子充分把握了玩家的心理,在装备或者账号已经出售的前提下,玩家对于提现的期待很高,因此往往会忽略骗子设下的陷阱。如出一辙,上面的这个骗子网站就用了上缴少量保证金为借口,让玩家汇出了第一笔钱。随后,又以账号冻结需要充值解冻为借口,骗玩家再次汇出钱。正是因为玩家一次次的汇出钱,担心损失金额越来越大,所以才一次次地钻进骗子的圈套,骗子总是用"这是最后一次"给玩家心理暗示,使得玩家的损失如滚雪球般越滚越大,最后损失惨重。

在这里,提醒需要出售游戏装备的大学生,在交易时请选择规模较大、知名度较高的交易平台,谨防假冒网站或者骗子网站。在发生财物转移时,请保留所有的相关证明,如汇款单、交易截图等。在发现受骗时,请及时报警,从而取得帮助追回财物。

4. 网络求职陷阱应对

网络求职由于方便、快捷的方式成为大部分求职者的首选,在招聘中的地位也显得越来越重要。但其中的社会问题也逐渐显现,一些不法分子常常利用大学毕业生求职急于求成的心态,利用所谓的网络招聘,把"罪恶之手"伸向了大学生。

【案例】某高校的小李今年7月就要大学毕业了,他的文化程度是大专,去了几场招聘会都不太理想。"我在网上看到很多招聘网站都有大量的招聘信息,而且我觉得都挺不错的。"于是,小李将自己的简历传给很多"对口"的单位企业。3月2日,小李收到了这样一个邮件,邮件上说小李的基本条件和学历条件都符合公司的要求,经过公司讨论同意录用他为职员。但是在工作前要先进行业务培训,考虑到小张家不在大连,公司优先照顾他,可以让小李先汇教材费400元,在沈阳自学,然后再来大连参加进一步培训。这则录用信息让小李喜出望外,小李一直都想去沿海城市工作,这么容易就找到了一个不错的工作实在是"点子好"。可是等了一个星期,小李还没有也不见有教材邮到,就连忙拨打联系人的手机,又发了几个邮件,此时,手机关机,邮件也没有人回复,小李这时才意识到:被骗了!

求职陷阱尽管花样繁多、年年翻新,但是只要掌握了技巧,其实大学生在求职应聘时,只要掌握骗子的伎俩,就能够有效地防范骗子的行骗。首先,骗子通常会以收取报名费、培训费、押金等费用为前提来招聘人才,所以求职者遇到需要交费的用工单位,一定要提高警惕。其次,大学毕业生在签订劳动合同时,一定要仔细看清合同条款,遇到含混不清的内容,或者需要注明却没有提及的内容时,一定要勇敢地指出。对于试用期限,务必要求用工单位在合同中明确注明。尤其要注意保留劳动合同等书面证据,便于在维权的时候掌握主动。再次,不要轻易地将自己家中的电话留给对方,因为有可能进行敲诈;不要交资料费或者培训费等相关的费用,因为基本上没有企业会直接就在网上录用求职者;还有一些不正当的团体利用刚毕业大学生的资源来做违法的事,比如传销等。

第三节　校 园 贷

一、校园贷

校园贷,又称校园网贷,是指一些网络贷款平台面向在校大学生开展的贷款业务。随着网络借贷的快速发展,一些 P2P 网络借贷平台不断向高校拓展业务,部分不良网络借贷平台采取虚假宣传的方式和降低贷款门槛、隐瞒实际资费标准等手段,诱导学生过度消费,甚至陷入"高利贷"陷阱,侵犯学生合法权益,造成不良影响。

二、校园贷的现状

2015 年,中国人民大学信用管理研究中心调查了全国 252 所高校近 5 万大学生,并撰写了《全国大学生信用认知调研报告》。调查显示,在弥补资金短缺时,有 8.77% 的大学生会使用贷款获取资金,其中网络贷款几乎占一半。花样繁多的学生网贷途径大致有三类:一是单纯的 P2P 贷款平台,比如名校贷、我来贷等;二是学生分期购物网站,如趣分期等;三是京东、淘宝等电商平台提供的信贷业务。

校园贷作为一种提供贷款的机构,它能够满足大学生一定量的消费需要,刺激了经济需求,带动了市场经济的发展。同时,校园贷也会助长大学生不良的消费习惯。目前,校园贷的特点如下。

1. **校园贷以"消费贷"为主**

虽然有一些大学生贷款是用来作为创业的启动资金等用途,但是目前大学生主要的贷款去向是消费。一些大学生内心的高消费欲望特别强烈,强烈的虚荣心、盲目攀比、追求享受、喜欢炫耀等客观上使这些欲望的释放成为可能。为学生提供消费贷的网贷机构，绝大多数是市场化的互联网金融机构，深入校园为大学生提供各类借贷、分期付款的产品，成了大学生超前消费的根本原因。

2. 放贷门槛较低

大多数校园贷的 P2P 平台自我宣传"1 分钟申请，10 分钟审核，快至 1 天放款，0 抵押，0 担保"等宣传语，申请贷款门槛低，手续非常简单，大多数学生仅需在网络平台提供学生证、身份证和个人学籍等基本信息，就能完成注册和放款，甚至不需要贷款者本人亲自办理。

3. 收费不透明，成为变相高利贷

网贷平台往往会以低分期利率吸引学生，但并非如此。大多数平台通常用等额本息还款方法计算应还金额，这方法看似普通，但实际上他们的月利率普遍在 0.99%～2.38% 之间，折合成年利率，高的就超过了 20%，远高于银行贷款利率。

他们所谓的"利息""手续费"提前扣除，例如，准备借 10 000 元，手续费 1000 元，约定每月利息 10%，约定一个月还款。非法校园贷的操作是，提前扣除手续费 1000 元，扣除一个月的利息 1000 元，大学生借到手的钱其实只有 8000 元。如果逾期之后，对方按照本金 10 000 元收取利息。

如果你逾期不能还款，就要承担相应的罚金和违约服务费。还款一旦发生逾期，随之而来的滚雪球式增长快得惊人。

4. 催债乱象

由于目前校园贷的不成熟和大学生还款能力有限，由此便衍生出了校园贷催债乱象。如暴力催债，裸照，自杀，绑架，连坐，骚扰亲人、同学等。这不仅对社会来说是一场灾害，对于学生和校园贷来说也是一种摧残。

【案例】"爸，妈，儿子对不起你们，我真的撑不下去了……别给我收尸，太丢人……"在发完这段短信后，21 岁的郑兴强（化名）从青岛的一家宾馆楼上跳了下去，陪伴他最后时光的只有那部白色的手机，里面存留着两天前的电话录音，对方是一名陌生的女人，一名催债者，来自于一家网络借贷平台。其实，在郑兴强人生的最后一年里，迷上赌球的他始终活在借贷公司的"魔咒"里：轻松地借钱去赌球，无力偿还以致被威逼。最终，他化身一抔骨灰，留下了数十万元人民币的债务。

郑兴强出生在河南南阳，自杀前是某高校大二学生。郑兴强曾以"慕尼黑之手"这个昵称在网上发布了迷上赌球的过程。他称自己于 2015 年 1 月份在网上接触足彩，刚开始自己能够小赢一些，"觉得赚钱太容易了，慢慢就加大投注……"最多一次，郑兴强曾经赢了 7000 元，但并没有罢手，反而越陷越深，最后他在"代理"的"引导"下迷上了境外赌球。

他写道:"我把赢的钱拿去消费、购物、大吃大喝,什么都用好的。然而不会让我一直赢,有一天我特别黑,输光了之前赢的钱,我慌了,没钱就没法玩了……""……这时候我想到了贷款,心想这钱都能赢回来的,贷款也无可厚非。套现花呗,然后在网贷平台贷了一万多,说实话,这是我人生中第一次搞这么多钱,虽然是贷款,心里居然一点恐慌都没有,钱那时候看来就是数字,一个越来越大的数字。"

如果仔细阅读郑兴强死前发布的手机短信截图,就会了解他内心的恐惧。其中一条短信的内容是这样的:咻咻贷"这钱你是不打算还了是吧。花着别人的钱就这么心安理得?诚信不要了是吧?你的通讯录我已经拿到了。明天上午就开始联系你周边人,如有打扰请谅解。"

同学说,曾经有催款人闯进了学生宿舍,把郑兴强带走后,暴打了一顿。"20岁的放纵毁了前20年的一切,已经退学,无家可归,我妈再也不想看见我,我舅对我说愿滚哪儿就滚哪儿去吧,我爸说自生自灭吧。"郑兴强在1月24日的网帖中这样写道。

对于儿子的话,郑兴强的父亲说没有真的不管他。郑兴强的父亲并不知道各种名目繁多的P2P网贷,这个常年生活在大山里的农民,直到现在都似懂非懂。郑兴强的父亲第一次帮着儿子还了7万多,这是他一辈子的积蓄;第二次还了3万多,是从亲戚朋友那借的。在多番劝阻无果后,郑兴强的父亲带儿子去了舅舅家,然而,舅舅也没能阻止郑兴强疯狂赌球。"窟窿越来越大,从20万,到30万,到最后的60万,实在没办法承担了,家里空了。"郑兴强的父亲沮丧地说。

"他终于离开这个世界了。"这是几名同学在听到郑兴强死亡的消息以后,发出来的感慨,"其实,我们不知道应该怎么形容我们现在的感受,惋惜、悲伤、感慨……最后只能说是'复杂',因为他已经自杀过好几次了。"

同班同学张某说,郑兴强是班长,每年开学,都要登记同学父母的身份证、电话号码等基本信息。在获得张某许可后,郑兴强曾用张某的名义,在诺诺镑客、名校贷、优分期、分期乐、趣分期等平台,贷款了近6万元。初步统计,郑兴强留下的近60万欠款,是他用28个同学的名义借的。

在郑兴强自杀身亡后,一家网贷平台对郑兴强所欠的债务进行了免除。但还有很多同学没有解脱,"我们真的不知道怎么办了。"同学说他们现在不仅为那些莫名的债务所痛苦,同时他们更会担心在别人眼里,郑兴强是他们逼死的。

这是校园网络贷款的一个极端案例。高学历人群、消费娱乐的旺盛需求、信用消费意愿强,这些都成为众多互联网金融公司瞄上这块高校市场"大蛋糕"的理由。

三、校园贷的防范

2016年4月,教育部办公厅与中国银监会办公厅联合发布了《关于加强校园不良网络借贷风险防范和教育引导工作的通知》,明确要求各高校建立校园不良网络借贷日常监测机制和实时预警机制,同时,建立校园不良网络借贷应对处置机制。针对校园网贷,大学生应提高警惕。

① 加强防范意识,识别出网贷中的陷阱。首先是费率不明,其次是简化流程。

② 加强自我管理能力,培养勤俭意识。作为一名大学生,要学会合理消费、理性消费、科学消费,要意识到超前消费、过度消费和从众消费是错误的观念。

③ 自觉了解金融信贷和网络安全知识及相关法律法规知识。

④ 坚决不做卡奴、贷奴。办理信用卡和网贷,虽然短期内获得了经济上的高消费,但以后的日子里需为还款付出更多金钱和精力,更严重的会走上歧途,给自己的学业和未来生活带来影响。

⑤ 参加学校勤工助学,缓解经济压力。节流的同时还需要开源,在大学里有很多可供学生自己支配的课余时间,可以在平时多参加一些勤工俭学。不仅可以在一定程度上缓解经济压力,还可以发挥主观能动性,实现"自我教育、自我管理、自我服务"。

第四节　计算机病毒危机应对

一、计算机病毒的预防

1. 计算机病毒

计算机病毒是指编制或者在计算机程序中插入破坏计算机功能或者毁坏数据,影响计算机使用,并且能自我复制的一组计算机指令或者程序代码。计算机病毒不是天然存在的,是某些人利用计算机软件和硬件所固有的脆弱性编制的。随着网络的普及,病毒的传播也从简单的介质传播向多样化的网络传播发展。

网络病毒的来源主要有两种:电子邮件和下载的文件。

2. 网络病毒特点

在网络环境下,网络病毒具有如下一些共性:可传播性、可潜伏性、可破坏性和可激发性。另外,计算机病毒还有一些新的特点:感染速度快,扩散面广,难以彻底清除,破坏性大。目前,计算机病毒中对用户危害最大的是各类木马病毒。

【案例】郭某、孙某盗窃案:大学生利用木马病毒盗窃网上银行账号与密码实施盗窃。2010年8月,孙某在山东聊城的一家网吧当网管时,网吧管理主机被黑客黑了,这名黑客通过远程监控加其为QQ好友。后通过在网上聊天知道这黑客叫郭某，是黑龙江某大学学生，并与郭某成为网络好友。2006年12月，郭某通过"灰鸽子"远程监控程序，窃取张某中毒电脑上输入的两个银行账号和密码，并下载了电子银行证书。因在学校网速慢和"不方便"，后郭某告诉孙某银行卡的账号、密码和证书，让其帮忙把卡里的钱划走，然后在网上购买游戏点卡。后孙某和郭某俩人一起将账号内的人民币48万余元转到某游戏网站上其注册的账户里，并购买游戏点卡，通过出售游戏点卡方式兑现，二人后被抓获归案。朝阳法院以盗窃罪判处郭某有期徒刑十二年，罚金人民币一万二千元；判处孙某有期徒刑八年，罚金人民币八千元。

大学生需要做到如下几点：一是给计算机设置防火墙、安装防御木马攻击类软件，强化计算机的初始防范能力；二是安装杀毒软件、木马专杀工具，定期进行扫描、安全检查，并及时更新杀毒软件、修补操作系统漏洞和应用软件漏洞，做好日常安全维护；三是警惕计算机的异常情况，如没开启摄像头而指示灯亮或计算机运行速度变慢等，出现异常情况的要及时进行木马查杀，无法解决的，可先行断网实现物理隔绝，做到紧急情况妥善处理。

3. 网络木马病毒犯罪的三大趋势值得关注

① 木马病毒逐渐成为普通犯罪的工具。木马是一种危害计算机的病毒，它依赖于计算机而存在，危害破坏计算机安全是其当然之义。不过实践中，利用木马实施危害计算机信息系统犯罪的并不多见，反而将木马作为工具实施普通犯罪逐渐成为一种趋势。从朝阳法院近年来审结的涉木马犯罪案件来看，全部案件均是将木马作为犯罪工具实施的普通犯罪。

② 木马病毒集中威胁网民财产与隐私安全。木马病毒首先直接妨害计算机网络安全，影响计算机的正常使用。但随着计算机的普及，计算机网络在人们生活中的作用逐渐增强，计算机网络不仅是人们生活中的重要工具，也是人们生活中的重要区域或元素，与此同时，木马病毒在妨害计算机网络安全管理的同时，也被利用为一种工具来窃取他人财产或信息。目前，木马病毒集中侵害他人财产和信息安全成为一种新的趋势，值得关注。

③ 免费或有偿下载木马病毒的网络环境正在形成。从调研的案件来看，被利用的木马病毒不仅有从网上免费下载的，而且还有通过网络交易有偿购买的。如果说前者只是通过提高点击率来获得好处的话，那么后者则是完全赤裸裸的金钱交易，当木马被作为"商品"买卖时，买卖木马病毒非法牟利的利益链条形成，由此形成木马病毒的传播感染网络渠道。

④ 传播或使用木马病毒的法律责任。需要明确的是，利用木马病毒程序实施任何危害网络安全的行为，均是违法的。对没有达到追究刑事责任程度的行为，由公安机关依法给予行政处罚；对达到追究刑事责任程度的，由司法机关依

依法追究刑事责任。目前，利用木马实施危害网络安全行为触犯刑法的，利用木马病毒以计算机信息系统为对象实施攻击的，可构成危害计算机信息系统安全犯罪，包括非法侵入计算机信息系统罪、破坏计算机信息系统罪以及《刑法修正案（七）》新增的非法获取计算机信息系统数据、非法控制计算机信息系统罪以及提供侵入、非法控制计算机信息系统程序、工具罪，单罪最高刑为有期徒刑十五年，新增的三罪均可并处罚金。

二、计算机病毒危机应对方法

1. 网络密码的安全保护措施

有关调查显示，大量网络用户的密码保护意识非常淡薄，多使用简单的数字密码，比如生日、身份证号或简单的数列，这就极大地降低了各类账号的安全门槛，很容易被一些不法分子破解，带来不必要的损失。为此，应采取以下措施：使用复杂的密码，密码长度应该至少大于 6 位，最好大于 8 位，密码中最好包含字母数字和符号，不要使用纯数字的密码，不要使用常用英文单词的组合，不要使用自己的姓名作密码，不要使用生日作密码。防范钓鱼网站的方法是：用户要提高警惕，不登录不熟悉的网站，不要打开陌生人的电子邮件，安装杀毒软件并及时升级病毒知识库和操作系统补丁；要保持严格的密码管理观念，实施定期更换密码，可每月或每季更换一次。永远不要将密码写在纸上，不要使用容易被别人猜到的密码。

2. 经常修补操作系统和应用软件漏洞

尽管已经安装了最基本的电脑安全软件，你的电脑还是存在一些漏洞，这就需要你上网行为的调整来弥补安全缺陷或是通过必要的升级将损失降到最低限度。

① 增强浏览器安全。用户通过浏览器浏览网页，不管使用的是 Firefox、Internet Explorer，还是 Opera 或是其他浏览器。浏览器通常会是电脑最脆弱的部分，黑客经常将他们的目标锁定为浏览器上的漏洞或是插件程序并且利用驱动下载，来使你的电脑在你没有察觉的情况下通过浏览器下载恶意软件。由于这一威胁长期存在，所以浏览器的安全升级在 PC 安全方面起着至关重要的作用。最简单的浏览器安全升级就是换用浏览器。微软的 IE 浏览器是目前受到威胁最多的浏览器，你可以换用相对安全的 Firefox 或是 Opera，会大幅度地提高安全性能。对于那些坚持使用 IE 浏览器的用户来说，你可以将自己的网络安全层级从默认提升到高安全层级，这样就只有那些受信任的网站才能通过浏览器的安全过滤。你可以打开一个新的 IE 浏览器窗口，选择"工具栏"，然后打开"网络选项"。选择"安全"，然后在"高"安全等级前打钩。

② 安装最新的操作系统服务包。黑客一直在开发新的恶意软件,其中一些总是试着利用操作系统的漏洞对计算机发动攻击。因此安装最新的 Windows 操作系统服务包就显得尤为重要了。微软每月都会发布一次最新的补丁和升级。经常关注并下载最新的补丁包,可以很好地避免安全隐患,毕竟攻击行为是利用已存在的漏洞发起的。

③ 选择安全的软件并定时升级。最近用户可能会经常看到,PC 称大量入侵 Windows 操作系统的病毒实际上是与 Mac 相关的。操作系统和软件的选择很大程度上会决定你的电脑面临的网络风险。尽管 2007 年 Mac OS X 面临了越来越多的威胁,至少现在病毒还是将其注意力集中于 Windows 操作系统。因此,如果你使用的是 Windows 操作系统或是其他 Windows 程序,你一定要实时更新和下载补丁,否则你将会面临很大的麻烦。简单地说,如果网络程序没有更新的时间越长,你的电脑面临网络危险的风险就越大。因此为了避免不必要的安全漏洞,请实时下载补丁。开启 Windows 操作系统的补丁自动下载功能,浏览器也一样。尽管使用自动更新并不是很多应用程序的安全之道,但是在处理新出现的针对你的操作系统的病毒时,这一策略是很有效的,使用自动下载的好处将大大超过单纯的即时升级。

3. 安装杀毒软件并随时升级病毒库

许多国产杀毒软件已经内置了网络防火墙,因此,建议上网用户务必安装此类软件。杀毒软件就像是人体的免疫系统,时刻监控计算机内部及网络连接的安全。因此,建议上网的个人电脑安装一个杀毒软件。目前,市面上的杀毒软件基本上都是商业化的收费软件,例如:金山毒霸、瑞星、诺顿、卡巴斯基等。另外近几年,360 安全卫士反病毒软件作为一款免费的杀毒软件被广大网民所使用。这些杀毒软件会根据网络上新出现的病毒,及时更新病毒库,保护用户电脑安全。但需要提醒的是,用户必须定期对个人电脑硬盘进行病毒扫描,做到未雨绸缪。

习 题

一、判断题 (正确的在括号内划 "√"、错误的划 "×")

1. 在网络环境下,网络病毒具有如下一些共性:可传播性、可潜伏性、破坏性、可激发性。( )

2. 网民首先要提高网络安全意识,不要盲目轻信网络广告、手机短信中提示的免费、促销、打折信息,谨防落入不法分子设置的欺诈陷阱之中。( )

3. 计算机病毒不是天然存在的,是某些人利用计算机软件和硬件所固有的

脆弱性编制的。（   ）

4. 网络成瘾的类型可分为：网上聊天成瘾，网络游戏成瘾，浏览不良信息成瘾，网恋成瘾等。（   ）

5. 网络犯罪是针对和利用网络进行的犯罪，网络犯罪的本质特征是危害网络及其引发网络成瘾综合征。（   ）

二、单选题（把下面正确答案字母填在括号内）

1. 对电脑和网络强烈的依赖以及自我约束与自我控制能力的弱化，表现为（   ）

  A. 网络依赖症　　　　　　　　B. 网络成瘾综合症
  C. 网络犯罪　　　　　　　　　D. 网络黑客行为

2. 大学生应对网瘾的措施主要包括参加课外活动，强化心理健康和（   ）

  A. 参加义工活动　　B. 参加社会实践　　C. 利用图书馆学习

3. 网络犯罪具有瞬时性、动态性、（   ）等特点，许多犯罪可以瞬间完成。

  A. 封闭性　　　B. 开放性　　　C. 流动性　　　D. 偶然性

4. 网上虚拟财产交易陷阱危机主要出在（   ）。

  A. 购物阶段　　B. 交换阶段　　C. 支付阶段　　D. 体现环节

5. 网络病毒的来源主要有（   ）和下载文件。

  A. 电子邮件　　B. 上传文件　　C. 网页浏览　　D. 手机通话

三、简答题

1. 大学生如何避免陷入网络交友的困境？
2. 大学生如何远离网络成瘾综合征？
3. 如何避免上网时计算机被病毒感染？
4. 大学生如何预防校园贷？

第七章 消防安全

全国高校发生的火灾典型案例给我们的警示：消防安全，人命关天！为贯彻《中华人民共和国消防法》，全面落实《高等学校消防安全管理规定》和《消防安全常识二十条》，提高大学生的防火安全意识，特别要加强对教学楼、图书馆、食堂、学生公寓等学校重点部位的消防安全管理，不断营造良好的校园消防安全氛围，确保校园消防安全。通过对消防安全知识的学习，提高自防自救互救能力，使大学生做到"三懂三会"，即懂消防基本常识、懂消防设施器材使用、懂逃生自救技能；会检查火灾隐患、会扑救初起火灾、会逃生疏散。

第一节 火灾知识

一、燃烧知识

燃烧是可燃物与助燃物（氧或氧化剂）发生的一种发光发热的化学反应，是在单位时间内产生的热量大于消耗热量的反应。燃烧过程具有两个特征：一是有新的物质产生，即燃烧是化学反应；二是燃烧过程中伴随有发光发热现象。

燃烧必须同时具备下列三个条件：

① 能与空气中的氧或其他氧化剂发生化学反应的物质，即可燃物，如木材、乙醇、甲烷、乙烯等；

② 能与可燃物发生氧化反应的物质，即助燃物，如空气、氧气、氯气等；

③ 供给可燃物与助燃物发生燃烧反应的能量来源，即引火源，如撞击、摩擦、明火、电火花、高温物体、光和射线等。

可燃物、助燃物和引火源是构成燃烧的三要素，缺少其中任何一个燃烧便不能发生。上述三个条件同时存在也不一定会发生燃烧，只有当三个条件同时存在，且都具有一定的"量"，并彼此作用时，才会发生燃烧。对于正在进行的燃烧，若消除其中任何一个条件，燃烧便会终止，这就是灭火的基本原理。

二、火灾及其分类

凡是在时间或空间上失去控制的燃烧所造成的灾害，都叫火灾。《火灾分类》（GB/T 4968—2008），根据物质燃烧特性将火灾分为 A、B、C、D、E、F 六类。

① A 类火灾，指固体物质火灾。如木材、棉、毛、麻、纸张火灾等。

② B 类火灾，指液体火灾和可熔化的固体物质的火灾。如汽油、煤油、柴油、乙醇、沥青、石蜡火灾等。

③ C 类火灾，指气体火灾。如煤气、天然气、甲烷、乙烷、氢气火灾等。

④ D 类火灾，指金属火灾。如钾、钠、镁、铝镁合金火灾等。

⑤ E 类火灾，带电火灾。物体带电燃烧的火灾。

⑥ F 类火灾，烹饪器具内的烹饪物（如动植物油脂）火灾。

三、火灾的发展过程

火灾的发生、发展就是一个火灾发展蔓延、能量传播的过程。火灾通常都有一个从小到大、逐步发展直至熄灭的过程，分为四个阶段，即初起阶段、发展阶段、猛烈阶段及下降和熄灭阶段，如图 7-1 所示。

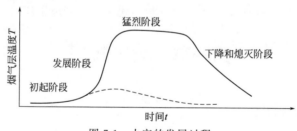

图 7-1　火灾的发展过程

① 初起阶段。一般可燃性物质着火燃烧后，在 15 分钟内，燃烧面积不大，火焰不高，辐射热不强，烟和气体流动缓慢，燃烧速度不快。如房屋建筑的火灾，初起阶段往往局限于室内，火势蔓延范围不大，还没有突破外壳。火灾处于初起阶段时，是扑救的最好时机，只要发现及时，用较少人力和消防器材工具就能将火控制住或扑灭。

② 发展阶段。由于初起火灾没有及时发现、扑灭，随着燃烧时间延长，温度升高，周围可燃性物质或建筑结构被迅速加热，气体对流增强，燃烧速度加快，燃烧面积迅速扩大，形成了燃烧发展阶段。如烟火已经窜出了门、窗和房盖，局部建筑结构被烧穿，建筑物内部充满烟雾，或是突破了外壳。从灭火角度

看，这是关键性阶段。在燃烧发展阶段，必须投入相当大的力量，采取正确措施，来控制火势发展，以便进一步灭火。

③ 猛烈阶段。如果火灾在发展阶段没有得到控制，由于燃烧时间继续延长，燃烧速度不断加快，燃烧面积迅速扩大，燃烧温度急剧上升，气体对流达到最快速度，辐射热最强，建筑结构承重能力急剧下降。处于猛烈阶段的火灾情况是很复杂的，许多可燃液体和气体火灾的发展阶段没有明显区别。此时不仅必须组织较多灭火力量，还须经过较长时间，才能控制火势、扑灭火灾，而且要相当力量和消防器材工具保护周围尚未被火势波及的建筑物和物质，以防止火势蔓延。

④ 下降和熄灭阶段。下降和熄灭阶段是火场火势被控制以后，由于灭火剂作用或因燃烧材料已燃烧殆尽，火势逐渐减弱直到火熄灭的这一过程。

根据火灾发展阶段性特点，灭火时，必须抓住时机，力争将火灾扑灭在初起阶段。据统计，以往发生的火灾 70% 以上是初起阶段即由在场群众迅速做出正确反应，积极主动组织自救，合理使用灭火器、灭火剂和采取其他手段，使火势得到控制甚至被扑灭。

四、引火源

常见火灾的引火源有以下几种。

① 明火。明火有生产性用火，如乙炔火焰等；有非生产性用火，如烟头火、油灯火等。明火是最常见而且是比较强的着火源，它可以点燃任何可燃性物质。

② 电火花。电火花包括电器设备运行中产生的火花、短路火花以及静电放电火花和雷击火花。随着电器设备的广泛使用和操作过程的连续化，这种火源引起的火灾所占的比例越来越大。如加压气体在高压泄漏时会产生静电火花，人体静电放电产生静电火花，液体燃料流动时的静电着火。加注燃料时的摩擦，由于燃料和输油管道、容器以及其他注油工具的互相摩擦，都能产生大量的静电荷，注油的速度愈快，产生的静电愈多。

③ 火星。火星是在铁与铁、铁与石、石与石之间的强烈摩擦、撞击时产生的，是机械能转化为热能的一种现象。这种火星的温度一般有 1200℃ 左右，可以引起很多物质的燃烧。

④ 灼热体。灼热体是指受高温作用，由于蓄热而具有较高温度的物体。灼热体与可燃性物质接触引起的着火有快有慢，这主要决定于灼热体所带的热量和物质的易燃性、状态，其点燃过程是从一点开始扩及全面的。

⑤ 聚集的日光。聚集的日光指太阳光、凸透镜玻璃聚光热等。这种热能只要具有足够的温度就能点燃可燃性物质。

⑥ 化学反应热和生物热。化学反应热和生物热指由于化学变化或生物作用产生的热能。这种热能如不及时散发掉就会引起着火甚至燃烧爆炸。

五、燃烧产物

1. 燃烧产物

燃烧产物是指有燃烧或热解作用而产生的全部物质,也就是说可燃性物质燃烧时,生成的气体、固体和蒸气等物质均为燃烧产物。物质燃烧后产生不能继续燃烧的新物质(如 CO_2、SO_2、水蒸气等),这种燃烧称为完全燃烧,其产物为完全燃烧产物;物质燃烧后产生还能继续燃烧的新物质(如 CO、未燃尽的碳、甲醇、丙酮等),则称为不完全燃烧,其产物为不完全燃烧产物。

2. 燃烧产物的危害

① 燃烧产物对人视力的影响。烟有遮光作用,使能见度下降,尤其是在空气不足时,烟浓度更大。烟浓度增加1倍,能见距离减少1/2,人在烟雾中一般能见度为30厘米。同时,火灾烟气中的氯化氢、氨气和氯气等气体对眼睛有强烈的刺激作用,使人睁不开眼睛。因此,在火场上烟会使人们不易辨别火势的方向,也不易寻找起火地点,如果是楼房起火,走廊内的大量烟会使人看不见疏散方向,找不到楼梯和门,造成扑救和安全疏散的困难。

② 燃烧产生的大量烟和气体,对人体产生不利影响。二氧化碳(CO_2)是窒息性气体;一氧化碳(CO)是有强烈毒性的可燃气体;二氧化硫(SO_2)有毒,是大气污染中危害较大的一种气体,它严重伤害植物,刺激人的呼吸道,腐蚀金属等;一氧化氮(NO)、二氧化氮(NO_2)等都是有毒气体,对人存在不同程度的危害,甚至会危及生命。烟灰是不完全燃烧产物,由悬浮在空气中未燃尽的细碳粒及分解产物构成。烟雾是由悬浮在空气中的微小液滴形成,污染环境,对人体有害。

③ 高温危害。人对高温烟气的忍耐是有限的,65℃时,可短时间忍受;120℃时,15分钟会产生不可恢复的损伤;140℃时,可忍受5分钟;170℃时,可忍受1分钟;温度再高些,1分钟也忍受不了,会有强烈的疼痛感,心率加快,肌肉痉挛,出现休克,不能及时逃离火场而被烧死或其他因素致死。

④ 恐怖感。特别是爆燃发生时,火焰和烟气冲出门窗孔洞,浓烟滚滚,烈火熊熊,使人们产生恐怖感,造成混乱,使有的人失去活动能力,甚至丧失理智,惊慌失措。

六、高校典型火灾事件

1. 某某大学商学院——4人死亡

2008年11月14日早晨6时10分左右,某某大学商学院徐汇校区一学生宿舍楼发生火灾,火势迅速蔓延导致烟火过大,4名女生在消防队员赶到之前从6

第七章　消防安全

楼宿舍阳台跳楼逃生，不幸全部遇难。火灾事故初步判断原因是，寝室里使用"热得快"引发电器故障并将周围可燃物引燃。

2. 某某大学——上千女生疏散

2008年5月5日，某某大学28号楼6层S0601女生宿舍发生火灾，着火后楼内到处弥漫着浓烟，6层的能见度更是不足10米。着火的宿舍楼可容纳学生3000余人。火灾发生时大部分学生都在楼内，所幸消防员及时赶到，上千学生被紧急疏散，事故才没有造成人员伤亡。宿舍最初起火部位为物品摆放架上的接线板部位，当时该接线板插着两台可充电台灯，以及引出的另一接线板。该接线板部位因用电器插头连接不规范，且长时间充电造成电器线路发生短路，火花引燃该接线板附近的布帘等可燃物蔓延向上造成火灾。事发后校方在该宿舍楼进行检查，发现1300余件违规使用的电器，其中最易引发火灾的"热得快"有30件。

3. 某某大学——500学生被困

2007年1月11日，某某大学研究生宿舍2舍一楼发生火灾，浓烟将11层高的整个宿舍笼罩，楼上百余个寝室的500余名学生被困。在浓烟的威胁下，大部分学生采取用湿毛巾捂住口鼻、弯腰逃生等方式自救，但仍有个别学生因受不了浓烟的熏呛做出将要跳楼的举动。危急时刻，在消防队员的制止下，这几名学生最终被送至安全地带，消防人员救人与灭火同步进行。大火被扑灭时，被困的500余名学生被成功疏散到安全地带。确定起火的是该宿舍楼一楼的干洗店干洗机旁边的一堆衣物，火势很快蔓延，并迅速产生很大的浓烟。

4. 外国某大学——41名外国留学生死亡，近200人受伤

2003年11月24日凌晨，某大学6号学生宿舍楼发生火灾，造成41名外国留学生死亡，近200人受伤。其中，中国留学生46人烧伤，11人死亡。有几个中国学生就是在火灾时想乘电梯下楼逃生，结果被困在电梯内活活呛死。真是血的教训啊！发生火灾时是不能使用电梯的。如果在入口处有这样的显著标志，他们是不是就可以避免一死呢？在发达国家都可以见到有这样的标志的。该校代校长27日宣布对火灾事故"负有个人责任引咎辞职"。失火原因是电线短路。检察机关调查人员在调查中发现，某大学在管理上存在违反消防安全规定的许多问题。他同时还指出，消防部门的工作也存在很多不足。消防部门这几年来多次发现俄罗斯人民友谊大学有许多违反消防安全规定的地方，但这些火灾隐患问题一直没有得到解决。

5. 某某大学——1000多名女生凌晨逃生

2003年12月23日早晨5时40分左右，某某大学第四学生宿舍楼219室突然失火，千余名女生被困楼内。许多女生打开窗户呼救。不少学生因为逃生时过

于匆忙,仅在睡衣外罩了一件大衣。一些学生是用沾水的毛巾捂住口鼻后冲破烟雾的,她们说学校以前教过这方面的逃生知识。一些女生拿起了楼道内存放的灭火器,但直到十几只灭火器用完,也没能扑灭大火。她们又开始用脸盆接水灭火,但也没能减小火势。消防官兵来了后发现宿舍楼共有3个通道,其中一个被胶合板钉死,他们打开通道,将学生转移,扑灭大火。火灾的原因为219寝室内一学生用"热得快"烧水,因晚上突然停电,她只好从水壶中拔下"热得快"放到床上,但忘了切断电源。早晨,她醒来后发现床上的"热得快"已经将床铺引着,惊慌之下,四处敲门喊醒其他寝室的学生。由于这名女生逃生时打开了寝室的门,结果通风后火势更加猛烈。

第二节　防火知识

我国消防工作的方针是"预防为主,防消结合。"把同火灾作斗争的两个基本手段——预防火灾和扑救火灾结合起来,在消防工作中,要把火灾预防放在首位,积极贯彻落实各项防火措施,力求防止火灾的发生。

防止火灾发生的关键,是做好火灾的预防工作。火灾预防的关键是抓住燃烧的三个条件,不让燃烧的三个条件相互结合并发生作用,以及采取限制、削弱燃烧条件发展的方法,阻止起火。控制可燃物,以难燃或不燃材料代替易燃或可燃材料;隔绝助燃物,就是使可燃气体、液体、固体不与空气、氧气或其他氧化剂等助燃物接触,即使有引火源,也因为没有助燃物参与而不发生燃烧;消除引火源,严格控制明火、电火花、摩擦撞击、静电火花等。

一、校园防火

学校是消防安全重点单位之一,无数火灾实例说明,学校一旦发生火灾,不但会影响正常的教学、科研秩序,而且还会造成重大的社会影响。正是由于学校的特殊性,校园防火尤为重要。根据学校的特点,校园防火的重点部位主要是学生宿舍与实验室。因为学生宿舍人员密度大,书籍、棉被、衣物、蚊帐、不安全用电等易燃易爆条件较多,一旦发生灾害,后果不堪设想;实验室易燃易爆和化学物品集中,稍有不慎,就会引起火灾或爆炸。

1. 学生宿舍防火安全注意事项

① 不准在寝室内乱拉、接电线。因为电线和插头、插座多重连接,容易导致接触不良,接触不良容易产生电火花,如遇可燃物就会失火。更危险的是将电线埋在被褥下面,如果电线发热造成绝缘层起火,后果更严重。

② 不准在寝室内使用大功率电器,如电茶壶、电炉、"热得快"、电炒锅等,

因为它们都是靠电阻值较大的材料发热来获得热量，耗电量高（"热得快"功率就有 800~1000W），如果用不配套的电线连接，一通电就会使电线发热，橡皮绝缘体软化，时间一长，超负荷运转就会使绝缘体老化甚至燃烧，从而引起火灾。

③ 不能躺在床上吸烟。因为躺在床上吸烟，稍不小心，燃烧的烟灰就会掉在被褥上直接引起火灾，特别是身体疲惫时或酒醉之后，往往烟未吸完，人就睡着了，烟蒂就会失去控制而点燃可燃物，造成人身伤亡或财产损失。

④ 不能用纸当灯罩。因为纸的燃点是 130℃，而一只功率 60W 的白炽灯在一般散热条件下，其表面温度为 140~180℃，大大超过了纸的燃点，如果用纸当灯罩，灯泡表面温度达到纸张的燃点就会引起纸张燃烧。

2. 学校实验室、教研室防火安全注意事项

① 在实验室、教研室实习或工作时，一定要严格遵守各项安全管理规定、安全操作规程和相关制度。

② 使用仪器设备前，应认真检查电源、管线、火源、辅助仪器设备等情况，使用完毕应认真清理，关闭电源、火源、气源、水源等，还应清除杂物和垃圾。尤其是使用易燃易爆危险品时，更要认真执行防火防爆安全规定。

③ 中途离开实验室时，应切断电源。

④ 不能在实验室抽烟。因为实验室易燃易爆物品多，万一这些物品泄漏，抽烟点火时就会引爆，再说，烟蒂的温度很高，其中心温度可达 800℃，如果将烟蒂扔在化学危险品或可燃气体、液体（如氢气、乙炔等）附近，就极易引起剧烈燃烧和爆炸等恶性事故。

⑤ 不能在实验室给手机、MP3 等充电。因为如今充电器不合格产品较多，如果充电时间过长，就容易发生危险。

二、公共场所防火

商场、宾馆、车站、机场、影剧院、俱乐部、文化宫、游泳场、体育馆、图书馆、展览馆等都属于公共场所，这些场所一旦发生火灾，伤亡惨重。因此，我们大学生应该自觉遵守公共场所的防火规定。进入公共场所，自觉配合安全检查。不在公共场所内吸烟和使用明火。不带烟火、爆竹、酒精、汽油等易燃易爆危险物品进入公共场所。车辆、物品不要紧贴或压占消防设施，不应堵塞消防通道，严禁挪用消防器材，不得损坏消火栓、防火门、火灾报警器、火灾喷淋等设施。学会识别安全标志，熟悉安全通道。发生火灾时，应服从公共场所管理人员的统一指挥，有序地疏散到安全地带。

三、森林防火

林区一旦发生火灾，将带来人员和资源的巨大损失。防止森林火灾的发生，首先要杜绝人为火种。广大学生出入林区要严格遵守森林管理的规章制度，不要带火源进入森林，不要在林区吸烟、野炊和举行篝火晚会等活动。总之，同学们要爱护身边的一草一木，增强森林防火意识。

第三节　灭火知识

一、灭火原理

灭火就是破坏燃烧条件使燃烧反应终止的过程。其基本原理归纳为以下四个方面：冷却灭火、窒息灭火、隔离灭火和化学抑制灭火。

1. 冷却灭火

对一般可燃物来说，能够持续燃烧的条件之一就是它们在火焰或热的作用下达到了各自的着火温度。因此，对一般可燃物火灾，将可燃物冷却到其燃点或闪点以下，燃烧反应就会中止。水的灭火机理主要是冷却作用。

2. 窒息灭火

各种可燃物的燃烧都必须在其最低氧气浓度以上进行，否则燃烧不能持续进行。因此，通过降低燃烧物周围的氧气浓度可以起到灭火的作用。通常使用的二氧化碳、氮气、水蒸气等的灭火机理主要是窒息作用。

3. 隔离灭火

把可燃物与引火源或氧气隔离开来，燃烧反应就会自动中止。火灾中，关闭有关阀门，切断流向着火区的可燃气体和液体的通道；打开有关阀门，使已经发生燃烧的容器或受到火势威胁的容器中的液体可燃物通过管道导至安全区域，都是隔离灭火的措施。

4. 化学抑制灭火

化学抑制灭火就是使用灭火剂与链式反应的中间体自由基反应，从而使燃烧的链式反应中断，使燃烧不能持续进行。常用的干粉灭火剂、七氟丙烷灭火剂的主要灭火机理就是化学抑制作用。

二、灭火剂

1. 水

水是最常用和使用最方便的灭火剂。它通常以液态、雾态和气态形式使用和起作用，主要可降低火场的温度和隔绝空气。其消防设施有消火栓、雨淋系统、水斗、喷雾器、水蒸气喷嘴和消防车等。但在以下几种情况不能用水灭火。

① 忌水物质，遇水放热的物质，如钾、钠、铅粉、电石等。这些物质能与水作用产生可燃气体，形成爆炸混合物。
② 铁水、钢水及灼热物体。能使水迅速蒸发引起强烈爆炸。
③ 可燃易燃液体火灾。它使可燃液体浮于水面，扩大燃烧面积。
④ 电气火灾。水能导电，易造成触电和短路事故。
⑤ 精密仪器、贵重文物资料、档案的火灾。用水扑救，会使其毁掉。

2. 泡沫灭火剂

通过与水混溶、采用机械或化学反应的方法产生泡沫的灭火剂。主要通过冷却、窒息作用灭火。泡沫灭火剂的灭火机理是在着火的燃烧物表面上形成一个连续的泡沫层，本身和所析出的混合液对燃烧物表面进行冷却，以及通过泡沫层的覆盖作用使燃烧物与氧隔绝而灭火。目前，在灭火系统中使用的泡沫主要是空气机械烷基泡沫。按发泡倍数可分为三种：发泡倍数在20倍以下的称为低倍数泡沫；在21～200倍之间的称为中倍数泡沫；在201～1000倍之间的称为高倍数泡沫。

3. 干粉灭火剂

干粉灭火剂是用于灭火的干燥、易于流动的微细粉末，由具有灭火效能的无机盐和少量添加剂组成。分为BC干粉灭火剂和ABC干粉灭火剂两类。干粉灭火剂主要通过在加压气体的作用下喷出的粉雾与火焰接触、混合时发生的物理、化学作用灭火。一是靠干粉中的无机盐的挥发性分解物与燃烧过程中燃烧物质所产生的自由基或活性基发生化学抑制和负化学催化作用，使燃烧的链式反应中断而灭火；二是靠干粉的粉末落到可燃物表面上，发生化学反应，并在高温作用下形成一层覆盖层，从而隔绝氧窒息灭火。

4. 二氧化碳灭火剂

二氧化碳是一种气体灭火剂，在自然界中存在也较为广泛，价格低、获取容易，其灭火主要依靠窒息作用和部分冷却作用。主要缺点是灭火时二氧化碳浓度高，会使人员受到窒息毒害。

5. 其他灭火剂

沙土、淋湿的棉被、麻袋都能灭火，扫帚、拖把、衣服、锹、镐也可作为灭火工具。灭火关键在于快，不要给火势蔓延的机会。

三、常见手提式灭火器及其使用

1. 清水灭火器

清水灭火器中充装清洁的水，为了提高灭火性能，在清水中加入适量添加剂，如抗冻剂、润湿剂、增黏剂等。国产的清水灭火器采用储气瓶加压方式，加压气体为液体二氧化碳。清水灭火器通过冷却作用灭火，主要用于扑救固体火灾，即 A 类火灾，如木材、纸张、棉麻、织物等的初起火灾。

灭火时，将灭火器提到距火源适当距离后，拔出保险销，一手握喷嘴对准燃烧物，另一手握住提把，用力压下压把，对准火源根部进行灭火。室外使用应站在上风向，不能将灭火器颠倒或横卧。

2. 干粉灭火器

干粉灭火器充装的是干粉灭火剂。干粉灭火剂一般分为 BC 干粉灭火剂（碳酸氢钠等）和 ABC 干粉灭火剂（磷酸铵盐等）两大类。手提式干粉灭火器适用于易燃、可燃液体、气体及带电设备的初起火灾以及固体类物质的初起火灾，但不能扑救金属燃烧火灾，见图 7-2 所示。

灭火时，将灭火器提到距火源适当距离后，前后颠倒几次，使桶内的干粉松动。如在室外，应选择在上风方向喷射。手握喷嘴对准着火点，压下手柄，侧身对准火源根部由近及远扫射灭火。有喷射软管的灭火器或储压式灭火器在使用时，一手应始终压下压把，不能放开，否则会中断喷射。

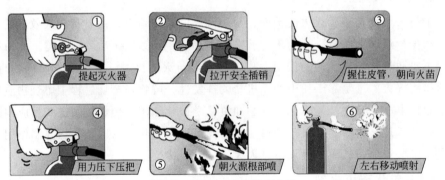

图 7-2　干粉灭火器使用方法

3. 泡沫灭火器

泡沫灭火器充装的是水和泡沫灭火剂，可分为化学泡沫灭火器和空气泡沫灭火器。泡沫灭火器主要用于扑救 B 类火灾，如汽油、煤油、柴油、苯、甲苯、二甲苯、植物油、动物油脂等的初起火灾；也可用于扑救 A 类火灾的初起火灾。抗溶泡沫灭火器还可以扑救水溶性易燃、可燃液体火灾。但是，泡沫灭火器不适用于 C 类火灾、D 类火灾和 E 类火灾。

化学泡沫灭火器使用前应颠倒过来呈垂直状态，用力上下晃动几下，手握喷嘴对准着火点，压下手柄，侧身对准火源根部由近及远扫射灭火。空气泡沫灭火器在使用时应当是直立状态的，不可颠倒或横卧使用，否则会中断喷射；也不能松开压把，否则也会中断喷射。

4. 二氧化碳灭火器

二氧化碳灭火器充装的是二氧化碳灭火剂。二氧化碳灭火器灭火时不会因留下任何痕迹使物品损坏，因此可以用来扑灭书籍、档案、贵重设备和精密仪器等燃烧引起的火灾。

灭火时，手握喷嘴对准着火点，压下手柄，一只手握住喇叭筒根部的手柄，另一只手紧握启闭阀的压把，侧身对准火源根部由近及远扫射灭火。使用时要注意，不能直接用手抓住喇叭筒外壁或金属连线管，防止手被冻伤。

四、消火栓

消火栓，又叫消防栓，一种固定式消防设施，如图7-3所示，主要作用是控制可燃物、隔绝助燃物、消除着火源，分室内消火栓和室外消火栓。使用消火栓时，首先要打开消火栓门，按下内部火警按钮，一人接好枪头和水带奔向起火点，另一人接好水带和阀门口，逆时针打开阀门水喷出即可。

1.打开或击碎箱门，取出消防水带

2.展开消防水带

3.水带一头接到消火栓接口上

4.另一头接上消防水枪

5.另外一人打开消火栓上的水阀开关

6.对准火源根部，进行灭火

图7-3 消火栓的使用方法

第四节 火灾救援、火场逃生

一、报火警

《中华人民共和国消防法》第四十四条规定，"任何人发现火灾都应当立即报警。任何单位、个人都应当无偿为报警提供便利,不得阻拦报警。严禁谎报火警"。

火灾发生时,在无法扑灭的情况下必须报警。一般拨打全国统一号码"119",也可拨打"110",公安系统会向消防系统转警。报警时要讲清楚火灾地址、起火部位、着火物资、火势大小、是否有人被困等情况、报警人的姓名和电话等。报警后要安排人员到交叉路口等候消防车,并维持路口到起火点的道路畅通。遇有火灾时,不要围观。有的同学出于好奇,喜欢围观消防车,这既有碍于消防人员工作,也不利于同学们的安全。不能随意拨打火警电话,更不能假报火警。《中华人民共和国消防法》明确规定:严禁谎报火警,阻拦报警或者不及时报警的,处警告、罚款或者拘留。

二、火灾扑救

火灾扑救的六项原则如下。

1. 报警早,损失小

这是人们在同火灾作斗争中总结出来的一条宝贵经验。由于火灾发展很快,当发现初起火灾时,在积极组织扑救的同时,尽快用火警报警装置、电话等向公安消防部队报警。

2. 边报警,边扑救

在报警的同时要及时扑灭初起火灾。火灾通常要经过初起阶段、发展阶段、猛烈阶段,最后到下降和熄灭阶段的发展过程。在火灾的初起阶段,由于燃烧面积小,燃烧强度弱,放出的辐射热量少,是扑救的最有利时机。这种初起火灾一经发现,只要不错过时机,就可以用很少的灭火器材,如一桶黄沙、一只灭火器或少量水就可以扑灭。所以,就地取材、不失时机地扑灭初起火灾是极其重要的。

3. 先控制,后灭火

在扑救可燃气体、液体火灾时,应首先切断可燃物的来源,然后争取灭火一次成功。如果在未切断可燃气体、液体来源的情况下,急于求成,盲目灭火,则是一种十分危险的做法。

因此,在气体、液体火灾的可燃物来源未切断之前,扑救应以冷却保护为主,积极设法切断可燃物来源,然后集中力量把火灾扑灭。

4. 先救人,后救物

若人员受到火灾的威胁,人和物相比,人是主要的。应贯彻执行救人第一、救人与灭火同步进行的原则,先救人后疏散物资。要首先组织人力和工具,尽早、尽快地将被困人员抢救出来。在组织主要力量抢救人员的同时,部署一定力量疏散物资、扑救火灾。在组织抢救工作时，应注意先把受到火灾威胁最严重的人员抢救出来，抢救时要做到稳妥、准确、果断、勇敢，确保抢救的安全。

5. 防中毒、防窒息

许多化学物品燃烧时会产生有毒烟雾。一些有毒物品燃烧时，如使用的灭火剂不当，也会产生有毒或剧毒气体，很容易发生人员中毒。大量烟雾或使用二氧化碳等窒息法灭火时，火场附近空气中氧含量降低可能引起窒息。

因此，在化工企业扑救火灾时应特别注意防中毒、防窒息。在扑救有毒物品时要正确选用灭火剂，以避免产生有毒或剧毒气体。扑救时应尽可能站在上风向，必要时要佩戴面具，以防发生中毒或窒息。

6. 听指挥，莫惊慌

发生火灾时不能随便动用周围的物资进行灭火，因为慌乱中可能会把可燃液体当成水来使用，反而会造成火势迅速扩大；也可能会因没有正确使用而白白消耗掉现场灭火器材。因此，发生火灾时一定要保持镇静，迅速采取正确措施扑灭初起火灾。此外，当由于各种因素，发生的火灾在消防队赶到后还未被扑灭时，为了卓有成效地扑救火灾，必须听从火场指挥员的指挥，互相配合、积极主动完成扑救任务。

三、火场逃生

1. 逃生预演，临危不乱

每个人对自己工作、学习或居住所在的建筑物的结构及逃生路径要做到了然于胸，必要时可集中组织应急逃生预演，使大家熟悉建筑物内的消防设施及自救逃生的方法。这样，火灾发生时，就不会觉得走投无路了。

2. 熟悉环境，暗记出口

当你处在陌生的环境时，如入住酒店、商场购物、进入娱乐场所时，为了自身的安全，务必留心疏散通道、安全出口及楼梯方位等，以便关键时候能尽快逃离现场。

3. 通道出口，畅通无阻

楼梯、通道、安全出口等是火灾发生时最重要的逃生之路，应保证畅通无阻，切不可堆放杂物或设闸上锁，以便紧急时能安全迅速地通过。

4. 扑灭小火，惠及他人

当发生火灾时，如果发现火势并不大，且尚未对人造成很大威胁时，当周围有足够的消防器材，如灭火器、消火栓等，应奋力将小火控制、扑灭；千万不要惊慌失措地乱叫乱窜，置小火于不顾而酿成大灾。

5. 保持镇静，明辨方向

突遇火灾时，面对浓烟和烈火，首先要强令自己保持镇静，迅速判断危险地点和安全地点，决定逃生的办法，尽快撤离险地。千万不要盲目地跟从人流和相互拥挤、乱冲乱窜。撤离时要注意，朝明亮处或外面空旷地方跑，要尽量往楼层下面跑，若通道已被烟火封阻，则应背向烟火方向离开，通过阳台、气窗、天台等往室外逃生。

6. 不入险地，不贪财物

在火场中，人的生命是最重要的。身处险境，应尽快撤离，不要因害羞或顾及贵重物品，而把宝贵的逃生时间浪费在穿衣或寻找、搬离贵重物品上。已经逃离险境的人员，切莫重返险地，自投罗网。

7. 简易防护，掩鼻匍匐

逃生时经过充满烟雾的路线时，要防止烟雾中毒、预防窒息。为了防止火场浓烟呛入，可采用毛巾、口罩蒙鼻，匍匐撤离的办法。烟气较空气轻而飘于上部，贴近地面撤离是避免烟气吸入、滤去毒气的最佳方法。穿过烟火封锁区，应配戴防毒面具、头盔、阻燃隔热服等护具，如果没有这些护具，那么可向头部、身上浇冷水或用湿毛巾、湿棉被、湿毯子等将头、身裹好，再冲出去。

8. 善用通道，莫入电梯

规范标准的建筑物，都会有两条以上的逃生楼梯、通道或安全出口。发生火灾时，要根据情况选择进入相对较为安全的楼梯通道。除可利用楼梯外，还可利用建筑物的阳台、窗台、屋顶等攀到周围的安全地点；沿着下水管、避雷线等建筑上的凸出物，也可滑下楼脱险。千万要记住，高层楼着火时，不要乘坐普通电梯。

9. 缓降逃生，滑绳自救

高层、多层公共建筑内一般都设有高空缓降器或救生绳，人们可以通过这些设施安全地离开危险的楼层。如果没有这些专门设施，而安全通道又已被堵，救援人员还没有赶到，则可以迅速利用身边的绳索或床单、窗帘、衣服等自制简易救生绳，并用水打湿从窗台或阳台沿绳缓慢滑到下面楼层或地面安全逃生。

10. 避难场所，固守待援

假如用手摸房门已感到烫手，此时一旦开门，火焰与浓烟势必迎面扑来，逃生通道被切断且短时间内无人救援。这时候，可采取创造避难场所、固守待援的办法。首先应关紧迎火的门窗，打开背火的门窗，用湿毛巾和湿布塞堵门缝或用水浸湿棉被蒙上门窗，然后不停用水淋透房间，防止烟火渗入，固守在房内，直到救援人员到达。

11. 传送信号，寻求援助

被烟火围困时，尽量待在阳台、窗口等易于被人发现和能避免烟火近身的地方。在白天可向窗外晃动鲜艳的衣物等；在晚上可用手电筒不停地在窗口闪动或敲击东西，及时发出有效的求救信号。在被烟气窒息失去自救能力前，应努力滚到墙边或门边，既便于消防人员寻找、营救，也可防止房屋塌落时砸伤自己。

12. 火已及身，切勿惊跑

火场上的人如果发现身上着了火，千万不可惊跑或用手拍打。因为奔跑或拍打时会形成风势，加速氧气的补充，促旺火势。当身上衣服着火后，应赶紧设法脱掉衣服或就地打滚，压灭火苗；能及时跳进水中或让人向身上浇水、喷灭火剂就更有效了。

13. 跳楼有术，虽损求生

在没有任何退路，非跳楼即烧死的情况下，只能采取跳楼的方法。跳楼也要讲技巧，应尽量往救生气垫中部跳或选择有水池、软雨篷、草地等方向跳；如有可能，要尽量抱些棉被、沙发垫等松软物品或打开大雨伞跳下，以减缓冲击力。如徒手跳楼一定要扒窗台或阳台使身体自然下垂跳下，以尽量减少垂直距离，落地前要双手抱紧头部、身体弯曲卷成一团，以减少伤害。无论如何，跳楼会对身体造成伤害，要慎之又慎。

习　题

一、判断题（正确的在括号内划"√"、错误的划"×"）

1. 电加热设备必须有专人负责使用和监督，离开时要切断电源。（　　）
2. 禁止携带易燃易爆危险物品进入公共场所或乘坐交通工具。（　　）
3. 扔掉烟头两小时后再着火就不用负责任。（　　）
4. 着火后应自己先扑救，扑救不灭时再打"119"。（　　）
5. 电器开关时的打火、熔热发红的铁器和电焊产生的火花都是着火源。（　　）
6. 报完火警后派人到单位门口、街道交叉路口等候消防车，并带领消防车迅速赶到火场。（　　）
7. 火灾发生时，基本的正确应变措施是：发出警报，疏散，在安全情况下设法扑救。（　　）
8. 所有灭火器必须锁在固定物体上。（　　）
9. 粉尘对人体有很大的危害，但不会发生火灾和爆炸。（　　）
10. 大部分的火灾死亡是由缺氧窒息或中毒造成的。（　　）

二、单选题（把下面正确答案字母填在括号内）

1. 灭火器上的压力表用红、黄、绿三色表示灭火器的压力情况，当指针指在绿色区域表示（　　）。

 A. 正常　　　　　B. 偏高　　　　　C. 偏低

2. 火灾初起阶段是扑救火灾（　　）的阶段。

 A. 最不利　　　　B. 最有利　　　　C. 较不利

3. 任何人发现火灾时，都应报警。任何单位、个人应当（　　）为报警提供便利，不得阻拦报警。

 A. 无偿　　　　　B. 有偿　　　　　C. 自觉

4. 火灾分类中的"A"是指（　　）。

 A. 液体火灾　　　B. 固体火灾　　　C. 金属火灾

5. 油锅起火应该使用（　　）方法扑灭。

 A. 水　　　　　　B. 盖锅盖　　　　C. 扔出去

6. 泡沫灭火器不能用于扑救（　　）火灾。

 A. 塑料　　　　　B. 汽油　　　　　C. 金属钠

7. 火灾发生后以下哪种逃生途径不可取？（　　）

 A. 乘坐电梯逃生

 B. 从室内外疏散楼梯往下跑

 C. 朝疏散指示标志所示方向跑

8. 公共场所发生火灾时，该公共场所的现场工作人员应（　　）。

 A. 迅速撤离　　　B. 抢救贵重物品　　C. 组织引导在场群众疏散

9. 下列部门（　　）是学校禁烟区之一。

 A. 图书馆　　　　B. 生物园　　　　C. 教学楼

10. 学校或家庭维修中使用溶剂和油漆时除了杜绝一切火种，还应注意（　　）。

 A. 湿度　　　　　B. 温度　　　　　C. 通风

三、简答题

1. 什么是燃烧？
2. 火场中自救方法有哪些？
3. 灭火的常用方法是什么？
4. 学生宿舍防火有哪些注意事项？

第八章 交通安全

随着社会的发展,我国汽车保有量不断增加,这让人们享受到了交通为出行带来的便利,但也不得不面对与日俱增的交通事故问题,特别是当代大学生。高校的不断扩招,校园内人流量、车流量急剧增加,道路建设和交通管理滞后于高校的发展,交叉路口没有信号灯管制,也没有专职交通管理人员管理,从而导致交通事故经常发生。所以,大学生懂得交通安全,遵守交通规则是最基本的要求。

交通是总称,包括天上飞行的航空运输、水上的船舶运输、铁路上的铁路运输、公路上的道路运输等。交通安全,是指人或物从一地点移动到另一地点的全过程中,不被碰撞、翻倒及受到其他损害,安全、完整地到达目的地的状态。学生交通安全是指学生在校园内和校园外的道路上行走、驾驶、乘坐交通工具时不发生人员伤亡和交通工具、财产损失的状态。

第一节 校园交通安全

一、校园内交通事故多发的原因

① 安全意识淡薄,思想上麻痹大意,注意力不集中。这是最主要的形式,表现为行人在走路时边看书边听音乐,或者左顾右盼、心不在焉。

② 道路上进行运动。大学生精力旺盛、活泼好动,即使在路上行走也是蹦蹦跳跳、嬉戏打闹,无视交通秩序,甚至有时还在路上进行球类活动,更是增加了发生事故的危险。

③ 骑快车。高校校园内,宿舍与教室、图书馆之间有一段距离,不少大学

生购买了自行车，课间或上课时骑自行车在人海中穿行是大学的一道风景线。有的学生骑车太快，由此埋下祸根。

二、学校常见的交通安全事故

1. 违章驾驶车辆发生交通事故致死、致伤

【案例】2011年1月18日早上，某高校校园发生一起交通事故，一辆载有3名大一学生的摩托车违规从右边超车，撞上一辆同向正常行驶右拐弯的小轿车，事故造成一名大学生颅骨骨折，一名大学生下巴被戳穿，一名大学生受皮外伤。摩托车严重变形，小轿车右后门变形，车窗玻璃破损，车内两小孩严重受惊。受伤的3名大学生送医院救治，没有生命危险。

此案例中，事故的主要责任方是摩托车：一是摩托车驾驶员没有经过培训，属于无证驾驶；二是摩托车限乘两人，而此车乘坐三人，属于超载；三是摩托车超速行驶；四是摩托车驾驶员操作不当，行车时不注意观察路况，紧急情况下没有采取正确措施；五是摩托车不按规定登记上牌照。学生要想在学校驾驶车辆，一定要到正规驾驶学校学习，同时要认真学习交通法规，熟练掌握驾驶技术，学会应急处理措施。更重要的是，任何时候都不要违章驾驶。

2. 路上行走被机动车撞伤、撞死

【案例】2007年10月，某重点大学一位男生丁某，周末与几个同学上街。街上车辆川流不息，行人熙熙攘攘，不一会儿丁某与同学掉了队。正当他着急四处张望时，同学在马路对面大声叫丁某的名字，他就慌忙朝马路对面跑过去，此时一辆大卡车正飞驰而来，将其撞倒并从他身上碾压过去，因此，丁某付出了生命的代价。

不管是在校内还是在校外行走，每天都会遇到很多机动车辆。如果学生本身违反交通规则，或者机动车驾驶员违章驾驶，都可能发生严重的撞伤、撞死事故。所以，学生在穿过马路时，一定要驻足观望马路两边车辆过往情况，走人行道，严格按指示灯或现场交警的指挥通行。

3. 乘坐交通工具发生事故致伤、致死

【案例】2016年9月，某校大一两名新生乘坐一辆没有合法营运手续的黑色轿车出行，途中发生交通事故，车辆坠入积水沟中，两名学生和驾驶员均死亡。

大学生离校、返校、外出旅游、社会实践、寻找工作等都要乘坐各种长途或短途的交通工具，全国各地高校大学生因乘坐交通工具发生交通事故的情况时有发生，有时甚至发生群体性伤亡，教训十分惨重。这跟学生存有侥幸心理不无关系，他们认为"黑车"快捷便利，乘坐时发生的意外只是小概率事件，可以忽略

不计。却不知，不出事故便罢，事故一出，"黑车"之"黑"顿显，赔偿成为一大难题，与正规营运车辆的赔付能力形成了天壤之别。为了自身安全，一定要增强安全意识，拒绝"黑车"。

第二节 交通事故的预防

一、步行须注意的问题

① 行人须走人行道，没有人行道靠右行走。
② 横过马路时须走过街天桥或地下通道，没有天桥和地下通道的地方应走人行道；在没划人行横道的地方横过马路时要注意来往车辆，不要斜穿、猛跑。
③ 十字路口，要听从交警的指挥并遵守交通信号。
④ 在设有护栏或隔离墩的道路上不得横过马路。

二、乘车须注意的问题

① 乘坐公共汽车、电车和长途汽车须在站台或指定地点候车，待车停稳后，先下后上。
② 不准在车行道上招呼出租汽车。
③ 不准携带易燃、易爆等危险品乘坐公共汽车、电车、出租汽车和长途汽车。
④ 机动车行驶中，不准将身体任何部分伸出车外，不准跳车。
⑤ 乘坐货运机动车时，不准站立，不准坐在车厢栏板上。
有下列情况时不应乘车，以免发生危险。
第一，发现车辆破损，声音异常时；发现驾驶员精神状态不佳、酒后驾车时；发现车辆不正常运行、客货混载、违章超载时；发现客车有其他违反操作规程时。
第二，恶劣天气如大风、大雨、大雾、大雪时，不坐汽车长途跋涉。
第三，病中无人陪伴时，不要乘车。

三、驾驶非机动车须注意的问题

① 按车道行驶。应在非机动车道内行驶；在没有非机动车道的道路上，应当靠车行道的右侧行驶。
② 横过机动车道。需横过机动车道时，应当下车推行，有人行横道或者行人过街设施的，应当从人行横道或者行人过街设施通过；没有人行横道、没有行

人过街设施或者不便使用行人过街设施的,在确认安全后直行通过。

③ 借道行驶。因非机动车道被占用无法在本车道内行驶的非机动车,可以在受阻的路段借用相邻的机动车道行驶,并在驶过被占用路段后迅速驶回非机动车道。机动车遇此情况应当减速让行。

④ 驾驶自行车、三轮车必须年满 12 周岁;驾驶电动自行车和残疾人机动轮椅车必须年满 16 周岁。

⑤ 不得醉酒驾驶。

⑥ 转弯前应当减速慢行,伸手示意,不得突然猛拐,超越前车时不得妨碍被超越的车辆行驶。

⑦ 不得牵引、攀扶车辆或者被其他车辆牵引,不得双手离把或者手中持物。

⑧ 不得扶身并行、互相追逐或者曲折竞驶。

⑨ 不得在道路上骑独轮自行车或者 2 人以上骑行的自行车。

⑩ 非下肢残疾的人不得驾驶残疾人机动轮椅车。

⑪ 自行车、三轮车不得加装动力装置。

⑫ 不得在道路上学习驾驶非机动车。

四、驾驶机动车须注意的问题

① 不要驾驶有机械故障的"带病车"上路。

② 驾驶旅游车辆或在山区公路行驶时,要选派驾驶经验丰富的司机。

③ 禁止酒后驾车,禁止非司机驾车,禁止驾驶中打电话,不要疲劳驾驶。

④ 通过铁路道口时,要主动避让火车,坚决杜绝强行、闯行通过道口的行为。

五、乘坐地铁须注意的问题

① 切勿携带易燃、易爆、有毒、有放射性、腐蚀性、压力容器等危险品,或有刺激性气味的物品。

② 切勿携带枪械弹药和管制刀具。

③ 切勿携带其他可能危及乘客人身安全和影响地铁设施安全的物品,如气球、锄头、扁担、铁锯、铁棒等。

④ 站在黄色安全线后排队候车,确保安全。

⑤ 按照箭头指示方向上车,先下后上,请勿拥挤。

⑥ 上车时小心列车与站台之间的空隙,照顾好同行的小孩和老人。

⑦ 留意屏蔽门和地铁列车门同时开关,及屏蔽门灯和车门灯的闪烁。

⑧ 小心屏蔽门的玻璃,当屏蔽门指示灯闪烁时请勿上车。

⑨ 若屏蔽门不能自动开启,请按下绿色按钮,手动拉开,并可到列车两端

选有绿色横杆的屏蔽门，用手推动横杆即可。

六、认识常用的交通安全标志

1. 指示标志

指示标志是指示车辆、行人行进或停止的标志。指示标志牌采用圆形和矩形，蓝色底、白色图案，如图 8-1 所示。识别时，主要根据图案及设置特点来判读。

图 8-1　指示标志牌

2. 警告标志

警告标志是警告驾驶员注意公路急弯、陡坡、交叉路口以及有影响行车安全的地点的标志。警告标志牌采用等边三角形、黑边框、黄色底和黑色图案，如图 8-2 所示。识别时，主要根据标志图案及设置特点来判读。

图 8-2　警告标志牌

3. 禁令标志

禁令标志是禁止或限制车辆、行人通行的标志。禁令标志牌采用圆形，牌面的颜色除解除禁令、禁止通行、禁止驶入外，均为白色底、红色边框和黑色图案，如图 8-3 所示，主要根据标志的图案及设置特点来辨别。

图 8-3 禁令标志牌

4. 指路标志

指路标志有里程碑、百米桩、公路界碑、分界牌、指路牌、地名牌、平面交叉路指示牌、立交行车示意牌及高速公路和一级公路中途出入口、服务区指示牌等 10 种。这些标志除里程碑、百米桩、公路界碑外均为矩形，蓝色底、白色字和白色图案。如图 8-4 所示。

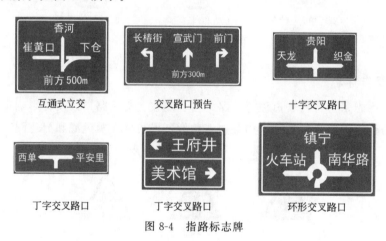

图 8-4 指路标志牌

第三节 意外交通事故的处理方法

一、及时报警

① 及时报案。无论是在校外还是在校内，一旦发生交通事故，首先想到的是及时报案，以利于事故的公开处理，千万不能与肇事者"私了"。若在校外发生交通事故，除及时报案外，还应该及时与学校取得联系，由学校帮助处理有关事宜。

② 保护现场。事故现场的勘查结论是划分事故责任的依据之一，若现场没有保护好，会给交通事故的处理带来困难，造成"有理说不清"的情况。

③ 控制肇事者。若肇事者想逃脱一定要设法控制，自己不能控制可以请周围的人帮忙控制，若实在无法控制也要记住肇事车辆的车牌号等特征。

二、学会自救

① 意识到遭遇车祸时，应保持镇静，不要把脚伸到狭小的空间里，以免车辆撞击发生变形后卡住，阻碍逃生。

② 发生车祸后，在无人救助的情况下，要尽可能转移到安全地带，以免受到二次伤害。

③ 如有通信工具，应在第一时间报警求助。

习　题

一、判断题（正确的在括号内划"√"、错误的划"×"）

1. 行人在路上行走时边看书边听音乐，或者左顾右盼、心不在焉也没关系。（　）

2. 驾驶摩托车要有牌照，戴头盔，限二人，靠右行。（　）

3. 横过马路时须走过街天桥或地下通道，没有天桥和地下通道的地方应走人行道；在没划人行横道的地方横过马路时要注意来往车辆，不要斜穿、猛跑。（　）

4. 发生车祸后，只能待在原来的地方等待救援，避免车祸造成骨折，移动时带来二次伤害。（　）

5. 驾驶自行车、三轮车必须年满12周岁；驾驶电动自行车和残疾人机动轮椅车必须年满16周岁。（　）

二、简答题

1. 校园内交通事故多发的原因？
2. 大学生怎样做才能避免遭受交通事故？
3. 在遇到交通事故时，应如何处理？

第九章 疾病预防

大学生风华正茂，新陈代谢旺盛，并且大学生的业务课程多、学习时间长，脑力劳动强度大，每天消耗的各种营养和能量也多。同时，大学生容易沾染吸烟、酗酒、沉迷电脑游戏的坏习惯，这些会严重影响他们的身体健康。因此，大学生要多了解一些健康知识，有助于良好习惯的养成。

第一节 常见疾病及处理方法

一、流行性感冒

① 病因。流行性感冒简称流感，是由流感病毒引起的急性呼吸道传染病。与客观存在的病毒引起的呼吸道感染不同，流感往往会引起较大流行，如 2009 年的甲型 H1N1 流感，造成了很多患者死亡。

② 传播特点。流感特点是突然发病、迅速蔓延、发病率高、流行过程短。传染源是病人，自潜伏期末即可传染，病初 2～3 天传染性最强。传播途径主要是通过飞沫，病毒存在于病人的呼吸道分泌物中，通过说话、咳嗽或喷嚏散播至空气中，易感者吸入后即会感染。人群对流感病毒普遍易感，与年龄、性别、职业无关。

③ 临床表现。本病潜伏期 1～3 天。症状主要有急起高热、畏寒、头痛、乏力、全身酸痛等。高热持续 2～3 天后渐退，全身症状逐步好转，但出现鼻塞、流涕、咽痛、干咳等上呼吸道症状。少数人有鼻出血、食欲不振、恶心等症状。严重者可并发病毒性肺炎。

④ 防治措施。流感患者应及早卧床休息，多饮水，防止继发感染。中药感

冒退热颗粒剂、板蓝根颗粒剂在发病最初1～2天使用，可减轻症状。及早就诊，确诊后应隔离治疗，以减少传播。发现有患者后，宿舍、教室应开窗流通空气或晒太阳。病毒在流行期间应减少大型集会和集体活动，室内也应注意空气流通和清洁卫生。在流行期间接种流感疫苗有一定的预防作用。

二、病毒性上呼吸道感染

① 病因。该病是由多种病毒引起的急性上呼吸道感染，包括普通感冒，上呼吸道感染时常与细菌感染联合作用，引起病情加重。成人每年可发生1～3次。病毒包括冠状病毒、肠道病毒、鼻病毒、腺病毒、呼吸道合胞病毒等。可侵犯上呼吸道的不同部位，引起炎症。

② 传播特点。传染源主要是病人，主要通过直接接触和飞沫传播。人对这一病毒普遍易感。同一家庭及同一宿舍的人易相互感染。与流感不同的是，该病一般不引起大的流行。

③ 临床表现。上呼吸道感染潜伏期较短，起病急，常以咽部不适、干燥或咽痛为早期症状，继之有喷嚏、鼻塞、流涕等，可引起声音嘶哑、咳嗽、胸痛、体温升高，但体温很少超过39℃，3～4天后退热。此外，尚有全身酸痛、乏力、头痛、胃口差等症状。

④ 防治措施。生病后可给予对症治疗，如解热镇痛药、感冒退热颗粒剂等。发病后应卧床休息。多饮水、多吃水果，吃易消化的食物。目前尚无特效药物。伴有细菌感染者可用抗生素治疗。上呼吸道感染尚无有效疫苗。

三、细菌性食物中毒

① 病因。细菌性食物中毒是由沙门氏菌等多种细菌中的一种所引起的以胃肠道损害为主的急性传染病。发病与被细菌及其毒素污染食物有明确关系，容易集体发病。

② 传播特点。传染源为病人、家禽和家畜、带菌的正常人等。带菌的粪便通过直接或间接途径污染水，如通过苍蝇或蟑螂污染食物、水或生活用具，再经口而引起中毒。流行病学特征是突然发病、潜伏期短、发病前进食同一食物、常多人发病、发病高峰在7～11月。

③ 临床表现。潜伏期从1小时到数天不等。主要以胃肠道症状为主，如恶心、呕吐、腹痛和腹泻。大便常为水样、量多，每天可数次至数十次，故可引起脱水，严重者可因此而休克。患者常伴有发热、畏寒等。呕吐物、粪便中均可检查出致病细菌。

④ 防治措施。注意饮食、饮水卫生；不喝生水；食用食物时应煮熟；冰箱中的熟食及吃过的食物应重新煮过杀菌。患病后应去医院进行对症治疗和抗菌药

物治疗，如输入生理盐水或口服补盐液治疗。轻者可不用抗菌药物或口服抗菌药物，严重者可静脉注射抗菌药物。

四、细菌性痢疾

① 病因。细菌性痢疾简称菌痢，是由痢疾杆菌引起的常见急性肠道传染病。细菌主要侵犯结肠黏膜，引起肠黏膜的炎症反应，导致肠黏膜细胞的变性、坏死，坏死脱落后可形成小而浅的溃疡。严重的中毒性菌痢，由细菌毒素引起的全身中毒症状严重，可导致重要器官功能衰竭。

② 传播特点。传染源是病人和带菌者。病人及带菌者的粪便中含大量痢疾杆菌，粪便直接或间接污染食物、水和手等经口进入肠道而感染。

③ 临床表现。潜伏期数小时至7天，多数为1～2天。主要临床表现为畏寒、发热、腹痛、腹泻、脓血便和先急后重。腹泻每天可10～20次，大便量少，呈糊状或脓血便。

④ 防治措施。一旦确诊为菌痢，应进行隔离、卧床休息。饮食用流汁或半流汁为宜，忌食多渣多油或有刺激性食物。有脱水者应口服或静脉补充生理盐水或葡萄糖盐水。及时、合理使用抗菌药物。发现病人及带菌者，应及时隔离、彻底治疗。加强饮食、饮水卫生，消灭苍蝇，养成饭前便后洗手的习惯。熟食和瓜果不要在冰箱中放置过久，取出后先加热消毒再食用。不要吃生菜和不洁瓜果。日服大蒜、黄连有一定的预防作用。

五、肺结核

① 病因。肺结核是由结核杆菌引起的一种缓慢发病的慢性呼吸道传染病。结核杆菌可引起肺部组织产生炎症、坏死和液化，也可产生结核结节。当机体免疫力提高，特别是经有效治疗后，病灶可吸收好转，也可纤维化，坏死组织可钙化。当机体免疫力下降时，病灶坏死液化加重，结核杆菌在肺内或全身播散，钙化灶重新活动。

② 传播特点。结核病病人咳嗽排菌是肺结核传播的主要来源。传播途径主要是病人与健康人之间经空气传播，患者咳嗽排出的结核杆菌悬浮在飞沫中，当人吸入后可引起感染。咳出的痰干燥后结核杆菌随尘埃飞扬，亦可造成吸入感染。

③ 临床表现。患者有全身中毒症状和呼吸系统症状。全身症状主要有：长期低热，一般午后及傍晚出现，次晨降为正常；可伴有乏力、夜间盗汗。呼吸系统症状有咳嗽、咳痰、咯血、胸痛和气急。

④ 防止措施。患肺结核病需进行长期、正规的抗结核治疗，且有复发可能，故应该重在预防。预防措施有卡介苗接种。我国规定出生后即开始注射卡介苗，以后每隔5年作结核菌素复查，阴性者加种，直到15岁为止，进大学时也应进

六、病毒性肝炎

① 病因。病毒性肝炎是由多种肝炎病毒引起的常见传染病。按所致的病毒不同，肝炎分为甲型、乙型、丙型、丁型和戊型 5 种。其中，甲型肝炎和乙型肝炎发病率较高。

② 传播特点。病毒性肝炎具有传染性强、传播途径复杂、流行面广、发病率较高的特点，所以危害较大，主要引起肝脏损害。传染源是肝炎病人或未发病的"病毒携带者"。甲型肝炎和戊型肝炎主要经消化道传播，病人或带病毒者的粪便中含有大量病毒，可直接或间接地污染食物和水，再经口进入体内。乙型、丙型肝炎和丁型肝炎通过非消化道途径传播，其中，血液传播是最主要途径。人对各型肝炎都容易感染。大学生中以甲型及乙型肝炎多见。

③ 临床表现。人体感染了肝炎病毒后，部分人并不发病。如乙型肝炎病毒感染后，很大部分人成为"健康的病毒携带者"，可以再传染给他人。在我国人口中，这种健康的病毒携带者约占总人口的 10%。发病者也都有长短不一的潜伏期，甲型肝炎病毒感染后在 2～8 周发病，乙型肝炎在 1～6 个月发病。发病后有乏力、食欲不振、恶心、呕吐、厌油腻、肝肿大、肝功能异常等症状。部分病人出现黄疸。

④ 防治措施。治疗原则以适当休息、合理营养为主，适当辅以药物治疗及支持疗法。但目前尚无特效药物。饮食中注意多食高维生素、易消化吸收的食物。甲型肝炎的预防要点是加强饮食卫生、饮水卫生，不食用易受粪便污染的食物和水。在公共聚餐时要用分食制或使用公筷、公勺。急性发病时需要住院治疗或在家中隔离至少 30 天。与病人接触后 7～14 天内可注射丙种球蛋白预防，服用板蓝根等中药制剂可能有一定预防作用。乙型肝炎由于是通过血液传播，故加强血液及血制品的安全性，尽量减少血制品使用，加强医疗器械消毒很重要。同时注射时应做到一人一械一针，不共用剃须刀片，预防理发器械划破皮肤。

七、狂犬病

① 病因。狂犬病是由狂犬病毒引起的急性传染病，人畜共患，多见于犬、狼、猫等食肉动物，人多因病兽咬伤而发病。病毒侵犯神经系统，引起神经系统变性和炎症，也可侵犯唾液腺等其他组织。

② 传播特点。主要传染源是病犬，猪、猫、狼、吸血蝙蝠也是世界各地的

传染源。病人等动物的唾液中含病毒较多，动物咬人后，病毒通过被咬伤的伤口侵入体内。人对狂犬病毒普遍易感，被病犬咬后是否发病与下列因素有关：头、面、颈、手指部位咬伤后发病率高；创口深而大者发病率高；咬伤后迅速彻底清洗者发病率低；及时、全程、足量注射狂犬病疫苗者发病率低。

③ 临床表现。咬伤后至发病的潜伏期长短不一，一般在3个月内，少数超过半年，最长可达十数年。发病时临床表现较突出，如咬伤部位感觉异常、兴奋躁动、恐水怕风、咽喉痉挛、流涎多汗、瘫痪等。病死率接近100%。

④ 防治措施。对饲养的犬应作预防接种，一旦被咬伤，应及时用20%肥皂水充分清洗伤口，并不断擦拭，伤口不宜包扎。及时注射狂犬病疫苗，重度咬伤者可加用抗狂犬病免疫血清。

八、艾滋病（AIDS）

艾滋病全称为获得性免疫缺陷综合征（acquired immunodeficiency syndrome，AIDS）。该病由人体免疫缺陷病毒（human immunodeficiency virus，HIV）（艾滋病病毒）感染而引起，导致被感染者免疫功能的部分或完全丧失。其特点是免疫系统受损，表现为协调免疫系统的$CD4^+T$淋巴细胞数量大幅度下降，机体抵抗疾病的能力逐渐下降，当机体的抵抗力下降到一定程度时，容易感染一般健康人通常不易感染的传染病和肿瘤等疾病，通常我们所指的AIDS死亡并不是艾滋病本身导致，而是艾滋病病人出现的各种疾病并发症所致。艾滋病病毒在人体内的潜伏期平均为9~10年，在发展成艾滋病病人以前，病人外表看上去正常，他们可以没有任何症状地生活和工作很多年。

① 病因。艾滋病是由人类免疫缺陷病毒引起的。该病毒侵入体内后，引起免疫细胞数量及功能下降，破坏人体免疫系统，从而引起各种感染和全身各器官功能衰竭。

② 传播特点。传染源是艾滋病病人和艾滋病病毒携带者。艾滋病病毒主要存在于病人和无症状的病毒携带者的血液、精液中，在唾液、泪液、尿液、乳液、阴道中也有少量病毒存在。传播途径有以下三条。

一是性接触传播。在没有采取防护措施（避孕套）的情况下与HIV感染者同性或异性性交，包括生殖器、肛门或口的性接触都会增加感染HIV的机会，当女性处于感染期或发生生殖器溃疡或损伤时性交也会增加HIV传播的机会。

二是血液传播。主要是输入了含有病毒的血液、血制品，使用消毒不严的注射器和手术器械，静脉注射吸毒，使用病人用过的美容刀具、针具、剃刀等器械时划破皮肤黏膜。

三是母婴传播，包括胎盘宫内感染、分娩时的产道感染及哺乳期的吸吮乳汁感染。

日常亲吻、握手、拥抱、打喷嚏、咳嗽、一起进餐、共用餐具、游泳、共用厕所、共用学习用具和电话、蚊子叮咬都不会传播 HIV。

③ 临床表现。感染了艾滋病病毒后，主要表现是机会性感染和罕见恶性肿瘤。常见肿瘤是卡波济氏肉瘤。病人及病毒携带者血液中抗艾滋病病毒抗体（抗 HIV 抗体）呈阳性，此抗体是确诊艾滋病的主要依据。根据 HIV 感染过程分为急性感染期、无症状 HIV 感染期、艾滋病前期、艾滋病病期四个阶段。

急性感染期的特征为发热、头痛、肌痛、厌食、腹泻、非渗出性咽炎等症状。

无症状 HIV 感染期的特征为无任何临床症状。

艾滋病前期的特征为将出现全身症状、浅表淋巴结肿大并伴有机会性感染。

艾滋病病期的特征为出现肺、消化系统、神经系统、内分泌系统、心、肾、关节、皮肤等受累的相关临床表现。

④ 防治措施。国内外各种方法都不能彻底治愈，但可降低死亡率。由于艾滋病无特效治疗法，故重点是加强预防。预防要点是：避免与多名性伴侣发生性行为，正确使用安全套；避免不必要的输血、血制品的注射及器官移植等；避免与人共用牙刷，在理发店刮胡子、修鬓角；避免找街头游医、小诊所治病、拔牙等；避免文身和街头修脚店修脚。

⑤ 艾滋病诊疗。我国省、市级疾病预防控制中心、皮肤病性病防治所、各大医院都可以进行艾滋病检测。但从感染病毒到人体产生抗体，大约需要 2~4 周的时间，少数人可能需要 3 个月以上，在这段时间内可能检测不出来，所以如果吃不准，应在 3 个月后再做一次复查。

艾滋病病人可到传染病医院或当地卫生部门指定的医疗机构接受抗病毒治疗。部分艾滋病病人可获得免费抗病毒药物，一是农村居民，二是城镇未参加基本医疗保险等医疗保障制度的经济困难人员。

第二节　增强体质减少疾病方法

一、大学生要养成良好的生活习惯

① 要遵守学生行为守则，合理地安排作息时间，早睡早起、不熬夜。大学生的睡眠时间每天一般不得少于 8 个小时，如果条件许可，午饭后可以小睡一会儿，但最好不要超过 40 分钟。

② 要进行适当的体育锻炼和文娱活动。进行适当的体育运动有助于增强体质，提高对疾病的抵抗力。参加适当的文娱活动，不但可以缓解紧张的生活，还可以放松心情、增加生活乐趣，有助于提高学习效率。

③要养成良好的饮食习惯,保证合理的营养供应。饮食要有规律,用餐时不能挑食偏食,不暴饮暴食,要加强全面营养,还要多吃水果和蔬菜。

④要养成对自己人生和追求有帮助的良好习惯,绝不吸烟、酗酒、沉溺于网络电子游戏。

二、大学生的营养需要

大学生处于青春发育的后期与青年初期,体格、体能、素质和适应能力均达到了一生中较高的水平,代谢旺盛、精力充沛、活动量大,加之繁重的脑力劳动、学习紧张、睡眠少等,使其对各种营养素的需求量远远高于普通成年人。营养均衡会使大学生体质增强、精力旺盛、思维活跃、记忆力提高等,否则可能会引起精神萎靡、神经衰弱或记忆力减退等现象。《中国居民膳食指南(2016)》给出了每日平均膳食参考营养素摄入量的系列标准,大学生膳食营养素参考摄入量(DRIs)如下。

①轻体力活动能量的每日推荐摄入量:2250千卡(男)或1800千卡(女),蛋白质每日推荐摄入量:75克(男)或65克(女),脂肪占能量百分比为20%~30%。

②中体力活动能量的每日推荐摄入量:2600千卡(男)或2100千卡(女),蛋白质每日推荐摄入量:80克(男)或70克(女),脂肪占能量百分比为20%~30%。

③重体力活动能量的每日推荐摄入量:3000千卡(男)或2400千卡(女),蛋白质每日推荐摄入量:90克(男)或80克(女),脂肪占能量百分比为20%~30%。

④常量和微量元素的每日推荐摄入量或适宜摄入量是:钙元素800毫克;磷元素720毫克;钠元素1500毫克;钾元素2000毫克;镁元素350毫克;铁元素12毫克(男)或20毫克(女);碘元素150微克;锌元素12.5毫克(男)或7.5毫克(女);硒元素60微克。

⑤维生素的每日推荐摄入量。维生素D为10微克,维生素B_1为1.4毫克(男)或1.1毫克(女),维生素B_2为1.4毫克(男)或1.2毫克(女),维生素B_6为1.4毫克;维生素B_{12}为2.4微克;维生素C为100毫克。

三、减少不良饮食习惯

①忽视早餐。早餐没有配好营养或干脆空着肚子上课,这个大学生常见的不良饮食习惯将对大学生的健康造成负面影响。营养学家认为,早餐是钙(从牛奶、酸奶、奶酪中摄取)、膳食纤维(从水果、全麦面包和麦片中摄取)、铁质(从强化铁的早餐麦片或者全麦面包中摄取)、维生素C和维生素A(从橙汁和

添加维生素的牛奶中摄取）的优质来源。

② 零食太多。如今的零食名目繁多，包装考究，但食品色素超标，损害健康。吃零食过量会影响食欲，妨碍正餐的摄入量，致使各类营养摄入量不足。如果经常在饭前摄入大量热量高但没有营养价值的零食，长此以往会引起胃肠功能紊乱。

③ 偏食。偏食的大学生体检时各项指标与同龄人有差距，健康状况欠佳，他们易便秘、气色不佳，易感冒、身体抵抗能力差。

④ 盲目减肥。有些女生为了保持苗条身材，盲目减肥，导致营养摄入严重不足。

⑤ 喜欢街边小摊。高校附近有大量的临时食摊，缺乏必要的卫生条件，食品易受灰尘、废气等带菌空气污染，加上有的油炸食品原料来源不明，大学生若长期食用不洁净的食品，会影响健康。

⑥ 牛奶摄入过少。牛奶对于每一个人来说都很重要，它可提供优质蛋白质，富含人体必需的微量元素和氨基酸，大学生应养成喝牛奶的习惯。

四、良好的睡眠卫生习惯

失眠往往与不良的睡眠卫生习惯有关。不良的睡眠卫生习惯会破坏正常的睡眠觉醒节律，形成对睡眠的错误概念，引起不必要的睡前兴奋。建立良好的睡眠卫生习惯，失眠问题就能随之缓解。良好的睡眠卫生习惯包括以下方面。

① 定时休息，准时上床，准时起床。无论前一天睡得多晚，第二天都应准时起床。

② 床铺应该舒适、干净、柔软适中，卧室安静，光线不要太亮，温度适当。

③ 每天进行有规则的运动，但不要在傍晚以后运动，尤其是在睡眠前两小时。

④ 不要在晚饭后喝酒、喝咖啡、喝茶及抽烟，避免在白天使用含有咖啡因的饮料来提神。

⑤ 睡前不要吃得太饱，睡前喝一杯热牛奶，能够帮助睡眠。

⑥ 若已存在失眠症状，尽量不要午睡。如果实在想午睡，可小睡30分钟。

⑦ 如果上床后一时睡不着，可做些单调无味的事情，等有睡意时再上床睡觉。

五、拒绝吸烟

据统计，在我国每天有2000人因吸烟而死亡。专家预计，到2025年，因吸烟致死的人数将上升到每年200万人。世界卫生组织估计，在世界范围内，死于与吸烟相关疾病的人数将超过艾滋病、结核病、难产、车祸、自杀、凶杀所导致死亡人数的总和。大学生要了解吸烟的危害，绝不能让这个坏习惯危害自己的健康。

1. 烟草中的有害物质

香烟燃烧时所产生的烟雾中至少含有 2000 余种有害成分，其中如多环芳烃的苯并芘、苯并蒽，以及亚硝胺、钋-210、镉、砷、β-萘胺等有致癌作用；香烟烟雾中的促癌物有氰化物、邻甲酚、苯酚等。吸烟时，香烟烟雾大部分吸入肺部，小部分与唾液一起进入消化道。烟中有害物质部分停留在肺部，部分进入血液循环，流向全身。在致癌物和促癌物的协同作用下，损伤正常细胞，可形成癌症。因为这些物质具有多种生物学作用，包括以下内容：

① 对呼吸道黏膜产生炎症刺激，如醛类、氮氧化物、烯烃类。

② 对细胞产生毒性作用，如腈类、胺类、重金属元素。

③ 使人产生成瘾作用，如尼古丁等生物碱。

④ 对人体具有致癌作用，如多环芳烃的苯并芘以及镉、二甲基亚硝胺、β-萘胺等。

⑤ 对人体具有促癌作用，如酚类化合物。

⑥ 使红细胞失去携氧能力，如一氧化碳。

2. 与吸烟相关的疾病

① 心血管疾病。吸烟与冠心病、高血压、猝死、血栓闭塞性脉管炎的发病有关，吸烟促使血液形成凝块和降低人体对心脏病先兆的感应能力。

② 呼吸系统疾病。如慢性支气管炎、肺气肿和肺癌。

③ 消化系统疾病。如消化性溃疡、胃炎、食管癌、结肠病变、胰腺癌和胃癌。

④ 脑血管疾病。吸烟增加脑出血、脑梗死、蛛网膜下腔出血的危险。另外，吸烟可损伤脑细胞、损害记忆力、影响对问题的思考能力及引起精神紊乱等。

⑤ 内分泌疾病。每天吸烟 20 支，可使患糖尿病的危险增加 1 倍。吸烟亦促发甲状腺疾病。

⑥ 口腔疾病。如唇癌、口腔癌、口腔白斑、白色念珠菌感染、口腔黏膜色素沉着、口腔异味等。

⑦ 眼科疾病。主要包括中毒性视神经病变、视觉适应性减退、黄斑变性、白内障等。

⑧ 其他。吸烟对妇女的危害更甚于男性，吸烟妇女可引起月经紊乱、受孕困难、宫外孕、雌激素低下、骨质疏松以及更年期提前。孕妇吸烟易引起自发性流产、胎儿发育迟缓和新生儿低体重。其他如早产、死产、胎盘早期剥离、前置胎盘等均可能与吸烟有关。

六、警惕电脑对自己的伤害

随着电脑的普及，与电脑有关的职业病也随之增加，大学生不论是学习还是娱乐，与电脑为伴的时间特别多，这样会严重影响正常的生活和健康，一定要注意预防与电脑有关的职业病。

① 腱鞘炎和腕管综合征（鼠标手）。腕管综合征是办公一族很常见的病，主要与以手部动作为主的职业有关。人们长时间接触和使用电脑，每天重复在键盘上打字和移动鼠标，手腕关节会形成"鼠标手"。这种病的症状是手部逐渐麻木、灼痛、腕关节肿胀、手动作不灵活、无力等，到了晚上，疼痛会加剧，患者经常从梦中痛醒。

② 电脑综合征。长时间专注屏幕、保持同样坐姿，会引发头痛、腰痛、颈肩酸痛、眼睛疲劳、精神萎靡不振等问题。轻者看不清荧光屏上的图像、文字，重者会有想呕吐的感觉，甚至抽筋、昏厥，危及生命。曾有少年在网吧长时间上网猝死的例子。

③ 光源综合征。长时间面对明亮对比强烈的地方会造成视神经疲劳，屏幕发出的强烈光波可导致体内大量细胞遗传变性，扰乱生物钟，造成心理节律失调、精神不振，且因缺乏阳光中的紫外线，使身体缺钙。

④ 熬夜综合征。对许多人而言，熬夜上网是家常便饭。长此以往会导致人体生物钟被干扰，神经系统、内分泌系统紊乱，继而出现食欲不振、失眠等症状，易诱发神经衰弱、高血压、溃疡病等。

⑤ 肠胃不适。熬夜期间，人容易产生饥饿感，而夜晚支配胃肠道功能的副交感神经活动较白天强，胃肠对食物消化吸收能力也强，因而在夜晚经常进食过多的高热量食品，易引起肥胖、失眠、记忆力衰退、晨起不思饮食等症状。

⑥ 电脑视力综合征。使用电脑，眼睛最容易受到侵害，尤易引起近视和睫状肌痉挛。这些被称为"电脑视力综合征"的病症是一种压力型疾病，原因是眼睛长时间盯着一个地方，眨眼次数仅及平时的 1/3，从而减少了眼内润滑剂的分泌。长期如此，除了会引起眼睛疲劳、重影、视力模糊，还会引发其他不适反应。

⑦ 颈肩综合征。长时间使用电脑使颈椎保持强直姿势，腰椎长期承受身体的重量，都会导致脊椎相关疾病的发生。颈椎、腰椎疾病不仅会导致头痛、头晕、腰腿疼痛，而且会因脑供血不足导致记忆力下降、工作效率降低、精神烦躁、情绪不佳，严重影响正常的工作生活。

七、用眼卫生知识

大学生学习负担过重、课程多、作业多、考试多、长期紧张、视力疲劳，是造成视力不良的主要原因。要注意用眼卫生,保护自己的视力。

① 光线适合。不在采光不好的地方看书,不在强光下看书,不在光线变化大的场所看书。

② 读写要有正确姿势。读书写字姿势要端正,保持"一尺一拳一寸",即眼睛离书本一尺,身体离桌沿一拳,握笔手指离笔尖一寸;连续看书写字1小时左右要休息片刻,或向远处眺望一会儿;不要在光线太暗或直射阳光下看书、写字,不要在躺着、走路或乘车时看书。

③ 正确看电视。每次看电视时间不要过长,连续看电视1小时后,应起来活动5~10分钟;观看者应保持电视屏幕对角线7倍以上的距离;电视机安放高度应与观看者坐时的眼睛高度一致;避免屏幕与周围黑暗的强烈对比,最好开着灯看电视。

④ 坚持做眼保健操。劳逸结合,睡眠充足,注意营养,加强锻炼,增强体质;定期检查视力,发现减退及时矫正,防止近视加深。

⑤ 预防眼病。一要预防沙眼,二要预防红眼病。注意手的卫生,勤用流水洗手,勤剪指甲,不用脏手揉眼睛;不与他人共用毛巾,毛巾、脸盆个人专用,经常洗晒毛巾、手帕;若患沙眼要及时治疗,防止相互传染。红眼病流行时不去人多的公共场所,不要去游泳,以减少感染机会。

习 题

一、判断题(正确的在括号内划"√"、错误的划"×")

1. 流感是由病毒引起的急性呼吸道传染病。(　　)

2. 结核病传播途径主要是病人与健康人之间经空气传播,患者咳嗽排出的结核杆菌悬浮在飞沫中,当人吸入后可引起感染。(　　)

3. 狂犬病是由狂犬病毒引起的急性传染病,人畜共患,多见于犬、猫等食肉动物,人多因病兽咬伤而发病。(　　)

4. 艾滋病是由人类免疫缺陷病毒引起的。该病毒侵入体内后,引起免疫细胞数量及功能下降,破坏人体免疫系统,从而引起各种感染和全身各器官功能衰竭。(　　)

5. 艾滋病病毒主要存在于病人和无症状的病毒携带者的血液、精液中,传播途径:一是性接触传播;二是血液传播;三是母婴传播。(　　)

6. 人体感染了肝炎病毒后,部分人并不发病,而成了"健康的病毒携带者"。(　　)

7. 细菌性食物中毒是由沙门氏菌等多种细菌中的一种所引起的以胃肠道损

害为主的急性传染病。通常是个体发病，不易引起集体发病。（　　）

8. 熬夜会导致人体生物钟被干扰，神经系统、内分泌系统紊乱，继而出现食欲不振、失眠等症状，易诱发神经衰弱、高血压、溃疡病等。（　　）

二、简答题

1. 烟草中的有害物质对人体产生哪些危害？
2. 良好的睡眠卫生习惯包括哪些方面？
3. 艾滋病的防治措施有哪些？
4. 流行性感冒的防治措施有哪些？

第十章 应急救护

党的十九大报告指出，中国特色社会主义进入新时代，我国社会主要矛盾已经转化为人民日益增长的美好生活需要和不平衡、不充分的发展之间的矛盾。伴随着人们生活水平的提高，越来越多的人开始追求生活的质量，学习应急救护知识成为现代社会的新时尚。目前，大学生普遍缺乏现场急救的相关知识，譬如对心肺复苏、创伤、烧伤、溺水等情况的应急处理。可见，加强对大学生应急救护知识的宣传和教育，普及大学生应急救护的知识和技能对挽救伤病者的生命和健康是非要重要的。

第一节 应急救护概述

一、应急救护

1. 应急救护的概念

应急救护是指在救护车到达现场之前，或得到医务人员救援之前，现场一般人员给予伤病员的治疗和救助。其目的：一是通过及时正确的现场急救措施，如心肺复苏（CPR）、控制严重出血、清理并开放气道以及呼救，保存生命；二是通过及时发现外伤及重大疾病，控制势态，防止情况恶化；三是通过适当的医疗帮助，促进伤病员康复。

2. 应急救护的原则

① 先复苏后固定。即伤病员既有心跳呼吸骤停，又有骨折时，应当首先实施心肺复苏术，进行口对口人工呼吸和胸外心脏按压后，再进行骨折固定。

② 先止血后包扎。为防止伤员血液大量流失，应当先采取指压法或止血带止血，再按科学方法进行包扎伤口。

③ 先重伤后轻伤。先抢救心跳呼吸骤停、窒息、大出血、开放性及张力性气胸、休克等危重患者，后抢救伤势较轻者。

④ 先救治后运送。受伤后12小时是最佳急救期，发现伤病员时，应先救后运，就地对伤病员实施急救。

⑤ 急救与呼救并重。在实施急救之前，应当拨打"120"，并陈述清楚简要的情况。

二、生存链

"生存链"是以现场"第一反应者"开始，至专业急救人员到达进行抢救的一系列活动组成的链。院外心脏骤停生存链主要包括以下五个环节，如图10-1所示。当人们能够按照这五个环节及时实施救护，患者的生命就能够最大限度地得到保证。

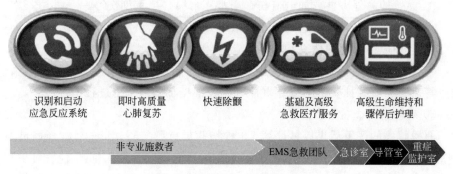

图10-1　院外心脏骤停生存链

① 立即识别心脏骤停并启动急救系统；
② 尽早进行心肺复苏，着重心脏按压；
③ 快速除颤；
④ 有效的高级生命支持；
⑤ 综合的心脏骤停后治疗。

三、如何拨打"120"急救电话

拨打"120"急救电话应争分夺秒，沉着冷静，说话清晰，语言简练，确保接线员听清，要说清楚以下重要内容：现场联络人（报告人）的电话及姓名、意外事件发生的地点、意外事件发生的过程及原因、伤病者人数及具体症状、病人目前最危险的情况、现场所采取的急救措施等。

拨打急救电话时，千万不要先挂电话，待对方问完情况得到可以挂断电话提示后，再挂电话，确保急救车能准确找到。拨打急救电话后一定要保持电话畅通，不要关机和占线。

第二节　心肺复苏术

一、心搏骤停

心搏骤停是指由于各种原因引起的心脏搏动和呼吸突然停止，致使包括心、肺、脑在内的全身所有的组织器官的血流和氧供应完全中断，是临床上最紧迫的急症。心搏骤停发生后，由于血液循环的停止，全身各个脏器的血液供应在数十秒内完全中断，使患者处于临床死亡阶段。如果在数分钟内得不到正确、有效的抢救，病情将进展至不可逆转的生物学死亡，患者生还希望渺茫。心搏骤停的原因有以下几点。

① 突然的意外事件，如电击伤、溺水、自缢、严重创伤等。

② 各系统疾病及其引起的严重的酸中毒、电解质紊乱等。

③ 各种原因引起的休克和中毒。

④ 手术及其他临床诊疗技术操作中，如心包或胸腔穿刺、心导管检查、心脑血管造影、气管插管等的意外事件，尤较常见于胸内手术过程中。

⑤ 麻醉意外。

心搏骤停的严重后果以秒计算：3秒伤病员感到头昏；5~10秒伤病员意识丧失，突然倒地，晕厥；15~30秒全身抽搐；45秒瞳孔散大；60秒后自主呼吸逐渐停止；4分钟开始出现脑水肿；6分钟开始出现脑细胞死；10分钟脑细胞出现不可逆转的损害，进入"脑死亡"、"植物人状态"。所以，4~6分钟内是心搏骤停患者急救的黄金抢救时间。有研究发现，倒地1分钟内进行心肺复苏，救活概率为90%；2分钟内为60%；4分钟内为40%；8分钟内为20%；超过10分钟，基本上就是零了。即使抢救回来，也可能是植物人。

二、认识心肺复苏术

心肺复苏术（cardio pulmonary resuscitation，CPR），是针对心脏骤停的危重病人所采用的急救医学手段，以尽早恢复已中断的呼吸及循环功能，是现场急救中最重要且关键的抢救措施。

据统计，我国每年因心源性猝死人数高达54万，心搏骤停的抢救成功率不足1%，而国外成功率达5%~30%以上，主要是第一目击者现场施救得当，给心脏骤停者提供了必要的基础生命支持（BLS）（图10-2），尤其是高质量的心肺复苏术（CPR）。CPR 主要包括胸外按压（C）、开放气道（A）和人工呼吸（B），即 C-A-B，胸外按压形成暂时的人工循环并自主地恢复搏动，采用人工呼吸代替自主呼吸，从而使病人恢复自主呼吸和脉搏。CPR 的最终目标不仅要重建呼吸和循环，还要维持脑细胞功能，达到智能的恢复，即救心、救肺、救大脑。

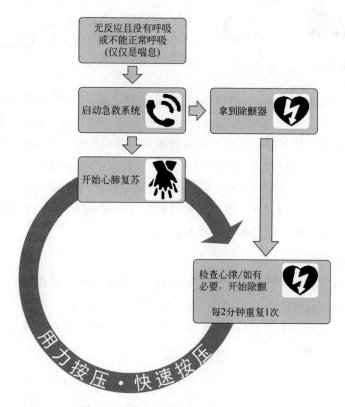

图 10-2　成人基础生命支持简化流程

三、心肺复苏术的操作步骤

1. 判断意识

轻拍患者的双肩，凑近患者耳边大喊："喂！你怎么了？"看患者有没有反应，如图 10-3 所示。如均无反应，则确定为意识丧失。在判断意识的同时还要检查有无呼吸和脉搏。

在气道通畅的前提下判断病人有无呼吸，可通过看、听和感觉来判断呼吸，见图 10-4。如果病人的胸廓没有起伏，将耳朵伏在病人鼻孔前既听不到呼吸声也感觉不到气体流出，可判定伤员呼吸停止。

图 10-3 判断意识

图 10-4 检查呼吸

判断脉搏应选大动脉，一般触摸伤病员的颈动脉，如图 10-5 所示。一手置于病人前额，使头部保持后仰，另一手触摸病人靠近抢救者一侧的颈动脉，用食指及中指指尖先触到喉部，男性可先触及喉结，然后向外滑移 2～3 厘米，在气管旁软组织深部轻轻触摸颈动脉。检查时间一般不超过 10 秒，以免延误抢救。触摸颈动脉不能用力过大，以免压迫颈动脉影响头部供血，或将颈动脉推开影响感知，或压迫气道影响通气。更不要同时触摸双侧颈动脉，以免造成伤者头部血流中断。非专业人员不需要检查颈动脉搏动。

2. 迅速呼救

如果患者无意识无呼吸，必须立即呼救："快来人啊，这里有人晕倒了。我是救护员。请这位同志帮忙打急救电话'120'，如有除颤仪 AED，请取来。现场有会急救的，一起来帮忙！"如图 10-6 所示。多数情况下，在仅有一人的情况下首先应拨打急救电话。

图 10-5 检查颈动脉搏动

图 10-6 迅速呼救

3. 胸外按压（C）

心肺复苏术的体位是使伤病员仰卧在坚硬的平面（地面或垫板）上，仰卧位便于救护者施救。如果患者是趴着的,需要翻转体位,见图10-7。救护者跪在患者一侧,将患者远侧腿搭在近侧腿上,左手托住患者头颈部,右手伸到远侧腋下,将患者头、颈、肩、躯干整体翻转,使伤病员头、颈与躯干保持在一条轴线上。

按压部位:伤病员胸骨下1/2处,胸部正中两乳头连线水平。

按压方法:救护者跪于患者一侧,双膝与肩同宽,将定位手的掌根部放在另一只手的手背上,使两手掌根重叠,手指离开胸腔,手指交叉相扣,两手臂伸直,上半身前倾,腕、肘、肩关节伸直,以髋关节为轴,垂直向下用力,借助上半身的体重和肩臂部肌肉的力量进行按压,如图10-8所示。

图10-7 翻转体位

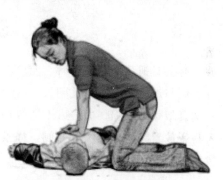
图10-8 胸外按压

胸外按压应有节奏、快速、有力,通过增加胸内压和直接压迫心脏而产生血流。按压频率100~120次/分钟,向下按压与向上放松时间相等,且放松时手掌根部不要离开胸骨。每次按压后胸廓应充分回弹,达不到充分回弹,血液无法回流心脏,CPR无效。按压深度要适宜,力量均匀适度,一般5~6厘米,按压过大、过猛容易使胸骨骨折,引起气胸、血胸;按压的力度过轻,胸腔压力小,不足以推动血液循环。

4. 开放气道(A)

伤病员心搏骤停后,全身肌张力下降,舌肌松弛后坠而阻塞气道。采用开放气道的方法,可使阻塞气道的舌根上提,使气道通畅。

检查、清理口腔异物:救护者先将伤病员衣领及裤带解开,双手置于伤病员面颊两侧,拇指将下颌骨下拉,打开口腔,观察有无异物。如有可见异物,救护者先将伤病员头偏向一侧,一手拇指伸入口中,下压舌,其余四指屈曲提起下颌,另一只手食指自伤病员一侧进入将异物取出,如图10-9所示。

开放气道:用仰头举颏法开放气道,见图10-10。可抬起患者舌头,从而解除气道梗阻。救护者一手置于患者前额,下压使其头部后仰,另一手的食指和中指并拢,置于靠近颏部的下颌骨下方,将颏部向前抬起,帮助头部后仰,气道开

观察异物

侧头取异物

图 10-9　检查、清理口腔异物

放。必要时拇指可轻牵下唇,使口微微张开。头部后仰的程度,成人下颌角、耳垂连线与地面垂直,鼻孔朝天,头后仰 90°;儿童头后仰 60°;婴儿头后仰 30°。

　　疑似颈椎有损伤的病人不适合仰头举颏法,要用托颌法,见图 10-11。救护者将手放置在伤病员头部两侧,握紧伤病员下颌角,用力向上托下颌,如伤病员紧闭双唇,可用拇指把口唇分开。

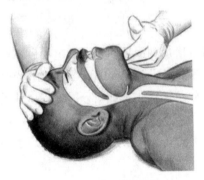
图 10-10　仰头举颏法

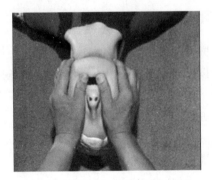
图 10-11　托颌法

5. 人工呼吸（B）

　　正常空气中氧气浓度约为 21%,经呼吸吸入肺后人体可利用 3%～5%,呼出气中仍含有 16%～18% 的氧气浓度,只要我们在进行人工呼吸时给患者的吹气量稍大于正常,使氧含量的绝对值并不少于自主呼吸,这样就完全可以保证身体重要器官,尤其是大脑的氧供应,不至于由于缺氧而导致重要生命器官的损害。最简单、常用和有效的人工呼吸方法是口对口人工呼吸。

　　救护者跪伏在伤病员的一侧,用一只手的掌根部轻按病人前额,同时用拇指和食指捏紧病人的鼻孔,然后深吸一口气后,张开口紧紧包住伤病员的口部,使口鼻均不漏气，缓慢持续向伤病员口内吹气，使伤病员胸部隆起。一次吹气完毕后，口应立即与病人口部脱离，同时将捏鼻翼的手松开，掌根部仍按压病人前额，以便病人呼气时可同时从口和鼻孔出气，确保呼吸道畅通。抢救者轻轻抬起头，眼视病人胸部变化。待伤病员胸部回落到正常位置后，再进行下一次吹气。连续吹气 2 次，每次吹气时，伤病员胸部应明显有起伏，如图 10-12 所示。

图 10-12　人工呼吸

如果不能通过患者的口进行通气（如口腔有严重损伤）或者患者的口腔不能打开或者患者在水里或者口对口很难密闭时应进行口对鼻通气。

人工呼吸时间过长、气量过大，过多气体会在压力促使下流入胃内，使胃胀气；时间过短，气量不足，CPR 没有效果。

按压吹气比例为 30∶2，即按压 30 次后人工呼吸 2 次。按压与吹气时注意伤病员反应。持续 5 个周期后评估伤病员情况，如无反应，仍按以上步骤重复操作，直到专业急救人员到来。

四、心肺复苏术的有效指征

① 面色、口唇由苍白或青紫转红润；
② 可触及脉搏，自主呼吸恢复；
③ 瞳孔由大变小，对光反射恢复；
④ 眼球活动，手脚抽搐，有呻吟。

第三节　创伤现场救护

一、创伤止血技术

血液是维持生命的重要物质，用来运输氧和营养物。一个健康成年人的血液量是 4000~5000mL,占身体体重的 7%~8%。出血是各种外伤的常见症状,当失血量达到人体血液总量的 20% 以上时,就会出现面色苍白、肢体湿冷、出冷汗、心率加快、血压下降等症状;当失血量达到 40%,就可能有生命危险。因此,采取积极有效的止血措施,对挽救伤病员的生命具有非常重要的意义。

1. 出血的种类

(1) 按出血的部位分　出血可分为外出血和内出血。

① 外出血:血液经伤口流出体外。

② 内出血:各种内脏或深部组织出血,血液流向脏器、体腔或组织内,也可经消化道、尿道、呼吸道等排出体外,而外表看不到出血,如血胸、血腹等。

(2) 按破裂的血管类型分　出血可分为动脉出血、静脉出血和毛细血管出血。

① 动脉出血:血色鲜红,出血速度快,可呈喷射状。若近心端的较大动脉破裂出血,可在短时间内造成大量出血而危及生命。

② 静脉出血:血色暗红,出血呈缓慢流出。若破裂血管较大也可造成大量出血。

③ 毛细血管出血:血色较鲜红,血液自创面渗出或出血呈点状,出血量较少,一般可自愈。

2. 止血方法

(1) 指压止血法　根据人体动脉的走向,在出血伤口的近心端,用手指压住动脉,将中等或较大的动脉压在骨的浅面,以暂时阻断血流,可临时止血。适用于血管位置较浅的头、面、颈部及四肢的外出血,仅用于短时间内控制动脉出血。

① 额部出血。用拇指对准下颌关节压迫颞浅动脉,如图 10-13 所示。

② 面部出血。用拇指在下颌角前处压迫面动脉,如图 10-14 所示。

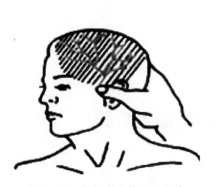
图 10-13　额部出血指压止血法

图 10-14　面部出血指压止血法

③ 锁骨下动脉出血。在锁骨上窝中部、胸锁乳突肌外缘把锁骨下动脉压向第一肋骨，如图10-15所示。

④ 前臂与上臂出血。在上臂中段内侧，用拇指向肱骨压迫肱动脉，如图10-16所示。

图10-15 锁骨下动脉出血指压止血法

图10-16 前臂与上臂出血指压止血法

⑤ 手部出血。两手的拇指、食指分别压迫伤侧手腕两侧的桡、尺动脉，如图10-17所示。

图10-17 手部出血指压止血法

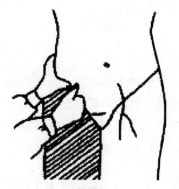
图10-18 大腿出血指压止血法

⑥ 大腿出血。双手拇指在伤侧腹股沟中点稍下方用力压迫股动脉，如图10-18所示。

⑦ 足部出血。用双手拇指分别压迫足背动脉和内踝与跟腱之间的胫后动脉，如图10-19所示。

（2）加压包扎止血法　先用无菌敷料覆盖于伤口上，再用绷带或三角巾适当缠紧，加压包扎，松紧度以能止血为准。紧急情况下，也可用干净的毛巾、布类进行包扎。这是目前最常用的一种止血方法，适用于渗血、中小静脉或小动脉的出血，如图10-20所示。

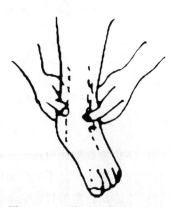
图10-19 足部出血指压止血法

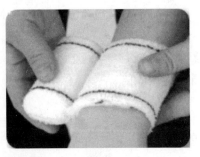

图 10-20 加压包扎止血法

（3）填塞止血法　先用无菌纱布、棉垫等敷料填入伤口内，再用绷带、三角巾等包扎。适用于伤口较深、较大的出血，如图 10-21 所示。

图 10-21　填塞止血法

（4）屈肢加垫止血法　当前臂或小腿出血时，可在肘、膝关节放纱布垫、棉花团、毛巾等物品，屈曲肘关节或膝关节，用绷带或三角巾将肢体紧紧地缚于屈曲的位置，注意观察肢体远端的血液循环。适用于四肢非骨折性创伤的动脉出血的临时止血措施，如图 10-22 所示。

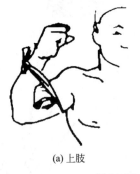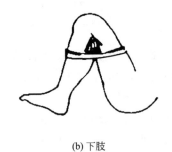

(a) 上肢　　　　　　　　　　(b) 下肢

图 10-22　屈肢加垫止血法

（5）止血带止血法　止血带止血法较牢固、可靠，但只能用于四肢动脉大出血，当其他止血法不能止血时才采用此方法。止血带止血法主要是用止血带将血管压瘪达到止血的目的，如图 10-23 所示。常用的止血带有橡皮管、布带等。使用时要把止血带放在肢体适当的部位，如上肢要放在上臂中上 1/3 处，下肢放在大腿的中下 1/3 处。先在上止血带的部位垫一层软布，如毛巾、口罩等以保护皮肤。救助者用左手拇指、食指和中指持止血带的头端，右手将橡皮管拉紧绕肢体一圈后压住头端，再绕肢体一圈后将右手持的尾端放入左手食指与中指之间，由食指、中指夹持尾端从两圈止血带下拉出一半，使之成为一个活结。如果需要松止血带时，只要将尾端拉出即可。

使用止血带止血法时的注意事项如下。

① 绑扎位置要合适。绑扎部位应在伤口的近心端，并且尽量靠近伤口，尽可能减少组织缺血的范围。但应注意上臂不应缚扎在中下

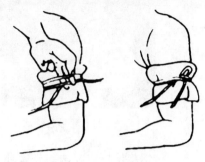

图 10-23　止血带止血法

处，以免损伤桡神经。前臂和小腿不适宜用止血带，因有两根长骨的影响而导致止血效果不好。

② 止血带不宜直接缚扎在皮肤上。缚扎时应先垫好衬垫或衣服以保护皮肤。切勿用绳索、电线等代替止血带缚扎。

③ 止血带的压力要适当。过松只能阻断静脉而难以阻断动脉，达不到止血的目的；过紧则会勒伤皮肤和神经。松紧度应以刚好能止血为准。

④ 应注明上止血带的时间。在醒目位置（如上衣领扣等处）加以显著标志（如红色布条），注明伤情及缚扎止血带的时间和部位，并优先转送。

⑤ 使用止血带的时间要尽量缩短。一般不超过 1 小时，若必须延长使用时间，则应每隔 1 小时放松 1~2 分钟，然后再在稍高平面上缚扎止血带，以防肢体因长时间缺血而发生坏死。最长使用止血带时间不超过 4 小时。

二、包扎

伤口包扎的目的是保护伤口，减少污染和再损伤，加压止血，预防或减轻肿胀、固定等。包扎材料主要有绷带、三角巾等，紧急情况下，干净的毛巾、衣服、被单等均可使用。

1. 绷带包扎法

① 环形包扎法。绷带做环形重叠缠绕，每一圈重叠盖住前一圈。第一圈可以稍倾斜缠绕，第二、第三圈做环形缠绕，并把第一圈斜出圈外的绷带角折到圈里，然后再重叠缠绕压住，这样就不容易脱落，如图 10-24 所示。此法常用于颈、腕等部位及各种包扎的起始和结束。

② 螺旋包扎法。先做几圈环形包扎，再将绷带做螺旋形上升缠绕，每一圈重叠压住前一圈 1/3~1/2，如图 10-25 所示。适用于包扎直径基本相同的部位，

如手腕、上臂等处。

图 10-24　环形包扎法

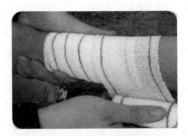

图 10-25　螺旋包扎法

③ 螺旋反折包扎法。先做环形缠绕固定绷带起始部，然后呈螺旋形缠绕上升，但每一圈螺旋包扎都必须反折。反折时以左手拇指按住反折处，右手将绷带反折向下缠绕肢体、拉紧，并盖住前一圈的 1/3～1/2，如图 10-26 所示。此法适用于小腿或前臂等粗细不等的部位。

④ "8"字形包扎法。包扎时一圈向上，一圈向下，每一圈在前面与上一圈相交，并重叠上一圈的 1/3～1/2，重复做"8"字形旋转缠绕，如图 10-27 所示。适用于直径不一致的部位或屈曲的关节，如肘、膝、肩、髋等处。

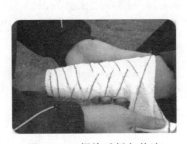

图 10-26　螺旋反折包扎法

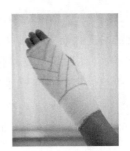

图 10-27　"8"字形包扎法

⑤ 回返包扎法。先做环绕两圈固定，再自中央开始反折向后，再回反向前，以后左右来回反折，直到完全包扎后再环绕两圈包扎固定，如图 10-28 所示。适用于头部或断肢残端的包扎。

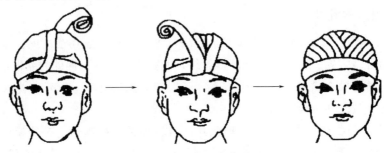

图 10-28　回返包扎法

2. 三角巾包扎法

三角巾制作方便，包扎操作简便易学，容易掌握，适用范围广，还可折成条带、燕尾巾或连成双燕尾巾使用。常用的三角巾包扎法有以下几种形式。

① 头顶帽式包扎法。把三角巾的底边向上折叠约 3 厘米，正中部放在前额齐眉以上，顶角拉向头后，两底角经两耳上方向后拉于枕部交叉并压住顶角后再绕到前额打结固定，如图 10-29 所示。

图 10-29　头顶帽式包扎法

② 风帽式包扎法。在三角巾顶角和底边中央各打一结，把顶角结放于额前，底边结放在后脑勺下方，包住头部，两底角向面部拉紧，向外反折包绕下颌，然后拉到枕后打结固定，如图 10-30 所示。

图 10-30　风帽式包扎法

③ 单肩包扎法。把三角巾折叠成燕尾形，燕尾夹角约 90°，夹角对准伤侧颈部，向后的燕尾角压住向前的燕尾角。燕尾底边两角包绕上臂上 1/3 处在腋前或腋后打结，然后拉紧两燕尾角，分别包绕胸背，在对侧腋下打结，如图 10-31 所示。

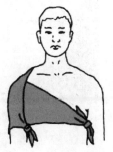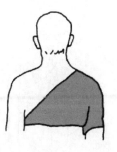

图 10-31　单肩包扎法

④ 双肩包扎法。将三角巾折叠成燕尾形，燕尾夹角约 120°，燕尾披在双肩上，燕尾夹角对准颈后正中，燕尾角过肩，由前往后包于腋下，与燕尾底边打结，如图 10-32 所示。

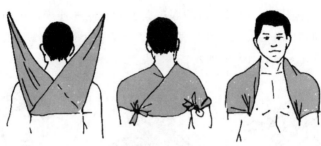

图 10-32　双肩包扎法

⑤ 单胸包扎法。将三角巾底边横放在胸部，顶角绕过伤侧肩部到背后，底边包住胸部绕到背后，拉两底角在背后打结，再与顶角相连打结，如图 10-33 所示。背部包扎则与胸部相反。

图 10-33　单胸包扎法

⑥ 双胸包扎法。将三角巾折成燕尾状，燕尾夹角约 100°，横放于胸部，两角向上，分别于颈后与腋下打结，如图 10-34 所示。亦适用于背部的包扎。

⑦ 腹部包扎法。三角巾底边向上、顶角向下横放在腹部，两底角围绕到腰后打结，顶角由两腿间拉向后面与两底角连接处打结，如图 10-35 所示。

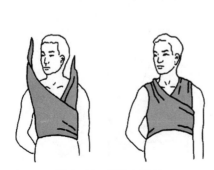

图 10-34　双胸包扎法

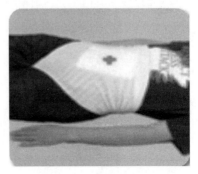

图 10-35　腹部包扎法

⑧ 臀部包扎法。把燕尾角底边包绕伤侧大腿打结，两燕尾角分别绕过腰腹部到对侧打结。后角要压住前角，并大于前角，如图 10-36 所示。

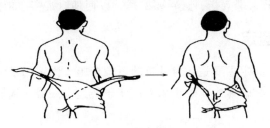

图 10-36　臀部包扎法

⑨ 膝部带式包扎法。将三角巾折叠成适宜宽度的条带状，带的中部斜放于受伤部位，把带两端分别压住上、下两边，包绕肢体一周后打结，如图 10-37 所示。

⑩ 手（足）部包扎法。手（足）心向下放在三角巾上，手指（足趾）尖朝向三角巾顶角，顶角折回放在手（足）上，两底角拉向手（足）背，左右交叉压住顶角绕手腕（脚踝）一周后打结，如图 10-38 所示。

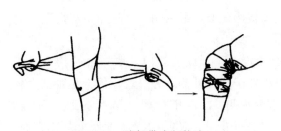
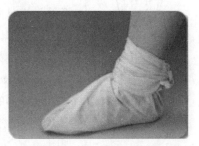

图 10-37　膝部带式包扎法　　　　图 10-38　足部包扎法

3. 包扎时的注意事项

① 包扎伤口时，先简单地清创并盖上消毒纱布，然后再用绷带等。

② 包扎时松紧要适宜，过紧会影响局部血液循环，过松易致敷料脱落或移动。

③ 包扎时要使病人保持舒适体位。皮肤皱褶处如腋下、大腿根部等部位，应用棉垫或毛巾等布类垫上，骨隆突处也用棉垫垫上。需要抬高肢体时，应给适当的扶托物。包扎的肢体必须保持功能位置。

④ 根据包扎部位，选用宽度适宜的绷带和大小合适的三角巾。

⑤ 包扎方向为自下而上、由左向右，从远心端向近心端包扎，以助静脉血液回流。绷带固定时的结应放在肢体的外侧面，忌在伤口上、骨隆突处或易于受压的部位打结。

⑥ 解除绷带时，先解开固定结或取下胶布，然后以两手互相传递松解。紧急时或绷带已被伤口分泌物浸透干涸时，可用剪刀剪开。

⑦ 包扎时四肢末端（指、趾）要暴露，以便随时观察末梢血液循环情况。

三、骨折固定

现场急救中，固定主要是针对骨折的急救措施。固定的目的在于避免在搬运时造成损伤加重；减轻疼痛，防止休克；便于转运。一般在现场对骨折伤员只做简单的运输性固定。

1. 固定的材料

可采用合适的制式夹板（木质或金属）、塑料夹板或充气性夹板等。紧急时可就地取材，竹竿、木棍、树枝等都可用来做夹板，甚至可将伤侧上肢固定在胸壁上，伤侧下肢固定在健侧肢体上。此外，还需要准备绷带、纱布或毛巾、布条等物品。

2. 常用临时固定法

图 10-39 上肢骨折固定法

① 上肢骨折固定法。上臂骨折或前臂骨折可用一块夹板进行临时固定。夹板要超过骨折部位上下的两端关节，用绷带或布带固定夹板与伤肢，最后用一条三角巾将肘关节悬吊在胸前，如图 10-39 所示。

② 下肢骨折固定法。大腿骨折时，取一块长约自足跟至超过腰部的夹板置于伤腿外侧，另一块长约自足跟至大腿根部的夹板置于伤腿内侧，然后用三角巾或绷带分段包扎固定，如图 10-40 所示。小腿骨折时，取两块长约自足跟至大腿部的夹板分别置于伤侧小腿内外侧，再用三角巾或绷带分段包扎固定。

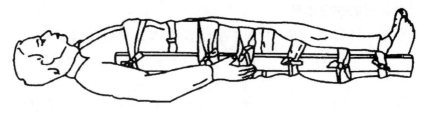

图 10-40 大腿骨折固定法

③ 脊柱骨折固定法。伤员平直仰卧在硬板床或门板上，腰椎骨折要在腰部垫以软枕，必要时用绷带将伤员固定于硬板上再搬运。

④ 骨盆部骨折固定法。用三角巾或大被单折叠后环绕固定骨盆，也可用腹带包扎固定，置于担架或床板上后在膝下或小腿部垫枕，使两膝成半屈位。

3. 固定时的注意事项

① 对于开放性骨折，应先进行止血、包扎处理，然后再固定骨折部位。若骨折断端刺出伤口，不可将刺出的骨端送回伤口内，以免造成伤口内感染。有休克者，应先采取抗休克处理。

② 夹板的长度和宽度要适宜，长度要超过骨折肢体两端的关节。固定后伤肢应处于功能位：上肢屈肘 90°，下肢成伸直位。

③ 原位固定，即固定前尽量不移动伤员和伤肢，以免增加痛苦和加重损伤。

④ 夹板不可与皮肤直接接触，其间应垫棉花或敷料等软质物品，尤其是要注意垫好骨隆突处，以防受压。

⑤ 骨折固定应松紧适度，以免影响肢体血液循环。固定时，肢体指（趾）端一定要外露，以便随时观察末梢血液循环情况。

四、伤病员搬运

伤员和急危重患者在现场经过初步处理后，就需要把伤病员及时送到医疗技术条件较完善的医院做进一步的检查和治疗。转送工作做得及时、准确，可使伤病员及早获得正规治疗，减少伤病员痛苦；否则会使病情加重，甚至贻误治疗时机，造成残疾或死亡。

1. 常用搬运法

（1）担架搬运法　担架是最常用的转送伤病员的工具，其结构简单、轻便耐用，无论是短距离转运还是长途转送，都是一种极为常用的转送工具。包括帆布担架、绳索担架、被服担架、板式担架、铲式担架、四轮担架等，也可根据现场情况制作其他材质的担架。

担架搬运方法：将担架平放在伤病员伤侧，救护人员 3～4 人合成一组，平托起伤病员的头、肩、腰和下肢等处，将伤病员轻移到担架上。担架行进时，伤病员头部向后，以便于后面抬担架的人随时观察伤病员的病情变化。抬担架的人脚步行动要一致、平稳，向高处抬时（如上台阶、爬坡等），前面的人要放低，后面的人要抬高，使伤病员保持水平状态；向低处走时则相反，如图 10-41 所示。

（2）徒手搬运法　当现场找不到搬运工具，而转运路程又较近，病情较轻时，可以采用徒手搬运法。常用的徒手搬运法有单人徒手搬运法、多人徒手搬运法等。

① 单人徒手搬运法。常用方法有扶持法、背负法、拖行法、爬行法、抱持法等，如图 10-42 所示。

② 多人徒手搬运法。常用方法有座椅法、拉车法、平托法等，如图 10-43 所示。

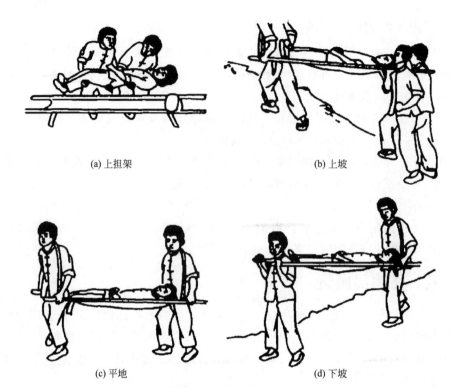

(a) 上担架　　　(b) 上坡

(c) 平地　　　(d) 下坡

图 10-41　担架搬运方法

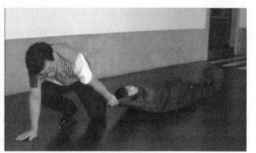

(a) 扶持法　　　(b) 背负法　　　(c) 拖行法

(d) 爬行法　　　(e) 抱持法

图 10-42　单人徒手搬运法

(a) 座椅法　　　　　　　(b) 拉车法　　　　　　　(c) 平托法

图 10-43　多人徒手搬运法

2. 搬运时的注意事项

① 转送前要先进行初步急救处理，待病情稳定后再搬运。

② 搬运过程中，动作要敏捷、轻巧、平稳，尽量避免振动，减少伤病员痛苦。

③ 转送过程中，要密切注意伤病员病情变化，一旦情况恶化，立即停下急救。

④ 搬运脊柱损伤伤病员时应用硬板担架转送，并保持伤处绝对稳定。

⑤ 转送途中的输液伤者，要注意妥善固定，防止滑脱，保持输液通畅，并注意调节输液速度。

⑥ 注意加强对伤病员的保护，如保暖、遮阳、避风、挡雨等。

第四节　日常生活中常见伤情的现场救护

一、蜂蜇伤

单一蜂蜇伤只有局部肿痛，一般无全身中毒表现，但有过敏反应的伤者，则可能出现呼吸困难及休克。被蜂群蜇伤者，有大面积的肿痛，还会出现恶心呕吐、烦躁不安、血压下降、昏迷等。有过敏反应的伤者，可能迅速致死。

救护措施有以下几点。

① 蜜蜂蜇伤的伤口应用弱碱性溶液清洗，黄蜂蜇伤的伤口应用弱酸性溶液清洗。

② 应尽可能取出伤口里的蜂刺。如有条件可在伤口处敷蛇药糊剂。

③ 有全身症状者应立即送医院救治；昏迷者应注意保持呼吸道通畅；现场有简易医疗条件者，可立即肌注皮质激素。

二、毒蛇咬伤

毒蛇咬伤后常在几分钟到几十分钟内开始表现出毒性作用,没有迅速致死者将在伤后 1~3 天,病情达到最重。

神经毒主要表现为外周神经或中枢神经的功能障碍,如眩晕、视力模糊、眼睑下垂、乏力、瘫软、语言障碍、呼吸困难、意识模糊等,严重者可死于呼吸衰竭。心脏毒主要表现为心律不齐、心慌心累、心源性休克等。血液毒主要表现为全身广泛性出血,如皮下青紫、血尿、牙龈及鼻出血、便血等,可并发急性肾衰竭。肌肉毒主要表现为肌肉紧张、强直、疼痛,严重者肌肉坏死。

救护措施有以下几点。

① 减缓毒素吸收扩散和尽快排出毒素是现场救护的主要任务。

② 伤肢扎止血带是常用的阻止毒素吸收扩散的方法,但过紧及长时间的绑扎又可能造成神经血管压榨性损伤,甚至造成整个肢体缺血坏死,所以,绑扎的松紧度以阻断静脉及淋巴回流为度。另外,置伤肢下垂,避免不必要的伤肢肌肉收缩活动,保持安静等,均有助于减缓毒素的吸收扩散。

③ 排出毒液可采取口吸、拔火罐、吸乳器吸吮等,牙痕处可酌情切开帮助排毒,口吸排毒时应注意快速吐出吸出的血水,并反复漱口,一般不会造成施救者中毒。排毒的间隙,用双氧水或高锰酸钾溶液清洗伤口,有一定的帮助。

④ 使用对应的抗毒血清是最有效的救治措施,越早越好,尽可能在 30 分钟以内使用。

三、眼异物

救护措施有以下几点。

① 立即让病人闭目静息,等待泪水大量产生后,轻柔地活动眼睑,可使异物自然排出,此时切忌用手揉眼睛,反复揉眼可加重结膜表面擦伤。

② 有条件可用无菌纯净水冲洗眼睛,有助于异物排出。

③ 如异物仍然滞留,可洗净双手后翻开眼睑,仔细观察球结膜穹窿部,或许能发现异物,即可用棉签轻轻擦拭,去除异物。

④ 异物已排出,病人仍有异物感,可能为异物擦伤结膜表面留下的症状,嘱咐病人闭目等待 20 分钟,如异物感依然强烈,即送医院救治,异物取出后宜用抗生素眼药水滴眼 3 天。

四、触电

救护措施有以下几点。

① 意识清醒的触电者一般不需要救护。

② 触电者一旦昏迷，应立即判断伤者是否已脱离电源，未脱离者应尽快关闭电源，或用非导电物体拨开触电部位，切不可贸然触摸触电者。

③ 脱离电源后立即拨打求救电话。

④ 迅速检查生命体征，呼吸、心搏骤停者应立即施行心肺复苏术。呼吸、心跳存在而昏迷者，应注意保持呼吸道畅通，并注意检查局部烧伤及合并的其他伤情，为专业救护人员到达后的处理提供线索。

第五节　常见疾病的现场救护

一、中暑

中暑常发生在高温和高湿环境中，常因烈日暴晒或在高温环境下重体力劳动，又无充分防暑降温措施时，极易发生中暑。中暑者一般表现为体温升高、眩晕、乏力、恶心、呕吐、头晕头痛、脉搏和呼吸加快、面红不出汗、皮肤干燥，重者出现高热、神志障碍、抽搐，甚至昏迷、猝死。急救方法介绍如下。

第一步，立即将病人移到通风、阴凉、干燥的地方，如走廊、树荫下、山洞内。

第二步，使病人仰卧，解开衣领，脱去或松开外套，必要时除去紧身内衣。若衣服被汗水湿透，应更换干衣服，可采用扇扇子等做法使其体温降到正常温度。

第三步，用湿毛巾、水袋冷敷头部、腋下以及腹股沟等处。同时，用温水擦拭全身，进行皮肤、肌肉按摩，加速血液循环，促进散热。

第四步，病人意识清醒或经过降温清醒的，可饮服绿豆汤、淡盐水，或服用人丹、十滴水和藿香正气水（胶囊）等解暑。

第五步，一旦出现高热、昏厥、抽搐等症状，应立刻让病人侧卧，头向后仰，打开气道，保持呼吸道通畅，同时立即拨打"120"电话求助。

二、休克

休克是一种全身性严重反应。严重的创伤，如骨折、撕裂伤、烧伤、出血、剧痛以及细菌感染都可能引发休克。休克时间过长，可进一步引起细胞不可逆性损伤和多脏器功能衰竭，所以一定要争分夺秒送医院急救。怎么判断是否发生休克？正常人的指甲背部，压迫放松后血色立即恢复，如果按压3秒后不见血色恢复而呈紫色者，这是休克的表现。

休克可分为低血容量性休克、心源性休克、过敏性休克、感染性休克等几种。遇到休克病人，如能立即找出休克原因，了以有效的对症处理最为理想。在紧急情况下，不能马上明确原因，必须立即采取以下措施。

① 立即向"120"急救中心呼救。

② 使休克者平卧，并将其下肢抬高25°，但头部受伤、呼吸困难或有肺水肿者不宜采用此法，而应稍抬高头部。

③ 松解病人衣领、裤带，使之平卧。注意少摇动和翻动休克者并适当保暖。

④ 有时可给病人喂服姜糖水、浓茶等热饮料。

⑤ 过敏性休克可服用地塞米松抗过敏。

⑥ 对呼吸困难者，应给予氧气吸入。

⑦ 对某些明确原因的休克者，如外伤大出血，应立即用止血带结扎，但要注意定时放松，在转运中必须有明确标志，以免时间过久造成肢体坏死；骨折疼痛所致休克者，应固定患肢，并服用止痛药止痛。

⑧ 经上述紧急处理后应立即送医院进一步抢救。

三、烧烫伤急救

烧烫伤一般指由于接触火、开水、热油等高热物质而发生的一种急性皮肤损伤。在众多原因所致的烧伤中，以热力烧伤多见，占85%～90%。在日常生活中烧烫伤主要是因热水、热汤、热油、热粥、炉火、电熨斗、蒸汽、爆竹、强碱、强酸等造成。

热力、电、化学物质、放射线等造成的烧伤，其严重程度都与接触面积及接触时间密切相关。因此，在处理任何烧烫伤时，现场急救的原则是先冷静下来，迅速移除致伤原因，脱离现场，同时给予必要的急救处理，才能尽可能地降低烧烫伤对皮肤所造成的伤害。伤口范围占整体面积的10%～20%时，都有入院治疗的必要。在紧急处理的同时要安慰患者，以减少其恐慌。

烧烫伤的一般处理原则有如下几点。

① 冲。以流动的自来水冲洗或浸泡在冷水中，直到冷却局部并减轻疼痛或者用冷毛巾敷在伤处至少10分钟。不可把冰块直接放在伤口上，以免使皮肤组织受伤。如果现场没有水，可用其他任何凉的无害的液体替代，如牛奶或罐装的饮料。

② 脱。在穿着衣服被热水、热汤烫伤时，千万不要脱下衣服，而是先直接用冷水浇在衣服上降温。充分泡湿伤口后再小心除去衣物，如衣服和皮肤粘在一起时，切勿撕拉，只能将未粘着部分剪去，粘着的部分留在皮肤上以后处理，再用清洁纱布覆盖伤面，以防污染。有水疱时千万不要弄破。

③ 泡。继续浸泡于冷水中至少30分钟，可减轻疼痛。但烧伤面积大或年龄较小的患者，不要浸泡太久，以免体温下降过度造成休克，而延误治疗时机。但

第十章　应急救护

当患者意识不清或叫不醒时，就该停止浸泡赶快送医院。

④ 护。如有无菌纱布可轻覆在伤口上；如没有，让小面积伤口暴露于空气中，大面积伤口用干净的床单、布单或纱布覆盖。不要弄破水疱。

⑤ 送。最好到设置有整形外科的医院求诊。

四、酸灼伤和碱灼伤急救

酸灼伤，以硫酸、盐酸、硝酸最为多见，此外还有乙酸（冰醋酸）、氢氟酸、高氯酸和铬酸等，都是腐蚀性毒物。除皮肤灼伤外，呼吸道吸入这些酸类的挥发气、雾点（如硫酸雾、铬酸雾），还可引起上呼吸道的剧烈刺激，严重者可发生化学性支气管炎、肺炎和肺水肿等。

碱灼伤，较多见的是氨水、氢氧化钠、氢氧化钾、石灰。最常见的是氨水，由于其极易挥发，常同时并有上呼吸道灼伤，重者并有肺水肿。眼睛溅到少量稀释氨液就易发生糜烂，且痊愈缓慢。

1. 酸灼伤的急救原则

① 立即脱去或剪去污染的工作服、内衣、鞋袜等，迅速用大量的流动水冲洗创面，至少冲洗10～20分钟，特别是对于硫酸灼伤，要用大量水快速冲洗，除了冲去和稀释硫酸外，还可冲去硫酸与水产生的热量。

② 初步冲洗后，用5％碳酸氢钠液湿敷10～20分钟，然后再用水冲洗10～20分钟。

③ 清创，去除其他污染物，覆盖消毒纱布后送医院。

④ 对呼吸道吸入并有咳嗽者，雾化吸入5％碳酸氢钠液或生理盐水。

⑤ 口服者不宜洗胃，尤其口服已有一段时间者，以防引起胃穿孔。可先用清水，再口服牛乳、蛋白或花生油约200毫升。不宜口服碳酸氢钠，以免产生二氧化碳而增加胃穿孔危险。大量口服强酸和现场急救不及时者都应立即送医院救治。

2. 碱灼伤的急救原则

① 立即脱去污染衣物，用大量流动清水冲洗污染的皮肤20分钟或更久。对于氢氧化钾灼伤，要冲洗到创面无肥皂样滑腻感；再用5％硼酸液温敷10～20分钟，然后用水冲洗。不要用酸性液体冲洗，以免产生中和热而加重灼伤。

② 眼睛灼伤立即用大量流动清水冲洗，伤员也可把面部浸入充满流动水的器皿中，转动头部、张大眼睛进行清洗，至少洗10～20分钟，然后再用生理盐水冲洗，并滴入抗生素眼液。

③ 呼吸道吸入碱性气体的患者，应雾化吸入3％硼酸溶液，起中和作用，以减轻呼吸道刺激症状。

④ 口服者禁止洗胃,但可口服食醋、稀乙酸液(5%)、清水以中和或稀释之,然后口服牛乳、蛋清或植物油约 200 毫升。

五、食物中毒

食物中毒包括各种在进食过程中摄入有毒物质而中毒的情况。常见的食物中毒有两类:一是食物被细菌污染,腐败变质;二是食物本身有毒,如毒蘑菇、有毒野菜、有毒鱼类及毒蛙类等。中毒后除有恶心呕吐、腹泻腹痛外,还伴有多种组织器官中毒的表现,如自主神经及中枢神经中毒症状,肝、肾、心功能异常,全身炎症反应等。具体表现为流涎流泪、瞳孔改变、视力模糊、幻觉、肝肿大、蛋白尿、血尿、心律不齐等,甚至昏迷、休克,危及生命。集体食物中毒一般常见于肠道传染病。轻度食物中毒可在 2~3 天内自愈,重症患者需及时入院,挽救脏器功能及生命。

食物中毒急救措施有以下几点。

① 现场立即催吐,简单有效的方法是用筷子或棉签刺激咽部。

② 相关食物及残留物、容器应保存,等待卫生监督部门取样调查。病人呕吐物、排泄物,最好留待专业人员查看后再消毒处理。

③ 已发生休克或昏迷的病员,应将病人置于平卧位,头偏向一侧,保持呼吸道畅通。

六、一氧化碳中毒

日常生活中,燃气热水器、燃气灶具、燃气取暖器如果使用不当,加上局部通风不良,就会造成一氧化碳气体聚集。工业生产中,事故导致煤气泄漏是其主要原因。另外,某些通风不良的坑道或洞穴,也可能有一氧化碳气体聚集。轻度一氧化碳中毒[碳氧血红蛋白(COHb)达到 10%~30%]时,可表现出头痛头晕,少数人会有恶心呕吐的反应。中度一氧化碳中毒(COHb 达到 30%~50%)时,可表现出面色潮红、浅昏迷、心率加快。重度一氧化碳中毒(COHb 超过 50%)时,表现为深昏迷、抽搐、瞳孔散大、潮式呼吸,常伴有脑水肿、肺水肿、低血压、心律不齐等。

一氧化碳中毒急救措施:

① 立即将患者移至新鲜空气处;

② 迅速切断电源,关闭燃气阀;

③ 立即拨打急救电话;

④ 有条件时及早吸氧,保持呼吸道畅通。

习 题

一、判断题（正确的在括号内划"√"、错误的划"×"）

1. 猝死病人抢救的最佳时间是 10 分钟以内，严重创伤伤员抢救的黄金时间是 30 分钟。（　　）
2. 心肺复苏术是专业人员的操作，即使在紧急情况下，一般大学生也不应该使用。（　　）
3. 心肺复苏有 C、A、B 三大主要步骤，其中胸外心脏按压时的频率有一定要求，不能太快也不能太慢。（　　）
4. 家里厨房门窗不宜关死，以免造成一氧化碳中毒。（　　）
5. 骨折固定的范围应包括骨折远、近端的两个关节。（　　）

二、单选题（把下面正确答案字母填在括号内）

1. 对于呼吸、心跳骤停的伤病员现场救护的黄金时间是（　　）。
　A. 10 分钟　　　　　　B. 15 分钟　　　　　　C. 4 分钟
2. 小李同学不慎滑倒，手背皮肤擦地出血，且慢慢渗出，可能是哪一类型出血？（　　）
　A. 静脉　　　　　　　B. 动脉　　　　　　　C. 毛细血管
3. 对受伤人员进行急救的第一步应该是（　　）。
　A. 观察伤者有无意识　　B. 对出血部位进行包扎　　C. 进行心脏按压
4. 遇有触电的伤员现场救护时应首先（　　）。
　A. 断电　　　　　　　B. 将伤员搬出现场　　　C. 呼叫"120"
5. 对于烧烫伤的伤病员现场处理方法是（　　）
　A. 立即用干净的冷水冲洗烧烫伤部位
　B. 立即脱掉衣服、包扎伤口
　C. 尽快送往医院

三、简答题

1. 心肺复苏术的操作步骤是什么？
2. 烧烫伤的一般处理原则有哪些？
3. 创伤包扎的方法有哪些？

附录 高等学校安全知识教育与管理的法规文件

一、《普通高等学校学生管理规定》

（中华人民共和国教育部令第 41 号）

第一章 总 则

第一条 为规范普通高等学校学生管理行为，维护普通高等学校正常的教育教学秩序和生活秩序，保障学生合法权益，培养德、智、体、美等方面全面发展的社会主义建设者和接班人，依据教育法、高等教育法以及有关法律、法规，制定本规定。

第二条 本规定适用于普通高等学校、承担研究生教育任务的科学研究机构（以下称学校）对接受普通高等学历教育的研究生和本科、专科（高职）学生（以下称学生）的管理。

第三条 学校要坚持社会主义办学方向，坚持马克思主义的指导地位，全面贯彻国家教育方针；要坚持以立德树人为根本，以理想信念教育为核心，培育和践行社会主义核心价值观，弘扬中华优秀传统文化和革命文化、社会主义先进文化，培养学生的社会责任感、创新精神和实践能力；要坚持依法治校，科学管理，健全和完善管理制度，规范管理行为，将管理与育人相结合，不断提高管理和服务水平。

第四条 学生应当拥护中国共产党领导，努力学习马克思列宁主义、毛泽东思想、中国特色社会主义理论体系，深入学习习近平总书记系列重要讲话精神和治国理政新理念新思想新战略，坚定中国特色社会主义道路自信、理论自信、制度自信、文化自信，树立中国特色社会主义共同理想；应当树立爱国主义思想，具有团结统一、爱好和平、勤劳勇敢、自强不息的精神；应当增强法治观念，遵守宪法、法律、法规，遵守公民道德规范，遵守学校管理制度，具有良好的道德品质和行为习惯；应当刻苦学习，勇于探索，积极实践，努力掌握现代科学文化知识和专业技能；应当积极锻炼身体，增进身心健康，提高个人修养，培养审美情趣。

第五条　实施学生管理，应当尊重和保护学生的合法权利，教育和引导学生承担应尽的义务与责任，鼓励和支持学生实行自我管理、自我服务、自我教育、自我监督。

第二章　学生的权利与义务

第六条　学生在校期间依法享有下列权利：

（一）参加学校教育教学计划安排的各项活动，使用学校提供的教育教学资源；

（二）参加社会实践、志愿服务、勤工助学、文娱体育及科技文化创新等活动，获得就业创业指导和服务；

（三）申请奖学金、助学金及助学贷款；

（四）在思想品德、学业成绩等方面获得科学、公正评价，完成学校规定学业后获得相应的学历证书、学位证书；

（五）在校内组织、参加学生团体，以适当方式参与学校管理，对学校与学生权益相关事务享有知情权、参与权、表达权和监督权；

（六）对学校给予的处理或者处分有异议，向学校、教育行政部门提出申诉，对学校、教职员工侵犯其人身权、财产权等合法权益的行为，提出申诉或者依法提起诉讼；

（七）法律、法规及学校章程规定的其他权利。

第七条　学生在校期间依法履行下列义务：

（一）遵守宪法和法律、法规；

（二）遵守学校章程和规章制度；

（三）恪守学术道德，完成规定学业；

（四）按规定缴纳学费及有关费用，履行获得贷学金及助学金的相应义务；

（五）遵守学生行为规范，尊敬师长，养成良好的思想品德和行为习惯；

（六）法律、法规及学校章程规定的其他义务。

第三章　学籍管理

第一节　入学与注册

第八条　按国家招生规定录取的新生，持录取通知书，按学校有关要求和规定的期限到校办理入学手续。因故不能按期入学的，应当向学校请假，未请假或者请假逾期的，除因不可抗力等正当事由以外，视为放弃入学资格。

第九条　学校应当在报到时对新生入学资格进行初步审查，审查合格的办理入学手续，予以注册学籍；审查发现新生的录取通知、考生信息等证明材料，与本人实际情况不符，或者有其他违反国家招生考试规定情形的，取消入学资格。

第十条　新生可以申请保留入学资格。保留入学资格期间不具有学籍。保留入学资格的条件、期限等由学校规定。

新生保留入学资格期满前应向学校申请入学，经学校审查合格后，办理入学手续。审查不合格的，取消入学资格；逾期不办理入学手续且未有因不可抗力延迟等正当理由的，视为放弃入学资格。

第十一条　学生入学后，学校应当在3个月内按照国家招生规定进行复查。复查内容主要包括以下方面：

（一）录取手续及程序等是否合乎国家招生规定；

（二）所获得的录取资格是否真实、合乎相关规定；

（三）本人及身份证明与录取通知、考生档案等是否一致；

（四）身心健康状况是否符合报考专业或者专业类别体检要求，能否保证在校正常学习、生活；

（五）艺术、体育等特殊类型录取学生的专业水平是否符合录取要求。

复查中发现学生存在弄虚作假、徇私舞弊等情形的，确定为复查不合格，应当取消学籍；情节严重的，学校应当移交有关部门调查处理。

复查中发现学生身心状况不适宜在校学习，经学校指定的二级甲等以上医院诊断，需要在家休养的，可以按照第十条的规定保留入学资格。

复查的程序和办法，由学校规定。

第十二条　每学期开学时，学生应当按学校规定办理注册手续。不能如期注册的，应当履行暂缓注册手续。未按学校规定缴纳学费或者有其他不符合注册条件的，不予注册。

家庭经济困难的学生可以申请助学贷款或者其他形式资助，办理有关手续后注册。

学校应当按照国家有关规定为家庭经济困难学生提供教育救助，完善学生资助体系，保证学生不因家庭经济困难而放弃学业。

第二节　考核与成绩记载

第十三条　学生应当参加学校教育教学计划规定的课程和各种教育教学环节（以下统称课程）的考核，考核成绩记入成绩册，并归入学籍档案。

考核分为考试和考查两种。考核和成绩评定方式，以及考核不合格的课程是否重修或者补考，由学校规定。

第十四条　学生思想品德的考核、鉴定，以本规定第四条为主要依据，采取个人小结、师生民主评议等形式进行。

学生体育成绩评定要突出过程管理，可以根据考勤、课内教学、课外锻炼活动和体质健康等情况综合评定。

第十五条　学生每学期或者每学年所修课程或者应修学分数以及升级、跳级、留级、降级等要求，由学校规定。

第十六条　学生根据学校有关规定，可以申请辅修校内其他专业或者选修其他专业课程；可以申请跨校辅修专业或者修读课程，参加学校认可的开放式网络课程学习。学生修读的课程成绩（学分），学校审核同意后，予以承认。

第十七条　学生参加创新创业、社会实践等活动以及发表论文、获得专利授权等与专业学习、学业要求相关的经历、成果，可以折算为学分，计入学业成绩。具体办法由学校规定。

学校应当鼓励、支持和指导学生参加社会实践、创新创业活动，可以建立创新创业档案、设置创新创业学分。

第十八条　学校应当健全学生学业成绩和学籍档案管理制度，真实、完整地记载、出具学生学业成绩，对通过补考、重修获得的成绩，应当予以标注。

学生严重违反考核纪律或者作弊的，该课程考核成绩记为无效，并应视其违纪或者作弊情节，给予相应的纪律处分。给予警告、严重警告、记过及留校察看处分的，经教育表现较好，可以对该课程给予补考或者重修机会。

学生因退学等情况中止学业，其在校学习期间所修课程及已获得学分，应当予以记录。学生重新参加入学考试、符合录取条件，再次入学的，其已获得学分，经录取学校认定，可以予以承认。具体办法由学校规定。

第十九条　学生应当按时参加教育教学计划规定的活动。不能按时参加的，应当事先请假并获得批准。无故缺席的，根据学校有关规定给予批评教育，情节严重的，给予相应的纪律处分。

第二十条　学校应当开展学生诚信教育，以适当方式记录学生学业、学术、品行等方面的诚信信息，建立对失信行为的约束和惩戒机制；对有严重失信行为的，可以规定给予相应的纪律处分，对违背学术诚信的，可以对其获得学位及学术称号、荣誉等作出限制。

第三节　转专业与转学

第二十一条　学生在学习期间对其他专业有兴趣和专长的，可以申请转专业；以特殊招生形式录取的学生，国家有相关规定或者录取前与学校有明确约定的，不得转专业。

学校应当制定学生转专业的具体办法，建立公平、公正的标准和程序，健全公示制度。学校根据社会对人才需求情况的发展变化，需要适当调整专业的，应当允许在读学生转到其他相关专业就读。

休学创业或退役后复学的学生，因自身情况需要转专业的，学校应当优先考虑。

第二十二条　学生一般应当在被录取学校完成学业。因患病或者有特殊困难、特别需要，无法继续在本校学习或者不适应本校学习要求的，可以申请转学。有下列情形之一，不得转学：

（一）入学未满一学期或者毕业前一年的；
（二）高考成绩低于拟转入学校相关专业同一生源地相应年份录取成绩的；
（三）由低学历层次转为高学历层次的；
（四）以定向就业招生录取的；
（五）研究生拟转入学校、专业的录取控制标准高于其所在学校、专业的；
（六）无正当转学理由的。

学生因学校培养条件改变等非本人原因需要转学的，学校应当出具证明，由所在地省级教育行政部门协调转学到同层次学校。

第二十三条　学生转学由学生本人提出申请，说明理由，经所在学校和拟转入学校同意，由转入学校负责审核转学条件及相关证明，认为符合本校培养要求且学校有培养能力的，经学校校长办公会或者专题会议研究决定，可以转入。研究生转学还应当经拟转入专业导师同意。

跨省转学的，由转出地省级教育行政部门商转入地省级教育行政部门，按转学条件确认后办理转学手续。须转户口的由转入地省级教育行政部门将有关文件抄送转入学校所在地的公安机关。

第二十四条　学校应当按照国家有关规定，建立健全学生转学的具体办法；对转学情况应当及时进行公示，并在转学完成后3个月内，由转入学校报所在地省级教育行政部门备案。

省级教育行政部门应当加强对区域内学校转学行为的监督和管理，及时纠正违规转学行为。

第四节　休学与复学

第二十五条　学生可以分阶段完成学业，除另有规定外，应当在学校规定的最长学习年限（含休学和保留学籍）内完成学业。

学生申请休学或者学校认为应当休学的，经学校批准，可以休学。休学次数和期限由学校规定。

第二十六条　学校可以根据情况建立并实行灵活的学习制度。对休学创业的学生，可以单独规定最长学习年限，并简化休学批准程序。

第二十七条 新生和在校学生应征参加中国人民解放军（含中国人民武装警察部队），学校应当保留其入学资格或者学籍至退役后 2 年。

学生参加学校组织的跨校联合培养项目，在联合培养学校学习期间，学校同时为其保留学籍。

学生保留学籍期间，与其实际所在的部队、学校等组织建立管理关系。

第二十八条 休学学生应当办理手续离校。学生休学期间，学校应为其保留学籍，但不享受在校学习学生待遇。因病休学学生的医疗费按国家及当地的有关规定处理。

第二十九条 学生休学期满前应当在学校规定的期限内提出复学申请，经学校复查合格，方可复学。

第五节 退 学

第三十条 学生有下列情形之一，学校可予退学处理：

（一）学业成绩未达到学校要求或者在学校规定的学习年限内未完成学业的；

（二）休学、保留学籍期满，在学校规定期限内未提出复学申请或者申请复学经复查不合格的；

（三）根据学校指定医院诊断，患有疾病或者意外伤残不能继续在校学习的；

（四）未经批准连续两周未参加学校规定的教学活动的；

（五）超过学校规定期限未注册而又未履行暂缓注册手续的；

（六）学校规定的不能完成学业、应予退学的其他情形。

学生本人申请退学的，经学校审核同意后，办理退学手续。

第三十一条 退学学生，应当按学校规定期限办理退学手续离校。退学的研究生，按已有毕业学历和就业政策可以就业的，由学校报所在地省级毕业生就业部门办理相关手续；在学校规定期限内没有聘用单位的，应当办理退学手续离校。

退学学生的档案由学校退回其家庭所在地，户口应当按照国家相关规定迁回原户籍地或者家庭户籍所在地。

第六节 毕业与结业

第三十二条 学生在学校规定学习年限内，修完教育教学计划规定内容，成绩合格，达到学校毕业要求的，学校应当准予毕业，并在学生离校前发给毕业证书。

符合学位授予条件的，学位授予单位应当颁发学位证书。

学生提前完成教育教学计划规定内容，获得毕业所要求的学分，可以申请提前毕业。学生提前毕业的条件，由学校规定。

第二十二条　学生在学校规定学习年限内，修完教育教学计划规定内容，但未达到学校毕业要求的，学校可以准予结业，发给结业证书。

结业后是否可以补考、重修或者补作毕业设计、论文、答辩，以及是否颁发毕业证书、学位证书，由学校规定。合格后颁发的毕业证书、学位证书，毕业时间、获得学位时间按发证日期填写。

对退学学生，学校应当发给肄业证书或者写实性学习证明。

第七节　学业证书管理

第三十四条　学校应当严格按照招生时确定的办学类型和学习形式，以及学生招生录取时填报的个人信息，填写、颁发学历证书、学位证书及其他学业证书。

学生在校期间变更姓名、出生日期等证书需填写的个人信息的，应当有合理、充分的理由，并提供有法定效力的相应证明文件。学校进行审查，需要学生生源地省级教育行政部门及有关部门协助核查的，有关部门应当予以配合。

第三十五条　学校应当执行高等教育学籍学历电子注册管理制度，完善学籍学历信息管理办法，按相关规定及时完成学生学籍学历电子注册。

第三十六条　对完成本专业学业同时辅修其他专业并达到该专业辅修要求的学生，由学校发给辅修专业证书。

第三十七条　对违反国家招生规定取得入学资格或者学籍的，学校应当取消其学籍，不得发给学历证书、学位证书；已发的学历证书、学位证书，学校应当依法予以撤销。对以作弊、剽窃、抄袭等学术不端行为或者其他不正当手段获得学历证书、学位证书的，学校应当依法予以撤销。

被撤销的学历证书、学位证书已注册的，学校应当予以注销并报教育行政部门宣布无效。

第三十八条　学历证书和学位证书遗失或者损坏，经本人申请，学校核实后应当出具相应的证明书。证明书与原证书具有同等效力。

第四章　校园秩序与课外活动

第三十九条　学校、学生应当共同维护校园正常秩序，保障学校环境安全、稳定，保障学生的正常学习和生活。

第四十条　学校应当建立和完善学生参与管理的组织形式，支持和保障学生依法、依章程参与学校管理。

第四十一条　学生应当自觉遵守公民道德规范，自觉遵守学校管理制度，创造和维护文明、整洁、优美、安全的学习和生活环境，树立安全风险防范和自我保护意识，保障自身合法权益。

第四十二条 学生不得有酗酒、打架斗殴、赌博、吸毒，传播、复制、贩卖非法书刊和音像制品等违法行为；不得参与非法传销和进行邪教、封建迷信活动；不得从事或者参与有损大学生形象、有悖社会公序良俗的活动。

学校发现学生在校内有违法行为或者严重精神疾病可能对他人造成伤害的，可以依法采取或者协助有关部门采取必要措施。

第四十三条 学校应当坚持教育与宗教相分离原则。任何组织和个人不得在学校进行宗教活动。

第四十四条 学校应当建立健全学生代表大会制度，为学生会、研究生会等开展活动提供必要条件，支持其在学生管理中发挥作用。

学生可以在校内成立、参加学生团体。学生成立团体，应当按学校有关规定提出书面申请，报学校批准并施行登记和年检制度。

学生团体应当在宪法、法律、法规和学校管理制度范围内活动，接受学校的领导和管理。学生团体邀请校外组织、人员到校举办讲座等活动，需经学校批准。

第四十五条 学校提倡并支持学生及学生团体开展有益于身心健康、成长成才的学术、科技、艺术、文娱、体育等活动。

学生进行课外活动不得影响学校正常的教育教学秩序和生活秩序。

学生参加勤工助学活动应当遵守法律、法规以及学校、用工单位的管理制度，履行勤工助学活动的有关协议。

第四十六条 学生举行大型集会、游行、示威等活动，应当按法律程序和有关规定获得批准。对未获批准的，学校应当依法劝阻或者制止。

第四十七条 学生应当遵守国家和学校关于网络使用的有关规定，不得登录非法网站和传播非法文字、音频、视频资料等，不得编造或者传播虚假、有害信息；不得攻击、侵入他人计算机和移动通信网络系统。

第四十八条 学校应当建立健全学生住宿管理制度。学生应当遵守学校关于学生住宿管理的规定。鼓励和支持学生通过制定公约，实施自我管理。

第五章 奖励与处分

第四十九条 学校、省（区、市）和国家有关部门应当对在德、智、体、美等方面全面发展或者在思想品德、学业成绩、科技创造、体育竞赛、文艺活动、志愿服务及社会实践等方面表现突出的学生，给予表彰和奖励。

第五十条 对学生的表彰和奖励可以采取授予"三好学生"称号或者其他荣誉称号、颁发奖学金等多种形式，给予相应的精神鼓励或者物质奖励。

学校对学生予以表彰和奖励，以及确定推荐免试研究生、国家奖学金、公派出国留学人选等赋予学生利益的行为，应当建立公开、公平、公正的程序和规定，建立和完善相应的选拔、公示等制度。

第五十一条 对有违反法律法规、本规定以及学校纪律行为的学生，学校应当给予批评教育，并可视情节轻重，给予如下纪律处分：

（一）警告；

（二）严重警告；

（三）记过；

（四）留校察看；

（五）开除学籍。

第五十二条 学生有下列情形之一，学校可以给予开除学籍处分：

（一）违反宪法，反对四项基本原则、破坏安定团结、扰乱社会秩序的；

（二）触犯国家法律，构成刑事犯罪的；

（三）受到治安管理处罚，情节严重、性质恶劣的；

（四）代替他人或者让他人代替自己参加考试、组织作弊、使用通信设备或其他器材作弊、向他人出售考试试题或答案牟取利益，以及其他严重作弊或扰乱考试秩序行为的；

（五）学位论文、公开发表的研究成果存在抄袭、篡改、伪造等学术不端行为，情节严重的，或者代写论文、买卖论文的；

（六）违反本规定和学校规定，严重影响学校教育教学秩序、生活秩序以及公共场所管理秩序的；

（七）侵害其他个人、组织合法权益，造成严重后果的；

（八）屡次违反学校规定受到纪律处分，经教育不改的。

第五十三条 学校对学生作出处分，应当出具处分决定书。处分决定书应当包括下列内容：

（一）学生的基本信息；

（二）作出处分的事实和证据；

（三）处分的种类、依据、期限；

（四）申诉的途径和期限；

（五）其他必要内容。

第五十四条 学校给予学生处分，应当坚持教育与惩戒相结合，与学生违法、违纪行为的性质和过错的严重程度相适应。学校对学生的处分，应当做到证据充分、依据明确、定性准确、程序正当、处分适当。

第五十五条 在对学生作出处分或者其他不利决定之前，学校应当告知学生作出决定的事实、理由及依据，并告知学生享有陈述和申辩的权利，听取学生的陈述和申辩。

处理、处分决定以及处分告知书等，应当直接送达学生本人，学生拒绝签收的，可以以留置方式送达；已离校的，可以采取邮寄方式送达；难于联系的，可以利用学校网站、新闻媒体等以公告方式送达。

第五十六条 对学生作出取消入学资格、取消学籍、退学、开除学籍或者其他涉及学生重大利益的处理或者处分决定的，应当提交校长办公会或者校长授权的专门会议研究决定，并应当事先进行合法性审查。

第五十七条 除开除学籍处分以外，给予学生处分一般应当设置 6 到 12 个月期限，到期按学校规定程序予以解除。解除处分后，学生获得表彰、奖励及其他权益，不再受原处分的影响。

第五十八条 对学生的奖励、处理、处分及解除处分材料，学校应当真实完整地归入学校文书档案和本人档案。

被开除学籍的学生，由学校发给学习证明。学生按学校规定期限离校，档案由学校退回其家庭所在地，户口应当按照国家相关规定迁回原户籍地或者家庭户籍所在地。

第六章 学生申诉

第五十九条 学校应当成立学生申诉处理委员会，负责受理学生对处理或者处分决定不服提起的申诉。

学生申诉处理委员会应当由学校相关负责人、职能部门负责人、教师代表、学生代表、负责法律事务的相关机构负责人等组成，可以聘请校外法律、教育等方面专家参加。

学校应当制定学生申诉的具体办法，健全学生申诉处理委员会的组成与工作规则，提供必要条件，保证其能够客观、公正地履行职责。

第六十条 学生对学校的处理或者处分决定有异议的，可以在接到学校处理或者处分决定书之日起 10 日内，向学校学生申诉处理委员会提出书面申诉。

第六十一条 学生申诉处理委员会对学生提出的申诉进行复查，并在接到书面申诉之日起 15 日内作出复查结论并告知申诉人。情况复杂不能在规定限期内作出结论的，经学校负责人批准，可延长 15 日。学生申诉处理委员会认为必要的，可以建议学校暂缓执行有关决定。

学生申诉处理委员会经复查，认为做出处理或者处分的事实、依据、程序等存在不当，可以作出建议撤销或变更的复查意见，要求相关职能部门予以研究，重新提交校长办公会或者专门会议作出决定。

第六十二条 学生对复查决定有异议的，在接到学校复查决定书之日起 15 日内，可以向学校所在地省级教育行政部门提出书面申诉。

省级教育行政部门应当在接到学生书面申诉之日起 30 个工作日内，对申诉人的问题给予处理并作出决定。

第六十二条　省级教育行政部门在处理因对学校处理或者处分决定不服提起的学生申诉时，应当听取学生和学校的意见，并可根据需要进行必要的调查。根据审查结论，区别不同情况，分别作出下列处理：

（一）事实清楚、依据明确、定性准确、程序正当、处分适当的，予以维持；

（二）认定事实不存在，或者学校超越职权、违反上位法规定作出决定的，责令学校予以撤销；

（三）认定事实清楚，但认定情节有误、定性不准确，或者适用依据有错误的，责令学校变更或者重新作出决定；

（四）认定事实不清、证据不足，或者违反本规定以及学校规定的程序和权限的，责令学校重新作出决定。

第六十四条　自处理、处分或者复查决定书送达之日起，学生在申诉期内未提出申诉的视为放弃申诉，学校或者省级教育行政部门不再受理其提出的申诉。

处理、处分或者复查决定书未告知学生申诉期限的，申诉期限自学生知道或者应当知道处理或者处分决定之日起计算，但最长不得超过 6 个月。

第六十五条　学生认为学校及其工作人员违反本规定，侵害其合法权益的；或者学校制定的规章制度与法律法规和本规定抵触的，可以向学校所在地省级教育行政部门投诉。

教育主管部门在实施监督或者处理申诉、投诉过程中，发现学校及其工作人员有违反法律、法规及本规定的行为或者未按照本规定履行相应义务的，或者学校自行制定的相关管理制度、规定，侵害学生合法权益的，应当责令改正；发现存在违法违纪的，应当及时进行调查处理或者移送有关部门，依据有关法律和相关规定，追究有关责任人的责任。

第七章　附　则

第六十六条　学校对接受高等学历继续教育的学生、港澳台侨学生、留学生的管理，参照本规定执行。

第六十七条　学校应当根据本规定制定或修改学校的学生管理规定或者纪律处分规定，报主管教育行政部门备案（中央部委属校同时抄报所在地省级教育行政部门），并及时向学生公布。

省级教育行政部门根据本规定，指导、检查和监督本地区高等学校的学生管理工作。

第六十八条　本规定自 2017 年 9 月 1 日起施行。原《普通高等学校学生管理规定》（教育部令第 21 号）同时废止。其他有关文件规定与本规定不一致的，以本规定为准。

二、《高等学校校园秩序管理若干规定》

（中华人民共和国国家教育委员会令第 13 号）

第一条 为了优化育人环境，加强高等学校校园管理，维护教学、科研、生活秩序和安定团结的局面，建立有利于培养社会主义现代化建设专门人才的校园秩序，制定本规定。

第二条 本规定所称的高等学校（以下简称"学校"）是指全日制普通高等学校和成人高等学校。

本规定所称的师生员工是指学校的教师（包括外籍教师）、学生（包括外国在华留学生）、教育教学辅助人员、管理人员和工勤人员。

第三条 学校的师生员工以及其他到学校活动的人员都应当遵守本规定，维护宪法确立的根本制度和国家利益，维护学校的教学、科研秩序和生活秩序。

学校应当加强校园管理，采取措施，及时有效地预防和制止校园内的违反法律、法规、校规的活动。

第四条 学校应当尊重和维护师生员工的人身权利、政治权利、教育和受教育的权利以及法律规定的其他权利，不得限制、剥夺师生员工的权利。

第五条 进入学校的人员，必须持有本校的学生证、工作证、听课证或者学校颁发的其他进入学校的证章、证件。

未持有前款规定的证章、证件的国内人员进入学校，应当向门卫登记后进入学校。

第六条 国内新闻记者进入学校采访，必须持有记者证和采访介绍信，在通知学校有关机构后，方可进入学校采访。

外国新闻记者和港澳台新闻记者进入学校采访，必须持有学校所在省、自治区、直辖市人民政府外事机关或港澳台办的介绍信和记者证，并在进校采访前与学校外事机构联系，经许可后方可进入学校采访。

第七条 外国人、港澳台人员进入学校进行公务、业务活动，应当经过省、自治区、直辖市或者国务院有关部门同意并告知学校后，或按学术交流计划经学校主管领导研究同意后，方可进入学校。自行要求进入学校的外国人、港澳台人员，应当在学校外事机构构或港澳台办批准后，方可进入学校。接受师生员工个人邀请进入学校探亲访友的外国人、港澳台人员，应当履行门卫登记手续后进入学校。

第八条 依照本规定第五条、第六条、第七条的规定进入学校的人员，应当遵守法律、法规、规章和学校的制度，不得从事与其身份不符的活动，不得危害校园治安。

对违反本规定第五条、第六条、第七条和本条前款规定的人员，师生员工有权向学校保卫机构报告，学校保卫机构可以要求其说明情况或者责令其离开学校。

第九条　学生一般不得在学生宿舍留宿校外人员，遇有特殊情况留宿校外人员，应当报请学校有关机构许可，并且进行留宿登记，留宿人离校应注销登记。不得在学生宿舍内留宿异性。

违反前款规定的，学校保卫机构可以责令留宿人离开学生宿舍。

第十条　告示、通知、启事、广告等，应当张贴在学校指定或者许可的地点。散发宣传品、印刷品应当经过学校有关机构同意。对于张贴、散发反对我国宪法确立的根本制度、损害国家利益或者侮辱诽谤他人的公开张贴物、宣传品和印刷品的当事者，由司法机关依法追究其法律责任。

第十一条　在校园设置临时或者永久建筑物以及安装音响、广播、电视设施，设置者、安装者应当报请学校有关机构审批，未经批准不得擅自设置、安装。

师生员工或者有关团体、组织使用学校的广播、电视设施，必须报请学校有关机构批准，禁止任何组织或者个人擅自使用学校广播、电视设施。

违反第一款、第二款、第三款规定的，学校有关机构可以劝其停止设置、安装或者停止活动，已经设置、安装的，学校有关机构可以拆除，或者责令设置者、安装者拆除。

第十二条　在校内举行集会、讲演等公共活动，组织者必须在七十二小时前向学校有关机构提出申请，申请中应当说明活动的目的、人数、时间、地点和负责人的姓名。学校有关机构应当最迟在举行时间的四小时前将许可或者不许可的决定通知组织者。逾期未通知的，视为许可。

集会、讲演等应符合我国的教育方针和相应的法规、规章，不得反对我国宪法确立的根本制度，不得干扰学校的教学、科研和生活秩序，不得损害国家财产和其他公民的权利。

第十三条　在校内组织讲座、报告等室内活动，组织者应当在七十二小时前向学校有关机构提出申请，申请中应当说明活动的内容、报告人和负责人的姓名。学校有关机构应当最迟在举行时间的四小时前将许可或者不许可的决定通知组织者。逾期未通知的，视为许可。

讲座、报告等不得反对我国宪法确立的根本制度，不得违反我国的教育方针，不得宣传封建迷信，不得进行宗教活动，不得干扰学校的教学、科研和生活秩序。

第十四条　师生员工应当严格按照学校的安排进行教学、科研、生活和其他活动，任何人都不得破坏学校的教学、科研和生活秩序，不得阻止他人根据学校的安排进行教学、科研、生活和其他活动。

禁止师生员工赌博、酗酒、打架斗殴以及其他干扰学校的教学、科研和生活秩序的行为。

第十五条　师生员工组织社会团体，应当按照《社会团体登记管理条例》的规定办理。成立校内非社会团体的组织，应当在成立前由其组织者报请学校有关机构批准，未经批准不得成立和开展活动。

校内非社会团体的组织和校内报刊必须遵守法律、法规、规章，贯彻我国的教育方针和遵守学校的制度，接受学校的管理，不得进行超出其宗旨的活动。

第十六条　违反本规定第十二条、第十三条、第十四条和第十五条的规定的，学校有关机构可以责令其组织者以及其他当事人立即停止活动。违反本规定第十二条第二款的规定，损害国家财产的，学校有关机构可以责令其赔偿损失。

第十七条　禁止无照人员在校园内经商。设在校园内的商业网点必须在指定地点经营。违反前款规定的，学校有关机构可以责令其停止经商活动或者离开校园。

第十八条　对违反本规定，经过劝告、制止仍不改正的师生员工，学校可视情节给予行政处分或者纪律处分；属于违反治安管理行为的，由公安机关依法处理；情节严重构成犯罪的，由司法机关处理。

师生员工对学校的处分不服的，可以向有关教育行政部门提出申诉，教育行政部门应当在接到申诉的三十日内作出处理决定。

对违反本规定，经劝告、制止仍不改正的校外人员，由公安、司法机关根据情节依法处理。

第十九条　各高等学校可以根据本规定制定具体管理制度。

第二十条　本规定自发布之日起施行。

三、《学生伤害事故处理办法》

（中华人民共和国教育部令第12号）

第一章　总　则

第一条　为积极预防、妥善处理在校学生伤害事故，保护学生、学校的合法权益，根据《中华人民共和国教育法》《中华人民共和国未成年人保护法》和其他相关法律、行政法规及有关规定，制定本办法。

第二条　在学校实施的教育教学活动或者学校组织的校外活动中，以及在学校负有管理责任的校舍、场地、其他教育教学设施、生活设施内发生的，造成在校学生人身损害后果的事故的处理，适用本办法。

第三条 学生伤害事故应当遵循依法、客观公正、合理适当的原则，及时、妥善地处理。

第四条 学校的举办者应当提供符合安全标准的校舍、场地、其他教育教学设施和生活设施。

教育行政部门应当加强学校安全工作，指导学校落实预防学生伤害事故的措施，指导、协助学校妥善处理学生伤害事故，维护学校正常的教育教学秩序。

第五条 学校应当对在校学生进行必要的安全教育和自护自救教育；应当按照规定，建立健全安全制度，采取相应的管理措施，预防和消除教育教学环境中存在的安全隐患；当发生伤害事故时，应当及时采取措施救助受伤害学生。

学校对学生进行安全教育、管理和保护，应当针对学生年龄、认知能力和法律行为能力的不同，采用相应的内容和预防措施。

第六条 学生应当遵守学校的规章制度和纪律；在不同的受教育阶段，应当根据自身的年龄、认知能力和法律行为能力，避免和消除相应的危险。

第七条 未成年学生的父母或者其他监护人（以下称为监护人）应当依法履行监护职责，配合学校对学生进行安全教育、管理和保护工作。

学校对未成年学生不承担监护职责，但法律有规定的或者学校依法接受委托承担相应监护职责的情形除外。

第二章 事故与责任

第八条 发生学生伤害事故，造成学生人身损害的，学校应当按照《中华人民共和国侵权责任法》及相关法律、法规的规定，承担相应的事故责任。

第九条 因下列情形之一造成的学生伤害事故，学校应当依法承担相应的责任：

（一）学校的校舍、场地、其他公共设施，以及学校提供给学生使用的学具、教育教学和生活设施、设备不符合国家规定的标准，或者有明显不安全因素的；

（二）学校的安全保卫、消防、设施设备管理等安全管理制度有明显疏漏，或者管理混乱，存在重大安全隐患，而未及时采取措施的；

（三）学校向学生提供的药品、食品、饮用水等不符合国家或者行业的有关标准、要求的；

（四）学校组织学生参加教育教学活动或者校外活动，未对学生进行相应的安全教育，并未在可预见的范围内采取必要的安全措施的；

（五）学校知道教师或者其他工作人员患有不适宜担任教育教学工作的疾病，但未采取必要措施的；

（六）学校违反有关规定，组织或者安排未成年学生从事不宜未成年人参加的劳动、体育运动或者其他活动的；

（七）学生有特异体质或者特定疾病，不宜参加某种教育教学活动，学校知道或者应当知道，但未予以必要的注意的；

（八）学生在校期间突发疾病或者受到伤害，学校发现，但未根据实际情况及时采取相应措施，导致不良后果加重的；

（九）学校教师或者其他工作人员体罚或者变相体罚学生，或者在履行职责过程中违反工作要求、操作规程、职业道德或者其他有关规定的；

（十）学校教师或者其他工作人员在负有组织、管理未成年学生的职责期间，发现学生行为具有危险性，但未进行必要的管理、告诫或者制止的；

（十一）对未成年学生擅自离校等与学生人身安全直接相关的信息，学校发现或者知道，但未及时告知未成年学生的监护人，导致未成年学生因脱离监护人的保护而发生伤害的；

（十二）学校有未依法履行职责的其他情形的。

第十条　学生或者未成年学生监护人由于过错，有下列情形之一，造成学生伤害事故，应当依法承担相应的责任：

（一）学生违反法律法规的规定，违反社会公共行为准则、学校的规章制度或者纪律，实施按其年龄和认知能力应当知道具有危险或者可能危及他人的行为的；

（二）学生行为具有危险性，学校、教师已经告诫、纠正，但学生不听劝阻、拒不改正的；

（三）学生或者其监护人知道学生有特异体质，或者患有特定疾病，但未告知学校的；

（四）未成年学生的身体状况、行为、情绪等有异常情况，监护人知道或者已被学校告知，但未履行相应监护职责的；

（五）学生或者未成年学生监护人有其他过错的。

第十一条　学校安排学生参加活动，因提供场地、设备、交通工具、食品及其他消费与服务的经营者，或者学校以外的活动组织者的过错造成的学生伤害事故，有过错的当事人应当依法承担相应的责任。

第十二条　因下列情形之一造成的学生伤害事故，学校已履行了相应职责，行为并无不当的，无法律责任：

（一）地震、雷击、台风、洪水等不可抗的自然因素造成的；

（二）来自学校外部的突发性、偶发性侵害造成的；

（三）学生有特异体质、特定疾病或者异常心理状态，学校不知道或者难于知道的；

（四）学生自杀、自伤的；

（五）在对抗性或者具有风险性的体育竞赛活动中发生意外伤害的；

（六）其他意外因素造成的。

第十三条　下列情形下发生的造成学生人身损害后果的事故，学校行为并无不当的，不承担事故责任；事故责任应当按有关法律法规或者其他有关规定认定：

（一）在学生自行上学、放学、返校、离校途中发生的；

（二）在学生自行外出或者擅自离校期间发生的；

（三）在放学后、节假日或者假期等学校工作时间以外，学生自行滞留学校或者自行到校发生的；

（四）其他在学校管理职责范围外发生的。

第十四条　因学校教师或者其他工作人员与其职务无关的个人行为，或者因学生、教师及其他个人故意实施的违法犯罪行为，造成学生人身损害的，由致害人依法承担相应的责任。

第三章　事故处理程序

第十五条　发生学生伤害事故，学校应当及时救助受伤害学生，并应当及时告知未成年学生的监护人；有条件的，应当采取紧急救援等方式救助。

第十六条　发生学生伤害事故，情形严重的，学校应当及时向主管教育行政部门及有关部门报告；属于重大伤亡事故的，教育行政部门应当按照有关规定及时向同级人民政府和上一级教育行政部门报告。

第十七条　学校的主管教育行政部门应学校要求或者认为必要，可以指导、协助学校进行事故的处理工作，尽快恢复学校正常的教育教学秩序。

第十八条　发生学生伤害事故，学校与受伤害学生或者学生家长可以通过协商方式解决；双方自愿，可以书面请求主管教育行政部门进行调解。

成年学生或者未成年学生的监护人也可以依法直接提起诉讼。

第十九条　教育行政部门收到调解申请，认为必要的，可以指定专门人员进行调解，并应当在受理申请之日起60日内完成调解。

第二十条　经教育行政部门调解，双方就事故处理达成一致意见的，应当在调解人员的见证下签订调解协议，结束调解；在调解期限内，双方不能达成一致意见，或者调解过程中一方提起诉讼，人民法院已经受理的，应当终止调解。

调解结束或者终止，教育行政部门应当书面通知当事人。

第二十一条　对经调解达成的协议，一方当事人不履行或者反悔的，双方可以依法提起诉讼。

第二十二条　事故处理结束，学校应当将事故处理结果书面报告主管的教育行政部门；重大伤亡事故的处理结果，学校主管的教育行政部门应当向同级人民政府和上一级教育行政部门报告。

第四章 事故损害的赔偿

第二十三条 对发生学生伤害事故负有责任的组织或者个人，应当按照法律法规的有关规定，承担相应的损害赔偿责任。

第二十四条 学生伤害事故赔偿的范围与标准，按照有关行政法规、地方性法规或者最高人民法院司法解释中的有关规定确定。

教育行政部门进行调解时，认为学校有责任的，可以依照有关法律法规及国家有关规定，提出相应的调解方案。

第二十五条 对受伤害学生的伤残程度存在争议的，可以委托当地具有相应鉴定资格的医院或者有关机构，依据国家规定的人体伤残标准进行鉴定。

第二十六条 学校对学生伤害事故负有责任的，根据责任大小，适当予以经济赔偿，但不承担解决户口、住房、就业等与救助受伤害学生、赔偿相应经济损失无直接关系的其他事项。

学校无责任的，如果有条件，可以根据实际情况，本着自愿和可能的原则，对受伤害学生给予适当的帮助。

第二十七条 因学校教师或者其他工作人员在履行职务中的故意或者重大过失造成的学生伤害事故，学校予以赔偿后，可以向有关责任人员追偿。

第二十八条 未成年学生对学生伤害事故负有责任的，由其监护人依法承担相应的赔偿责任。

学生的行为侵害学校教师及其他工作人员以及其他组织、个人的合法权益，造成损失的，成年学生或者未成年学生的监护人应当依法予以赔偿。

第二十九条 根据双方达成的协议、经调解形成的协议或者人民法院的生效判决，应当由学校负担的赔偿金，学校应当负责筹措；学校无力完全筹措的，由学校的主管部门或者举办者协助筹措。

第三十条 县级以上人民政府教育行政部门或者学校举办者有条件的，可以通过设立学生伤害赔偿准备金等多种形式，依法筹措伤害赔偿金。

第三十一条 学校有条件的，应当依据保险法的有关规定，参加学校责任保险。

教育行政部门可以根据实际情况，鼓励中小学参加学校责任保险。

提倡学生自愿参加意外伤害保险。在尊重学生意愿的前提下，学校可以为学生参加意外伤害保险创造便利条件，但不得从中收取任何费用。

第五章 事故责任者的处理

第三十二条 发生学生伤害事故，学校负有责任且情节严重的，教育行政部门应当根据有关规定，对学校的直接负责的主管人员和其他直接责任人员，分别给予相应的行政处分;有关责任人的行为触犯刑律的,应当移送司法机关依法追究刑事责任。

第三十三条 学校管理混乱,存在重大安全隐患的,主管的教育行政部门或者其他有关部门应当责令其限期整顿;对情节严重或者拒不改正的,应当依据法律法规的有关规定,给予相应的行政处罚。

第三十四条 教育行政部门未履行相应职责,对学生伤害事故的发生负有责任的,由有关部门对直接负责的主管人员和其他直接责任人员分别给予相应的行政处分;有关责任人的行为触犯刑律的,应当移送司法机关依法追究刑事责任。

第三十五条 违反学校纪律,对造成学生伤害事故负有责任的学生,学校可以给予相应的处分;触犯刑律的,由司法机关依法追究刑事责任。

第三十六条 受伤害学生的监护人、亲属或者其他有关人员,在事故处理过程中无理取闹,扰乱学校正常教育教学秩序,或者侵犯学校、学校教师或者其他工作人员的合法权益的,学校应当报告公安机关依法处理;造成损失的,可以依法要求赔偿。

第六章 附 则

第三十七条 本办法所称学校,是指国家或者社会力量举办的全日制的中小学(含特殊教育学校)、各类中等职业学校、高等学校。

本办法所称学生是指在上述学校中全日制就读的受教育者。

第三十八条 幼儿园发生的幼儿伤害事故,应当根据幼儿为完全无行为能力人的特点,参照本办法处理。

第三十九条 其他教育机构发生的学生伤害事故,参照本办法处理。

在学校注册的其他受教育者在学校管理范围内发生的伤害事故,参照本办法处理。

第四十条 本办法自2002年9月1日起实施,原国家教委、教育部颁布的与学生人身安全事故处理有关的规定,与本办法不符的,以本办法为准。

在本办法实施之前已处理完毕的学生伤害事故不再重新处理。

四、《普通高等学校学生安全教育及管理暂行规定》

(国家教育委员会教学〔1992〕7号)

第一章 总 则

第一条 为了加强高等学校管理,维护正常的教学和生活秩序,保障学生人身和财物的安全,促进身心健康发展,特制定本暂行规定。

第二条　高等学校学生安全教育及管理的主要任务是，宣传、贯彻国家有关安全管理工作的方针、政策、法律、法规，对学生实施安全教育及管理，妥善处理各类安全事故，引导学生健康成长。

第三条　高等学校学生安全教育及管理，要以预防为主，本着保护学生、教育先行、明确责任、教管结合、实事求是、妥善处理的原则，做好教育、管理和处理工作。

第四条　本暂行规定所称学生指在普通高等学校学习取得学籍的全日制学生，即按国家任务、用人单位委托培养、自费三种计划形式录取的学生。

第二章　安全教育

第五条　高等学校应将对学生进行安全教育作为一项经常性工作，列入学校工作的重要议事日程，加强领导。学校各部门和有关群众团体或组织要相互配合，积极开展安全教育，普及安全知识，增强学生的安全意识和法制观念，提高防范能力。

第六条　学生安全教育应根据不同专业及青年学生的特点，从学生入学到毕业，在各种教学活动和日常生活中，特别是节假日前适时进行，并善于利用发生的安全事故教育学生，防患于未然。学校应根据环境、季节及有关规律进行防盗、防火、防特、防病、防事故和等方面的教育，并使之经常化、制度化。

第七条　高等学校对学生进行安全教育须注重心理疏导，加强思想政治工作，教育学生注意保持健康的心理状态，帮助学生克服因各种原因造成的心理障碍，把事故消除在萌芽状态。

第三章　安全管理

第八条　高等学校要做好学生日常安全管理工作，加强安全防范，建立和健全规章制度，严格管理。学校要把安全教育及管理工作纳入领导任期的责任目标，落实到年级班主任。学校应由一名校领导主要负责。

第九条　高等学校应确定学生安全教育及管理工作的主管部门，明确其职责，具体组织实施安全教育及其管理工作，各有关部门应分工协作，积极配合。

第十条　全体教职工要从关心学生、爱护学生出发，树立安全思想，努力做好本职工作和改善环境与条件，保护学生人身和财产安全。

第十一条　学生发生意外事故以及学生要求保护人身或财物安全等情况时，学校应迅速采取有效措施。

第十二条　学生必须严格遵守国家法律、法规和学校的各项规章制度，注意自身的人身和财物安全，防止各种事故的发生。

第十三条　学生在日常教学及各项活动中，应遵守纪律和有关规定，听从指导，服从管理；在公共场所，要遵守社会公德，增强安全防范意识，提高自我保护能力。

第十四条 学生组织集体课外活动，须经学校同意，按学校规定进行。学校须认真进行安全审查，条件不具备时不得批准。

第十五条 学生应严格遵守宿舍管理的规定，自觉维护宿舍的安全与卫生，提高自我管理能力。

第十六条 发现刑事、治安案件或交通、灾害等事故，在场学生应保护现场，及时报告学校或公安部门并协助处理。在学校范围内的，学校应迅速采取措施，控制事态发展，减轻伤害和损失。

第四章 事故处理

第十七条 学生人身和财产发生一般伤害后，学校要及时调查处理，根据当事人或他人的过错，责令其赔偿损失，并给予批评教育或相应的行政、纪律处分。

在校园内，发生学生非正常死亡、重伤或被窃、失火等造成财产重大损失事故后，学校应迅速采取措施进行抢救、保护现场，同时加强思想政治工作，稳定情绪，恢复秩序，并协同地方有关部门妥善处理。

第十八条 学校对事故调查后认为涉及追究刑事责任的，要及时与公安部门联系，协助调查处理。重大事故学校有关领导应亲自参与调查工作，并认真研究调查报告，及时处理。

第十九条 在安全管理或事故处理过程中，学校认为有必要需搜查学生住处，须报请公安部门依法进行。调查处理案件中要以事实为依据，不得逼供或诱供。

第二十条 重大事故发生后，学校应在一天内向所在省、直辖市、自治区有关主管部门报告。并及时通知学生家长。事故处理结束后一周内书面报告有关主管部门。

第二十一条 学生在教学、实习过程与日常生活中，因学校或有关单位责任发生死亡、重伤或残疾，由学校或有关单位承担责任，做好处理及善后工作。在教学、实习过程与日常生活中，学生因不遵守纪律或不按要求活动而发生意外事故，学校不承担责任。

第二十二条 因忽视安全生产、管理不善；工作不负责任，违章指挥；玩忽职守，徇私舞弊等对学生造成严重的人身、财物损害的，由其所在单位或上级主管部门，视具体情况对有关责任人员分别给予责令检查、赔偿损失、行政处分，直至依法追究刑事责任。

第二十三条 学生未经批准擅自离校不归发生意外事故的，学校不承担责任。对擅自离校不归，学校不知去向的学生，学校应及时寻找并报告当地公安部门，及时通知学生家长。半月不归且未说明原因者，学校可张榜公布，按自动退学除名。

第二十四条 学生假期或办理离校手续后发生意外事故的，学校不承担责任。

第二十五条 在校内正常生活及由学校在校外组织的活动中，由于不能避免的原因或自然灾害而发生的事故，由学校视具体情况处理。

第二十六条 有条件的高等学校可为学生办理人身保险。

第二十七条 凡经学校指定的专业医院确诊为精神病、癫痫病患者的学生，应予退学，由其监护人负责领回。学生及其监护人不得无理纠缠，扰乱学校教学、生活秩序。

第二十八条 因事故伤残的学生，经治疗后病情稳定，学校认为生活能自理，能坚持在校学习，可留校继续学习；不能坚持在校学习者，应予退学，由学校按其实际学习年限发给肄业证书，并根据事故性质和伤残程度一次性给予适当经济补助。退学学生监护人所在地，当地民政等有关部门应协助做好接收、落户等工作，由当地劳动部门按国家关于残疾人劳动就业有关规定安置。

第二十九条 学生因病死亡和责任不由学校承担的意外死亡，学校不承担丧葬费。如家庭确有困难者，学校可酌情予以一次性经济补助。

第三十条 因责任不在本人的意外死亡学生，由学校或有关单位参照国家关于事业职工死亡丧葬有关规定处理，负担丧葬费的全部，学校可一次性给予适当经济补助。无论何种情况（事故）给予的经济补助，一般不超过国家规定的学生在校期间（以四年计）的平均奖学金数。凡是事故责任由学校以外的其他单位、个人承担的，学校不再给予经济补助。

第三十一条 因保护国家财产和他人人身安全，见义勇为而致残或英勇牺牲的学生，学校应报请所在省、自治区、直辖市人民政府授予荣誉称号，并给予相应的待遇。

第三十二条 对事故处理不服或持有异议者，可向学校或学校外一级部门申诉，或者依法向人民法院提起民事诉讼。

第五章 附 则

第三十三条 普通高等学校研究生事故处理，参照本办法执行。

第三十四条 本暂行规定结合《普通高等学校学生管理规定》、《高等学校校园秩序管理若干规定》试行。

第三十五条 各省、自治区、直辖市教育行政部门和各高等学校可根据本暂行规定制定实施细则。

第三十六条 本暂行规定由国家教育委员会解释。

第三十七条 本暂行规定自发布之日起试行。

五、《高等学校消防安全管理规定》

（中华人民共和国教育部、中华人民共和国公安部令第28号）

第一章 总 则

第一条 为了加强和规范高等学校的消防安全管理，预防和减少火灾危害，保障师生员工生命财产和学校财产安全，根据消防法、高等教育法等法律、法规，制定本规定。

第二条 普通高等学校和成人高等学校（以下简称学校）的消防安全管理，适用本规定。

驻校内其他单位的消防安全管理，按照本规定的有关规定执行。

第三条 学校在消防安全工作中，应当遵守消防法律、法规和规章，贯彻预防为主、防消结合的方针，履行消防安全职责，保障消防安全。

第四条 学校应当落实逐级消防安全责任制和岗位消防安全责任制，明确逐级和岗位消防安全职责，确定各级、各岗位消防安全责任人。

第五条 学校应当开展消防安全教育和培训，加强消防演练，提高师生员工的消防安全意识和自救逃生技能。

第六条 学校各单位和师生员工应当依法履行保护消防设施、预防火灾、报告火警和扑救初起火灾等维护消防安全的义务。

第七条 教育行政部门依法履行对高等学校消防安全工作的管理职责，检查、指导和监督高等学校开展消防安全工作，督促高等学校建立健全并落实消防安全责任制和消防安全管理制度。

公安机关依法履行对高等学校消防安全工作的监督管理职责，加强消防监督检查，指导和监督高等学校做好消防安全工作。

第二章 消防安全责任

第八条 学校法定代表人是学校消防安全责任人，全面负责学校消防安全工作，履行下列消防安全职责：

（一）贯彻落实消防法律、法规和规章，批准实施学校消防安全责任制、学校消防安全管理制度；

（二）批准消防安全年度工作计划、年度经费预算，定期召开学校消防安全工作会议；

（三）提供消防安全经费保障和组织保障；

（四）督促开展消防安全检查和重大火灾隐患整改，及时处理涉及消防安全的重大问题；

（五）依法建立志愿消防队等多种形式的消防组织，开展群众性自防自救工作；

（六）与学校二级单位负责人签订消防安全责任书；

（七）组织制定灭火和应急疏散预案；

（八）促进消防科学研究和技术创新；

（九）法律、法规规定的其他消防安全职责。

第九条 分管学校消防安全的校领导是学校消防安全管理人，协助学校法定代表人负责消防安全工作，履行下列消防安全职责：

（一）组织制定学校消防安全管理制度，组织、实施和协调校内各单位的消防安全工作；

（二）组织制定消防安全年度工作计划；

（三）审核消防安全工作年度经费预算；

（四）组织实施消防安全检查和火灾隐患整改；

（五）督促落实消防设施、器材的维护、维修及检测，确保其完好有效，确保疏散通道、安全出口、消防车通道畅通；

（六）组织管理志愿消防队等消防组织；

（七）组织开展师生员工消防知识、技能的宣传教育和培训，组织灭火和应急疏散预案的实施和演练；

（八）协助学校消防安全责任人做好其他消防安全工作。

其他校领导在分管工作范围内对消防工作负有领导、监督、检查、教育和管理职责。

第十条 学校必须设立或者明确负责日常消防安全工作的机构（以下简称学校消防机构），配备专职消防管理人员，履行下列消防安全职责：

（一）拟订学校消防安全年度工作计划、年度经费预算，拟订学校消防安全责任制、灭火和应急疏散预案等消防安全管理制度，并报学校消防安全责任人批准后实施；

（二）监督检查校内各单位消防安全责任制的落实情况；

（三）监督检查消防设施、设备、器材的使用与管理以及消防基础设施的运转，定期组织检验、检测和维修；

（四）确定学校消防安全重点单位（部位）并监督指导其做好消防安全工作；

（五）监督检查有关单位做好易燃易爆等危险品的储存、使用和管理工作，审批校内各单位动用明火作业；

（六）开展消防安全教育培训，组织消防演练，普及消防知识，提高师生员工的消防安全意识、扑救初起火灾和自救逃生技能；

（七）定期对志愿消防队等消防组织进行消防知识和灭火技能培训；

（八）推进消防安全技术防范工作，做好技术防范人员上岗培训工作；

（九）受理驻校内其他单位在校内和学校、校内各单位新建、扩建、改建及装饰装修工程和公众聚集场所投入使用、营业前消防行政许可或者备案手续的校内备案审查工作，督促其向公安机关消防机构进行申报，协助公安机关消防机构进行建设工程消防设计审核、消防验收或者备案以及公众聚集场所投入使用、营业前消防安全检查工作；

（十）建立健全学校消防工作档案及消防安全隐患台账；

（十一）按照工作要求上报有关信息数据；

（十二）协助公安机关消防机构调查处理火灾事故，协助有关部门做好火灾事故处理及善后工作。

第十一条　学校二级单位和其他驻校单位应当履行下列消防安全职责：

（一）落实学校的消防安全管理规定，结合本单位实际制定并落实本单位的消防安全制度和消防安全操作规程；

（二）建立本单位的消防安全责任考核、奖惩制度；

（三）开展经常性的消防安全教育、培训及演练；

（四）定期进行防火检查，做好检查记录，及时消除火灾隐患；

（五）按规定配置消防设施、器材并确保其完好有效；

（六）按规定设置安全疏散指示标志和应急照明设施，并保证疏散通道、安全出口畅通；

（七）消防控制室配备消防值班人员，制定值班岗位职责，做好监督检查工作；

（八）新建、扩建、改建及装饰装修工程报学校消防机构备案；

（九）按照规定的程序与措施处置火灾事故；

（十）学校规定的其他消防安全职责。

第十二条　校内各单位主要负责人是本单位消防安全责任人，驻校内其他单位主要负责人是该单位消防安全责任人，负责本单位的消防安全工作。

第十三条　除本规定第十一条外，学生宿舍管理部门还应当履行下列安全管理职责：

（一）建立由学生参加的志愿消防组织，定期进行消防演练；

（二）加强学生宿舍用火、用电安全教育与检查；

（三）加强夜间防火巡查，发现火灾立即组织扑救和疏散学生。

第三章　消防安全管理

第十四条　学校应当将下列单位（部位）列为学校消防安全重点单位（部位）：

（一）学生宿舍、食堂（餐厅）、教学楼、校医院、体育场（馆）、会堂（会议中心）、超市（市场）、宾馆（招待所）、托儿所、幼儿园以及其他文体活动、公共娱乐等人员密集场所；

（二）学校网络、广播电台、电视台等传媒部门和驻校内邮政、通信、金融等单位；

（三）车库、油库、加油站等部位；

（四）图书馆、展览馆、档案馆、博物馆、文物古建筑；

（五）供水、供电、供气、供热等系统；

（六）易燃易爆等危险化学物品的生产、充装、储存、供应、使用部门；

（七）实验室、计算机房、电化教学中心和承担国家重点科研项目或配备有先进精密仪器设备的部位，监控中心、消防控制中心；

（八）学校保密要害部门及部位；

（九）高层建筑及地下室、半地下室；

（十）建设工程的施工现场以及有人员居住的临时性建筑；

（十一）其他发生火灾可能性较大以及一旦发生火灾可能造成重大人身伤亡或者财产损失的单位（部位）。

重点单位和重点部位的主管部门，应当按照有关法律法规和本规定履行消防安全管理职责，设置防火标志，实行严格消防安全管理。

第十五条　在学校内举办文艺、体育、集会、招生和就业咨询等大型活动和展览，主办单位应当确定专人负责消防安全工作，明确并落实消防安全职责和措施，保证消防设施和消防器材配置齐全、完好有效，保证疏散通道、安全出口、疏散指示标志、应急照明和消防车通道符合消防技术标准和管理规定，制定灭火和应急疏散预案并组织演练，并经学校消防机构对活动现场检查合格后方可举办。

依法应当报请当地人民政府有关部门审批的，经有关部门审核同意后方可举办。

第十六条　学校应当按照国家有关规定，配置消防设施和器材，设置消防安全疏散指示标志和应急照明设施，每年组织检测维修，确保消防设施和器材完好有效。

学校应当保障疏散通道、安全出口、消防车通道畅通。

第十七条　学校进行新建、改建、扩建、装修、装饰等活动，必须严格执行消防法规和国家工程建设消防技术标准，并依法办理建设工程消防设计审核、消防验收或者备案手续。学校各项工程及驻校内各单位在校内的各项工程消防设施的招标和验收，应当有学校消防机构参加。

施工单位负责施工现场的消防安全，并接受学校消防机构的监督、检查。竣工后，建筑工程的有关图纸、资料、文件等应当报学校档案机构和消防机构备案。

第十八条 地下室、半地下室和用于生产、经营、储存易燃易爆、有毒有害等危险物品场所的建筑不得用作学生宿舍。

生产、经营、储存其他物品的场所与学生宿舍等居住场所设置在同一建筑物内的，应当符合国家工程建设消防技术标准。

学生宿舍、教室和礼堂等人员密集场所，禁止违规使用大功率电器，在门窗、阳台等部位不得设置影响逃生和灭火救援的障碍物。

第十九条 利用地下空间开设公共活动场所，应当符合国家有关规定，并报学校消防机构备案。

第二十条 学校消防控制室应当配备专职值班人员，持证上岗。

消防控制室不得挪作他用。

第二十一条 学校购买、储存、使用和销毁易燃易爆等危险品，应当按照国家有关规定严格管理、规范操作，并制定应急处置预案和防范措施。

学校对管理和操作易燃易爆等危险品的人员，上岗前必须进行培训，持证上岗。

第二十二条 学校应当对动用明火实行严格的消防安全管理。禁止在具有火灾、爆炸危险的场所吸烟、使用明火；因特殊原因确需进行电、气焊等明火作业的，动火单位和人员应当向学校消防机构申办审批手续，落实现场监管人，采取相应的消防安全措施。作业人员应当遵守消防安全规定。

第二十三条 学校内出租房屋的，当事人应当签订房屋租赁合同，明确消防安全责任。出租方负责对出租房屋的消防安全管理。学校授权的管理单位应当加强监督检查。

外来务工人员的消防安全管理由校内用人单位负责。

第二十四条 发生火灾时，学校应当及时报警并立即启动应急预案，迅速扑救初起火灾，及时疏散人员。

学校应当在火灾事故发生后两个小时内向所在地教育行政主管部门报告。较大以上火灾同时报教育部。

火灾扑灭后，事故单位应当保护现场并接受事故调查，协助公安机关消防机构调查火灾原因、统计火灾损失。未经公安机关消防机构同意，任何人不得擅自清理火灾现场。

第二十五条　学校及其重点单位应当建立健全消防档案。

消防档案应当全面反映消防安全和消防安全管理情况，并根据情况变化及时更新。

第四章　消防安全检查和整改

第二十六条　学校每季度至少进行一次消防安全检查。检查的主要内容包括：

（一）消防安全宣传教育及培训情况；

（二）消防安全制度及责任制落实情况；

（三）消防安全工作档案建立健全情况；

（四）单位防火检查及每日防火巡查落实及记录情况；

（五）火灾隐患和隐患整改及防范措施落实情况；

（六）消防设施、器材配置及完好有效情况；

（七）灭火和应急疏散预案的制定和组织消防演练情况；

（八）其他需要检查的内容。

第二十七条　学校消防安全检查应当填写检查记录，检查人员、被检查单位负责人或者相关人员应当在检查记录上签名，发现火灾隐患应当及时填发《火灾隐患整改通知书》。

第二十八条　校内各单位每月至少进行一次防火检查。检查的主要内容包括：

（一）火灾隐患和隐患整改情况以及防范措施的落实情况；

（二）疏散通道、疏散指示标志、应急照明和安全出口情况；

（三）消防车通道、消防水源情况；

（四）消防设施、器材配置及有效情况；

（五）消防安全标志设置及其完好、有效情况；

（六）用火、用电有无违章情况；

（七）重点工种人员以及其他员工消防知识掌握情况；

（八）消防安全重点单位（部位）管理情况；

（九）易燃易爆危险物品和场所防火防爆措施落实情况以及其他重要物资防火安全情况；

（十）消防（控制室）值班情况和设施、设备运行、记录情况；

（十一）防火巡查落实及记录情况；

（十二）其他需要检查的内容。

防火检查应当填写检查记录。检查人员和被检查部门负责人应当在检查记录上签名。

第二十九条　校内消防安全重点单位（部位）应当进行每日防火巡查，并确定巡查的人员、内容、部位和频次。其他单位可以根据需要组织防火巡查。巡查的内容主要包括：

（一）用火、用电有无违章情况；

（二）安全出口、疏散通道是否畅通，安全疏散指示标志、应急照明是否完好；

（三）消防设施、器材和消防安全标志是否在位、完整；

（四）常闭式防火门是否处于关闭状态，防火卷帘下是否堆放物品影响使用；

（五）消防安全重点部位的人员在岗情况；

（六）其他消防安全情况。

校医院、学生宿舍、公共教室、实验室、文物古建筑等应当加强夜间防火巡查。

防火巡查人员应当及时纠正消防违章行为，妥善处置火灾隐患，无法当场处置的，应当立即报告。发现初起火灾应当立即报警、通知人员疏散、及时扑救。

防火巡查应当填写巡查记录，巡查人员及其主管人员应当在巡查记录上签名。

第三十条　对下列违反消防安全规定的行为，检查、巡查人员应当责成有关人员改正并督促落实：

（一）消防设施、器材或者消防安全标志的配置、设置不符合国家标准、行业标准，或者未保持完好有效的；

（二）损坏、挪用或者擅自拆除、停用消防设施、器材的；

（三）占用、堵塞、封闭消防通道、安全出口的；

（四）埋压、圈占、遮挡消火栓或者占用防火间距的；

（五）占用、堵塞、封闭消防车通道，妨碍消防车通行的；

（六）人员密集场所在门窗上设置影响逃生和灭火救援的障碍物的；

（七）常闭式防火门处于开启状态，防火卷帘下堆放物品影响使用的；

（八）违章进入易燃易爆危险物品生产、储存等场所的；

（九）违章使用明火作业或者在具有火灾、爆炸危险的场所吸烟、使用明火等违反禁令的；

（十）消防设施管理、值班人员和防火巡查人员脱岗的；

（十一）对火灾隐患经公安机关消防机构通知后不及时采取措施消除的；

（十二）其他违反消防安全管理规定的行为。

第三十一条　学校对教育行政主管部门和公安机关消防机构、公安派出所指出的各类火灾隐患，应当及时予以核查、消除。

对公安机关消防机构、公安派出所责令限期改正的火灾隐患，学校应当在规定的期限内整改。

第三十二条 对不能及时消除的火灾隐患，隐患单位应当及时向学校及相关单位的消防安全责任人或者消防安全工作主管领导报告，提出整改方案，确定整改措施、期限以及负责整改的部门、人员，并落实整改资金。

火灾隐患尚未消除的，隐患单位应当落实防范措施，保障消防安全。对于随时可能引发火灾或者一旦发生火灾将严重危及人身安全的，应当将危险部位停止使用或停业整改。

第三十三条 对于涉及城市规划布局等学校无力解决的重大火灾隐患，学校应当及时向其上级主管部门或者当地人民政府报告。

第三十四条 火灾隐患整改完毕，整改单位应当将整改情况记录报送相应的消防安全工作责任人或者消防安全工作主管领导签字确认后存档备查。

第五章 消防安全教育和培训

第三十五条 学校应当将师生员工的消防安全教育和培训纳入学校消防安全年度工作计划。

消防安全教育和培训的主要内容包括：

（一）国家消防工作方针、政策，消防法律、法规；

（二）本单位、本岗位的火灾危险性，火灾预防知识和措施；

（三）有关消防设施的性能、灭火器材的使用方法；

（四）报火警、扑救初起火灾和自救互救技能；

（五）组织、引导在场人员疏散的方法。

第三十六条 学校应当采取下列措施对学生进行消防安全教育，使其了解防火、灭火知识，掌握报警、扑救初起火灾和自救、逃生方法。

（一）开展学生自救、逃生等防火安全常识的模拟演练，每学年至少组织一次学生消防演练；

（二）根据消防安全教育的需要，将消防安全知识纳入教学和培训内容；

（三）对每届新生进行不低于4学时的消防安全教育和培训；

（四）对进入实验室的学生进行必要的安全技能和操作规程培训；

（五）每学年至少举办一次消防安全专题讲座，并在校园网络、广播、校内报刊开设消防安全教育栏目。

第三十七条 学校二级单位应当组织新上岗和进入新岗位的员工进行上岗前的消防安全培训。

消防安全重点单位（部位）对员工每年至少进行一次消防安全培训。

第三十八条 下列人员应当依法接受消防安全培训：

（一）学校及各二级单位的消防安全责任人、消防安全管理人；

（二）专职消防管理人员、学生宿舍管理人员；

（三）消防控制室的值班、操作人员；

（四）其他依照规定应当接受消防安全培训的人员。

前款规定中的第（三）项人员必须持证上岗。

第六章　灭火、应急疏散预案和演练

第三十九条　学校、二级单位、消防安全重点单位（部位）应当制定相应的灭火和应急疏散预案，建立应急反应和处置机制，为火灾扑救和应急救援工作提供人员、装备等保障。

灭火和应急疏散预案应当包括以下内容：

（一）组织机构：指挥协调组、灭火行动组、通讯联络组、疏散引导组、安全防护救护组；

（二）报警和接警处置程序；

（三）应急疏散的组织程序和措施；

（四）扑救初起火灾的程序和措施；

（五）通讯联络、安全防护救护的程序和措施；

（六）其他需要明确的内容。

第四十条　学校实验室应当有针对性地制定突发事件应急处置预案，并将应急处置预案涉及的生物、化学及易燃易爆物品的种类、性质、数量、危险性和应对措施及处置药品的名称、产地和储备等内容报学校消防机构备案。

第四十一条　校内消防安全重点单位应当按照灭火和应急疏散预案每半年至少组织一次消防演练，并结合实际，不断完善预案。

消防演练应当设置明显标识并事先告知演练范围内的人员，避免意外事故发生。

第七章　消防经费

第四十二条　学校应当将消防经费纳入学校年度经费预算，保证消防经费投入，保障消防工作的需要。

第四十三条　学校日常消防经费用于校内灭火器材的配置、维修、更新，灭火和应急疏散预案的备用设施、材料，以及消防宣传教育、培训等，保证学校消防工作正常开展。

第四十四条　学校安排专项经费，用于解决火灾隐患，维修、检测、改造消防专用给水管网、消防专用供水系统、灭火系统、自动报警系统、防排烟系统、消防通信系统、消防监控系统等消防设施。

第四十五条 消防经费使用坚持专款专用、统筹兼顾、保证重点、勤俭节约的原则。

任何单位和个人不得挤占、挪用消防经费。

第八章 奖 惩

第四十六条 学校应当将消防安全工作纳入校内评估考核内容，对在消防安全工作中成绩突出的单位和个人给予表彰奖励。

第四十七条 对未依法履行消防安全职责、违反消防安全管理制度或者擅自挪用、损坏、破坏消防器材、设施等违反消防安全管理规定的，学校应当责令其限期整改，给予通报批评；对直接负责的主管人员和其他直接责任人员根据情节轻重给予警告等相应的处分。

前款涉及民事损失、损害的，有关责任单位和责任人应当依法承担民事责任。

第四十八条 学校违反消防安全管理规定或者发生重特大火灾的，除依据消防法的规定进行处罚外，教育行政部门应当取消其当年评优资格，并按照国家有关规定对有关主管人员和责任人员依法予以处分。

第九章 附 则

第四十九条 学校应当依据本规定，结合本校实际，制定本校消防安全管理办法。

高等学校以外的其他高等教育机构的消防安全管理，参照本规定执行。

第五十条 本规定所称学校二级单位，包括学院、系、处、所、中心等。

第五十一条 本规定自 2010 年 1 月 1 日起施行。

六、《中华人民共和国国家安全法》

(2015 年 7 月 1 日第十二届全国人民代表大会
常务委员会第十五次会议通过)

第一章 总 则

第一条 为了维护国家安全，保卫人民民主专政的政权和中国特色社会主义制度，保护人民的根本利益，保障改革开放和社会主义现代化建设的顺利进行，实现中华民族伟大复兴，根据宪法，制定本法。

第二条 国家安全是指国家政权、主权、统一和领土完整、人民福祉、经济社会可持续发展和国家其他重大利益相对处于没有危险和不受内外威胁的状态，以及保障持续安全状态的能力。

第三条　国家安全工作应当坚持总体国家安全观，以人民安全为宗旨，以政治安全为根本，以经济安全为基础，以军事、文化、社会安全为保障，以促进国际安全为依托，维护各领域国家安全，构建国家安全体系，走中国特色国家安全道路。

第四条　坚持中国共产党对国家安全工作的领导，建立集中统一、高效权威的国家安全领导体制。

第五条　中央国家安全领导机构负责国家安全工作的决策和议事协调，研究制定、指导实施国家安全战略和有关重大方针政策，统筹协调国家安全重大事项和重要工作，推动国家安全法治建设。

第六条　国家制定并不断完善国家安全战略，全面评估国际、国内安全形势，明确国家安全战略的指导方针、中长期目标、重点领域的国家安全政策、工作任务和措施。

第七条　维护国家安全，应当遵守宪法和法律，坚持社会主义法治原则，尊重和保障人权，依法保护公民的权利和自由。

第八条　维护国家安全，应当与经济社会发展相协调。

国家安全工作应当统筹内部安全和外部安全、国土安全和国民安全、传统安全和非传统安全、自身安全和共同安全。

第九条　维护国家安全，应当坚持预防为主、标本兼治，专门工作与群众路线相结合，充分发挥专门机关和其他有关机关维护国家安全的职能作用，广泛动员公民和组织，防范、制止和依法惩治危害国家安全的行为。

第十条　维护国家安全，应当坚持互信、互利、平等、协作，积极同外国政府和国际组织开展安全交流合作，履行国际安全义务，促进共同安全，维护世界和平。

第十一条　中华人民共和国公民、一切国家机关和武装力量、各政党和各人民团体、企业事业组织和其他社会组织，都有维护国家安全的责任和义务。

中国的主权和领土完整不容侵犯和分割。维护国家主权、统一和领土完整是包括港澳同胞和台湾同胞在内的全中国人民的共同义务。

第十二条　国家对在维护国家安全工作中作出突出贡献的个人和组织给予表彰和奖励。

第十三条　国家机关工作人员在国家安全工作和涉及国家安全活动中，滥用职权、玩忽职守、徇私舞弊的，依法追究法律责任。

任何个人和组织违反本法和有关法律，不履行维护国家安全义务或者从事危害国家安全活动的，依法追究法律责任。

第十四条　每年4月15日为全民国家安全教育日。

第二章　维护国家安全的任务

第十五条　国家坚持中国共产党的领导，维护中国特色社会主义制度，发展社会主义民主政治，健全社会主义法治，强化权力运行制约和监督机制，保障人民当家作主的各项权利。

国家防范、制止和依法惩治任何叛国、分裂国家、煽动叛乱、颠覆或者煽动颠覆人民民主专政政权的行为；防范、制止和依法惩治窃取、泄露国家秘密等危害国家安全的行为；防范、制止和依法惩治境外势力的渗透、破坏、颠覆、分裂活动。

第十六条　国家维护和发展最广大人民的根本利益，保卫人民安全，创造良好生存发展条件和安定工作生活环境，保障公民的生命财产安全和其他合法权益。

第十七条　国家加强边防、海防和空防建设，采取一切必要的防卫和管控措施，保卫领陆、内水、领海和领空安全，维护国家领土主权和海洋权益。

第十八条　国家加强武装力量革命化、现代化、正规化建设，建设与保卫国家安全和发展利益需要相适应的武装力量；实施积极防御军事战略方针，防备和抵御侵略，制止武装颠覆和分裂；开展国际军事安全合作，实施联合国维和、国际救援、海上护航和维护国家海外利益的军事行动，维护国家主权、安全、领土完整、发展利益和世界和平。

第十九条　国家维护国家基本经济制度和社会主义市场经济秩序，健全预防和化解经济安全风险的制度机制，保障关系国民经济命脉的重要行业和关键领域、重点产业、重大基础设施和重大建设项目以及其他重大经济利益安全。

第二十条　国家健全金融宏观审慎管理和金融风险防范、处置机制，加强金融基础设施和基础能力建设，防范和化解系统性、区域性金融风险，防范和抵御外部金融风险的冲击。

第二十一条　国家合理利用和保护资源能源，有效管控战略资源能源的开发，加强战略资源能源储备，完善资源能源运输战略通道建设和安全保护措施，加强国际资源能源合作，全面提升应急保障能力，保障经济社会发展所需的资源能源持续、可靠和有效供给。

第二十二条　国家健全粮食安全保障体系，保护和提高粮食综合生产能力，完善粮食储备制度、流通体系和市场调控机制，健全粮食安全预警制度，保障粮食供给和质量安全。

第二十三条　国家坚持社会主义先进文化前进方向，继承和弘扬中华民族优秀传统文化，培育和践行社会主义核心价值观，防范和抵制不良文化的影响，掌握意识形态领域主导权，增强文化整体实力和竞争力。

第二十四条　国家加强自主创新能力建设，加快发展自主可控的战略高新技术和重要领域核心关键技术，加强知识产权的运用、保护和科技保密能力建设，保障重大技术和工程的安全。

第二十五条　国家建设网络与信息安全保障体系，提升网络与信息安全保护能力，加强网络和信息技术的创新研究和开发应用，实现网络和信息核心技术、关键基础设施和重要领域信息系统及数据的安全可控；加强网络管理，防范、制止和依法惩治网络攻击、网络入侵、网络窃密、散布违法有害信息等网络违法犯罪行为，维护国家网络空间主权、安全和发展利益。

第二十六条　国家坚持和完善民族区域自治制度，巩固和发展平等团结互助和谐的社会主义民族关系。坚持各民族一律平等，加强民族交往、交流、交融，防范、制止和依法惩治民族分裂活动，维护国家统一、民族团结和社会和谐，实现各民族共同团结奋斗、共同繁荣发展。

第二十七条　国家依法保护公民宗教信仰自由和正常宗教活动，坚持宗教独立自主自办的原则，防范、制止和依法惩治利用宗教名义进行危害国家安全的违法犯罪活动，反对境外势力干涉境内宗教事务，维护正常宗教活动秩序。

国家依法取缔邪教组织，防范、制止和依法惩治邪教违法犯罪活动。

第二十八条　国家反对一切形式的恐怖主义和极端主义，加强防范和处置恐怖主义的能力建设，依法开展情报、调查、防范、处置以及资金监管等工作，依法取缔恐怖活动组织和严厉惩治暴力恐怖活动。

第二十九条　国家健全有效预防和化解社会矛盾的体制机制，健全公共安全体系，积极预防、减少和化解社会矛盾，妥善处置公共卫生、社会安全等影响国家安全和社会稳定的突发事件，促进社会和谐，维护公共安全和社会安定。

第三十条　国家完善生态环境保护制度体系，加大生态建设和环境保护力度，划定生态保护红线，强化生态风险的预警和防控，妥善处置突发环境事件，保障人民赖以生存发展的大气、水、土壤等自然环境和条件不受威胁和破坏，促进人与自然和谐发展。

第三十一条　国家坚持和平利用核能和核技术，加强国际合作，防止核扩散，完善防扩散机制，加强对核设施、核材料、核活动和核废料处置的安全管理、监管和保护，加强核事故应急体系和应急能力建设，防止、控制和消除核事故对公民生命健康和生态环境的危害，不断增强有效应对和防范核威胁、核攻击的能力。

第三十二条　国家坚持和平探索和利用外层空间、国际海底区域和极地，增强安全进出、科学考察、开发利用的能力，加强国际合作，维护我国在外层空间、国际海底区域和极地的活动、资产和其他利益的安全。

第三十三条　国家依法采取必要措施，保护海外中国公民、组织和机构的安全和正当权益，保护国家的海外利益不受威胁和侵害。

第三十四条　国家根据经济社会发展和国家发展利益的需要，不断完善维护国家安全的任务。

第三章　维护国家安全的职责

第三十五条　全国人民代表大会依照宪法规定，决定战争和和平的问题，行使宪法规定的涉及国家安全的其他职权。

全国人民代表大会常务委员会依照宪法规定，决定战争状态的宣布，决定全国总动员或者局部动员，决定全国或者个别省、自治区、直辖市进入紧急状态，行使宪法规定的和全国人民代表大会授予的涉及国家安全的其他职权。

第三十六条　中华人民共和国主席根据全国人民代表大会的决定和全国人民代表大会常务委员会的决定，宣布进入紧急状态，宣布战争状态，发布动员令，行使宪法规定的涉及国家安全的其他职权。

第三十七条　国务院根据宪法和法律，制定涉及国家安全的行政法规，规定有关行政措施，发布有关决定和命令；实施国家安全法律法规和政策；依照法律规定决定省、自治区、直辖市的范围内部分地区进入紧急状态；行使宪法法律规定的和全国人民代表大会及其常务委员会授予的涉及国家安全的其他职权。

第三十八条　中央军事委员会领导全国武装力量，决定军事战略和武装力量的作战方针，统一指挥维护国家安全的军事行动，制定涉及国家安全的军事法规，发布有关决定和命令。

第三十九条　中央国家机关各部门按照职责分工，贯彻执行国家安全方针政策和法律法规，管理指导本系统、本领域国家安全工作。

第四十条　地方各级人民代表大会和县级以上地方各级人民代表大会常务委员会在本行政区域内，保证国家安全法律法规的遵守和执行。

地方各级人民政府依照法律法规规定管理本行政区域内的国家安全工作。

香港特别行政区、澳门特别行政区应当履行维护国家安全的责任。

第四十一条　人民法院依照法律规定行使审判权，人民检察院依照法律规定行使检察权，惩治危害国家安全的犯罪。

第四十二条　国家安全机关、公安机关依法搜集涉及国家安全的情报信息，在国家安全工作中依法行使侦查、拘留、预审和执行逮捕以及法律规定的其他职权。

有关军事机关在国家安全工作中依法行使相关职权。

第四十三条　国家机关及其工作人员在履行职责时，应当贯彻维护国家安全的原则。

国家机关及其工作人员在国家安全工作和涉及国家安全活动中，应当严格依法履行职责，不得超越职权、滥用职权，不得侵犯个人和组织的合法权益。

第四章　国家安全制度

第一节　一般规定

第四十四条　中央国家安全领导机构实行统分结合、协调高效的国家安全制度与工作机制。

第四十五条　国家建立国家安全重点领域工作协调机制，统筹协调中央有关职能部门推进相关工作。

第四十六条　国家建立国家安全工作督促检查和责任追究机制，确保国家安全战略和重大部署贯彻落实。

第四十七条　各部门、各地区应当采取有效措施，贯彻实施国家安全战略。

第四十八条　国家根据维护国家安全工作需要，建立跨部门会商工作机制，就维护国家安全工作的重大事项进行会商研判，提出意见和建议。

第四十九条　国家建立中央与地方之间、部门之间、军地之间以及地区之间关于国家安全的协同联动机制。

第五十条　国家建立国家安全决策咨询机制，组织专家和有关方面开展对国家安全形势的分析研判，推进国家安全的科学决策。

第二节　情报信息

第五十一条　国家健全统一归口、反应灵敏、准确高效、运转顺畅的情报信息收集、研判和使用制度，建立情报信息工作协调机制，实现情报信息的及时收集、准确研判、有效使用和共享。

第五十二条　国家安全机关、公安机关、有关军事机关根据职责分工，依法搜集涉及国家安全的情报信息。

国家机关各部门在履行职责过程中，对于获取的涉及国家安全的有关信息应当及时上报。

第五十三条　开展情报信息工作，应当充分运用现代科学技术手段，加强对情报信息的鉴别、筛选、综合和研判分析。

第五十四条　情报信息的报送应当及时、准确、客观，不得迟报、漏报、瞒报和谎报。

第三节　风险预防、评估和预警

第五十五条　国家制定完善应对各领域国家安全风险预案。

第五十六条　国家建立国家安全风险评估机制，定期开展各领域国家安全风险调查评估。

有关部门应当定期向中央国家安全领导机构提交国家安全风险评估报告。

第五十七条　国家健全国家安全风险监测预警制度，根据国家安全风险程度，及时发布相应风险预警。

第五十八条　对可能即将发生或者已经发生的危害国家安全的事件，县级以上地方人民政府及其有关主管部门应当立即按照规定向上一级人民政府及其有关主管部门报告，必要时可以越级上报。

第四节　审查监管

第五十九条　国家建立国家安全审查和监管的制度和机制，对影响或者可能影响国家安全的外商投资、特定物项和关键技术、网络信息技术产品和服务、涉及国家安全事项的建设项目，以及其他重大事项和活动，进行国家安全审查，有效预防和化解国家安全风险。

第六十条　中央国家机关各部门依照法律、行政法规行使国家安全审查职责，依法作出国家安全审查决定或者提出安全审查意见并监督执行。

第六十一条　省、自治区、直辖市依法负责本行政区域内有关国家安全审查和监管工作。

第五节　危机管控

第六十二条　国家建立统一领导、协同联动、有序高效的国家安全危机管控制度。

第六十三条　发生危及国家安全的重大事件，中央有关部门和有关地方根据中央国家安全领导机构的统一部署，依法启动应急预案，采取管控处置措施。

第六十四条　发生危及国家安全的特别重大事件，需要进入紧急状态、战争状态或者进行全国总动员、局部动员的，由全国人民代表大会、全国人民代表大会常务委员会或者国务院依照宪法和有关法律规定的权限和程序决定。

第六十五条　国家决定进入紧急状态、战争状态或者实施国防动员后，履行国家安全危机管控职责的有关机关依照法律规定或者全国人民代表大会常务委员会规定，有权采取限制公民和组织权利、增加公民和组织义务的特别措施。

第六十六条　履行国家安全危机管控职责的有关机关依法采取处置国家安全危机的管控措施，应当与国家安全危机可能造成的危害的性质、程度和范围相适应；有多种措施可供选择的，应当选择有利于最大程度保护公民、组织权益的措施。

第六十七条　国家健全国家安全危机的信息报告和发布机制。

国家安全危机事件发生后，履行国家安全危机管控职责的有关机关，应当按照规定准确、及时报告，并依法将有关国家安全危机事件发生、发展、管控处置及善后情况统一向社会发布。

第六十八条　国家安全威胁和危害得到控制或者消除后，应当及时解除管控处置措施，做好善后工作。

第五章　国家安全保障

第六十九条　国家健全国家安全保障体系，增强维护国家安全的能力。

第七十条　国家健全国家安全法律制度体系，推动国家安全法治建设。

第七十一条　国家加大对国家安全各项建设的投入，保障国家安全工作所需经费和装备。

第七十二条　承担国家安全战略物资储备任务的单位，应当按照国家有关规定和标准对国家安全物资进行收储、保管和维护，定期调整更换，保证储备物资的使用效能和安全。

第七十三条　鼓励国家安全领域科技创新，发挥科技在维护国家安全中的作用。

第七十四条　国家采取必要措施，招录、培养和管理国家安全工作专门人才和特殊人才。

根据维护国家安全工作的需要，国家依法保护有关机关专门从事国家安全工作人员的身份和合法权益，加大人身保护和安置保障力度。

第七十五条　国家安全机关、公安机关、有关军事机关开展国家安全专门工作，可以依法采取必要手段和方式，有关部门和地方应当在职责范围内提供支持和配合。

第七十六条　国家加强国家安全新闻宣传和舆论引导，通过多种形式开展国家安全宣传教育活动，将国家安全教育纳入国民教育体系和公务员教育培训体系，增强全民国家安全意识。

第六章　公民、组织的义务和权利

第七十七条　公民和组织应当履行下列维护国家安全的义务：
（一）遵守宪法、法律法规关于国家安全的有关规定；
（二）及时报告危害国家安全活动的线索；
（三）如实提供所知悉的涉及危害国家安全活动的证据；
（四）为国家安全工作提供便利条件或者其他协助；
（五）向国家安全机关、公安机关和有关军事机关提供必要的支持和协助；
（六）保守所知悉的国家秘密；
（七）法律、行政法规规定的其他义务。

任何个人和组织不得有危害国家安全的行为，不得向危害国家安全的个人或者组织提供任何资助或者协助。

第七十八条　机关、人民团体、企业事业组织和其他社会组织应当对本单位的人员进行维护国家安全的教育，动员、组织本单位的人员防范、制止危害国家安全的行为。

第七十九条　企业事业组织根据国家安全工作的要求，应当配合有关部门采取相关安全措施。

第八十条　公民和组织支持、协助国家安全工作的行为受法律保护。

因支持、协助国家安全工作，本人或者其近亲属的人身安全面临危险的，可以向公安机关、国家安全机关请求予以保护。公安机关、国家安全机关应当会同有关部门依法采取保护措施。

第八十一条　公民和组织因支持、协助国家安全工作导致财产损失的，按照国家有关规定给予补偿；造成人身伤害或者死亡的，按照国家有关规定给予抚恤优待。

第八十二条　公民和组织对国家安全工作有向国家机关提出批评建议的权利，对国家机关及其工作人员在国家安全工作中的违法失职行为有提出申诉、控告和检举的权利。

第八十三条　在国家安全工作中，需要采取限制公民权利和自由的特别措施时，应当依法进行，并以维护国家安全的实际需要为限度。

第七章　附　则

第八十四条　本法自公布之日起施行。

七、《中华人民共和国职业教育法》

（1996年5月15日第八届全国人民代表大会
常务委员会第十九次会议通过）

第一章　总　则

第一条　为了实施科教兴国战略，发展职业教育，提高劳动者素质，促进社会主义现代化建设，根据教育法和劳动法，制定本法。

第二条　本法适用于各级各类职业学校教育和各种形式的职业培训。国家机关实施的对国家机关工作人员的专门培训由法律、行政法规另行规定。

第三条　职业教育是国家教育事业的重要组成部分，是促进经济、社会发展和劳动就业的重要途径。

国家发展职业教育，推进职业教育改革，提高职业教育质量，建立、健全适应社会主义市场经济和社会进步需要的职业教育制度。

第四条　实施职业教育必须贯彻国家教育方针，对受教育者进行思想政治教育和职业道德教育，传授职业知识，培养职业技能，进行职业指导，全面提高受教育者的素质。

第五条　公民有依法接受职业教育的权利。

第六条　各级人民政府应当将发展职业教育纳入国民经济和社会发展规划。

行业组织和企业、事业组织应当依法履行实施职业教育的义务。

第七条　国家采取措施，发展农村职业教育，扶持少数民族地区、边远贫困地区职业教育的发展。

国家采取措施，帮助妇女接受职业教育，组织失业人员接受各种形式的职业教育，扶持残疾人职业教育的发展。

第八条　实施职业教育应当根据实际需要，同国家制定的职业分类和职业等级标准相适应，实行学历证书、培训证书和职业资格证书制度。

国家实行劳动者在就业前或者上岗前接受必要的职业教育的制度。

第九条　国家鼓励并组织职业教育的科学研究。

第十条　国家对在职业教育中作出显著成绩的单位和个人给予奖励。

第十一条　国务院教育行政部门负责职业教育工作的统筹规划、综合协调、宏观管理。

国务院教育行政部门、劳动行政部门和其他有关部门在国务院规定的职责范围内，分别负责有关的职业教育工作。

县级以上地方各级人民政府应当加强对本行政区域内职业教育工作的领导、统筹协调和督导评估。

第二章　职业教育体系

第十二条　国家根据不同地区的经济发展水平和教育普及程度，实施以初中后为重点的不同阶段的教育分流，建立、健全职业学校教育与职业培训并举，并与其他教育相互沟通、协调发展的职业教育体系。

第十三条　职业学校教育分为初等、中等、高等职业学校教育。

初等、中等职业学校教育分别由初等、中等职业学校实施；高等职业学校教育根据需要和条件由高等职业学校实施，或者由普通高等学校实施。其他学校按照教育行政部门的统筹规划，可以实施同层次的职业学校教育。

第十四条　职业培训包括从业前培训、转业培训、学徒培训、在岗培训、转岗培训及其他职业性培训，可以根据实际情况分为初级、中级、高级职业培训。

职业培训分别由相应的职业培训机构、职业学校实施。

其他学校或者教育机构可以根据办学能力，开展面向社会的、多种形式的职业培训。

第十五条　残疾人职业教育除由残疾人教育机构实施外，各级各类职业学校和职业培训机构及其他教育机构应当按照国家有关规定接纳残疾学生。

第十六条　普通中学可以因地制宜地开设职业教育的课程，或者根据实际需要适当增加职业教育的教学内容。

第三章　职业教育的实施

第十七条　县级以上地方各级人民政府应当举办发挥骨干和示范作用的职业学校、职业培训机构，对农村、企业、事业组织、社会团体、其他社会组织及公民个人依法举办的职业学校和职业培训机构给予指导和扶持。

第十八条　县级人民政府应当适应农村经济、科学技术、教育统筹发展的需要，举办多种形式的职业教育，开展实用技术的培训，促进农村职业教育的发展。

第十九条　政府主管部门、行业组织应当举办或者联合举办职业学校、职业培训机构，组织、协调、指导本行业的企业、事业组织举办职业学校、职业培训机构。

国家鼓励运用现代化教学手段，发展职业教育。

第二十条　企业应当根据本单位的实际，有计划地对本单位的职工和准备录用的人员实施职业教育。

企业可以单独举办或者联合举办职业学校、职业培训机构，也可以委托学校、职业培训机构对本单位的职工和准备录用的人员实施职业教育。

从事技术工种的职工，上岗前必须经过培训；从事特种作业的职工必须经过培训，并取得特种作业资格。

第二十一条　国家鼓励事业组织、社会团体、其他社会组织及公民个人按照国家有关规定举办职业学校、职业培训机构。

境外的组织和个人在中国境内举办职业学校、职业培训机构的办法，由国务院规定。

第二十二条　联合举办职业学校、职业培训机构，举办者应当签订联合办学合同。

政府主管部门、行业组织、企业、事业组织委托学校、职业培训机构实施职业教育的，应当签订委托合同。

第二十三条　职业学校、职业培训机构实施职业教育应当实行产教结合，为本地区经济建设服务，与企业密切联系，培养实用人才和熟练劳动者。

职业学校、职业培训机构可以举办与职业教育有关的企业或者实习场所。

第二十四条　职业学校的设立，必须符合下列基本条件：

（一）有组织机构和章程；

（二）有合格的教师；

(二) 有符合规定标准的教学场所、与职业教育相适应的设施、设备；

(四) 有必备的办学资金和稳定的经费来源。

职业培训机构的设立，必须符合下列基本条件：

(一) 有组织机构和管理制度；

(二) 有与培训任务相适应的教师和管理人员；

(三) 有与进行培训相适应的场所、设施、设备；

(四) 有相应的经费。

职业学校和职业培训机构的设立、变更和终止，应当按照国家有关规定执行。

第二十五条　接受职业学校教育的学生，经学校考核合格，按照国家有关规定，发给学历证书。接受职业培训的学生，经培训的职业学校或者职业培训机构考核合格，按照国家有关规定，发给培训证书。

学历证书、培训证书按照国家有关规定，作为职业学校、职业培训机构的毕业生、结业生从业的凭证。

第四章　职业教育的保障条件

第二十六条　国家鼓励通过多种渠道依法筹集发展职业教育的资金。

第二十七条　省、自治区、直辖市人民政府应当制定本地区职业学校学生人数平均经费标准；国务院有关部门应当会同国务院财政部门制定本部门职业学校学生人数平均经费标准。职业学校举办者应当按照学生人数平均经费标准足额拨付职业教育经费。

各级人民政府、国务院有关部门用于举办职业学校和职业培训机构的财政性经费应当逐步增长。

任何组织和个人不得挪用、克扣职业教育的经费。

第二十八条　企业应当承担对本单位的职工和准备录用的人员进行职业教育的费用，具体办法由国务院有关部门会同国务院财政部门或者由省、自治区、直辖市人民政府依法规定。

第二十九条　企业未按本法第二十条的规定实施职业教育的，县级以上地方人民政府应当责令改正；拒不改正的，可以收取企业应当承担的职业教育经费，用于本地区的职业教育。

第三十条　省、自治区、直辖市人民政府按照教育法的有关规定决定开征的用于教育的地方附加费，可以专项或者安排一定比例用于职业教育。

第三十一条　各级人民政府可以将农村科学技术开发、技术推广的经费，适当用于农村职业培训。

第三十二条　职业学校、职业培训机构可以对接受中等、高等职业学校教育和职业培训的学生适当收取学费，对经济困难的学生和残疾学生应当酌情减免。收费办法由省、自治区、直辖市人民政府规定。

国家支持企业、事业组织、社会团体、其他社会组织及公民个人按照国家有关规定设立职业教育奖学金、贷学金，奖励学习成绩优秀的学生或者资助经济困难的学生。

第三十三条　职业学校、职业培训机构举办企业和从事社会服务的收入应当主要用于发展职业教育。

第三十四条　国家鼓励金融机构运用信贷手段，扶持发展职业教育。

第三十五条　国家鼓励企业、事业组织、社会团体、其他社会组织及公民个人对职业教育捐资助学，鼓励境外的组织和个人对职业教育提供资助和捐赠。提供的资助和捐赠，必须用于职业教育。

第三十六条　县级以上各级人民政府和有关部门应当将职业教育教师的培养和培训工作纳入教师队伍建设规划，保证职业教育教师队伍适应职业教育发展的需要。

职业学校和职业培训机构可以聘请专业技术人员、有特殊技能的人员和其他教育机构的教师担任兼职教师。有关部门和单位应当提供方便。

第三十七条　国务院有关部门、县级以上地方各级人民政府以及举办职业学校、职业培训机构的组织、公民个人，应当加强职业教育生产实习基地的建设。

企业、事业组织应当接纳职业学校和职业培训机构的学生和教师实习；对上岗实习的，应当给予适当的劳动报酬。

第三十八条　县级以上各级人民政府和有关部门应当建立、健全职业教育服务体系，加强职业教育教材的编辑、出版和发行工作。

第五章　附　则

第三十九条　在职业教育活动中违反教育法规定的，应当依照教育法的有关规定给予处罚。

第四十条　本法自 1996 年 9 月 1 日起施行。

八、《中华人民共和国安全生产法》

《全国人民代表大会常务委员会关于修改〈中华人民共和国安全生产法〉的决定》已由中华人民共和国第十二届全国人民代表大会常务委员会第十次会议于 2014 年 8 月 31 日通过，现予公布，自 2014 年 12 月 1 日起施行。

第一章　总　则

第一条　为了加强安全生产工作，防止和减少生产安全事故，保障人民群众生命和财产安全，促进经济社会持续健康发展，制定本法。

第二条　在中华人民共和国领域内从事生产经营活动的单位（以下统称生产经营单位）的安全生产，适用本法；有关法律、行政法规对消防安全和道路交通安全、铁路交通安全、水上交通安全、民用航空安全以及核与辐射安全、特种设备安全另有规定的，适用其规定。

第三条　安全生产工作应当以人为本，坚持安全发展，坚持安全第一、预防为主、综合治理的方针，强化和落实生产经营单位的主体责任，建立生产经营单位负责、职工参与、政府监督、行业自律和社会监督的机制。

第四条　生产经营单位必须遵守本法和其他有关安全生产的法律、法规，加强安全生产管理，建立、健全安全生产责任制和安全生产规章制度，改善安全生产条件，推进安全生产标准化建设，提高安全生产水平，确保安全生产。

第五条　生产经营单位的主要负责人对本单位的安全生产工作全面负责。

第六条　生产经营单位的从业人员有依法获得安全生产保障的权利，并应当依法履行安全生产方面的义务。

第七条　工会依法对安全生产工作进行监督。

生产经营单位的工会依法组织职工参加本单位安全生产工作的民主管理和民主监督，维护职工在安全生产方面的合法权益。生产经营单位制定或者修改有关安全生产的规章制度，应当听取工会的意见。

第八条　国务院和县级以上地方各级人民政府应当根据国民经济和社会发展规划制定安全生产规划，并组织实施。安全生产规划应当与城乡规划相衔接。

国务院和县级以上地方各级人民政府应当加强对安全生产工作的领导，支持、督促各有关部门依法履行安全生产监督管理职责，建立健全安全生产工作协调机制，及时协调、解决安全生产监督管理中存在的重大问题。

乡、镇人民政府以及街道办事处、开发区管理机构等地方人民政府的派出机关应当按照职责，加强对本行政区域内生产经营单位安全生产状况的监督检查，协助上级人民政府有关部门依法履行安全生产监督管理职责。

第九条　国务院安全生产监督管理部门依照本法，对全国安全生产工作实施综合监督管理；县级以上地方各级人民政府安全生产监督管理部门依照本法，对本行政区域内安全生产工作实施综合监督管理。

国务院有关部门依照本法和其他有关法律、行政法规的规定，在各自的职责范围内对有关行业、领域的安全生产工作实施监督管理；县级以上地方各级人民政府有关部门依照本法和其他有关法律、法规的规定，在各自的职责范围内对有关行业、领域的安全生产工作实施监督管理。

安全生产监督管理部门和对有关行业、领域的安全生产工作实施监督管理的部门，统称负有安全生产监督管理职责的部门。

第十条 国务院有关部门应当按照保障安全生产的要求，依法及时制定有关的国家标准或者行业标准，并根据科技进步和经济发展适时修订。

生产经营单位必须执行依法制定的保障安全生产的国家标准或者行业标准。

第十一条 各级人民政府及其有关部门应当采取多种形式，加强对有关安全生产的法律、法规和安全生产知识的宣传，增强全社会的安全生产意识。

第十二条 有关协会组织依照法律、行政法规和章程，为生产经营单位提供安全生产方面的信息、培训等服务，发挥自律作用，促进生产经营单位加强安全生产管理。

第十三条 依法设立的为安全生产提供技术、管理服务的机构，依照法律、行政法规和执业准则，接受生产经营单位的委托为其安全生产工作提供技术、管理服务。

生产经营单位委托前款规定的机构提供安全生产技术、管理服务的，保证安全生产的责任仍由本单位负责。

第十四条 国家实行生产安全事故责任追究制度，依照本法和有关法律、法规的规定，追究生产安全事故责任人员的法律责任。

第十五条 国家鼓励和支持安全生产科学技术研究和安全生产先进技术的推广应用，提高安全生产水平。

第十六条 国家对在改善安全生产条件、防止生产安全事故、参加抢险救护等方面取得显著成绩的单位和个人，给予奖励。

第二章 生产经营单位的安全生产保障

第十七条 生产经营单位应当具备本法和有关法律、行政法规和国家标准或者行业标准规定的安全生产条件；不具备安全生产条件的，不得从事生产经营活动。

第十八条 生产经营单位的主要负责人对本单位安全生产工作负有下列职责：

（一）建立、健全本单位安全生产责任制；

（二）组织制定本单位安全生产规章制度和操作规程；

（三）组织制定并实施本单位安全生产教育和培训计划；

（四）保证本单位安全生产投入的有效实施；

（五）督促、检查本单位的安全生产工作，及时消除生产安全事故隐患；

（六）组织制定并实施本单位的生产安全事故应急救援预案；

（七）及时、如实报告生产安全事故。

第十九条 生产经营单位的安全生产责任制应当明确各岗位的责任人员、责任范围和考核标准等内容。

生产经营单位应当建立相应的机制，加强对安全生产责任制落实情况的监督考核，保证安全生产责任制的落实。

第二十条　生产经营单位应当具备的安全生产条件所必需的资金投入，由生产经营单位的决策机构、主要负责人或者个人经营的投资人予以保证，并对由于安全生产所必需的资金投入不足导致的后果承担责任。

有关生产经营单位应当按照规定提取和使用安全生产费用，专门用于改善安全生产条件。安全生产费用在成本中据实列支。安全生产费用提取、使用和监督管理的具体办法由国务院财政部门会同国务院安全生产监督管理部门征求国务院有关部门意见后制定。

第二十一条　矿山、金属冶炼、建筑施工、道路运输单位和危险物品的生产、经营、储存单位，应当设置安全生产管理机构或者配备专职安全生产管理人员。

前款规定以外的其他生产经营单位，从业人员超过一百人的，应当设置安全生产管理机构或者配备专职安全生产管理人员；从业人员在一百人以下的，应当配备专职或者兼职的安全生产管理人员。

第二十二条　生产经营单位的安全生产管理机构以及安全生产管理人员履行下列职责：

（一）组织或者参与拟订本单位安全生产规章制度、操作规程和生产安全事故应急救援预案；

（二）组织或者参与本单位安全生产教育和培训，如实记录安全生产教育和培训情况；

（三）督促落实本单位重大危险源的安全管理措施；

（四）组织或者参与本单位应急救援演练；

（五）检查本单位的安全生产状况，及时排查生产安全事故隐患，提出改进安全生产管理的建议；

（六）制止和纠正违章指挥、强令冒险作业、违反操作规程的行为；

（七）督促落实本单位安全生产整改措施。

第二十三条　生产经营单位的安全生产管理机构以及安全生产管理人员应当恪尽职守，依法履行职责。

生产经营单位作出涉及安全生产的经营决策，应当听取安全生产管理机构以及安全生产管理人员的意见。

生产经营单位不得因安全生产管理人员依法履行职责而降低其工资、福利等待遇或者解除与其订立的劳动合同。

危险物品的生产、储存单位以及矿山、金属冶炼单位的安全生产管理人员的任免，应当告知主管的负有安全生产监督管理职责的部门。

第二十四条　生产经营单位的主要负责人和安全生产管理人员必须具备与本单位所从事的生产经营活动相应的安全生产知识和管理能力。

危险物品的生产、经营、储存单位以及矿山、金属冶炼、建筑施工、道路运输单位的主要负责人和安全生产管理人员，应当由主管的负有安全生产监督管理职责的部门对其安全生产知识和管理能力考核合格。考核不得收费。

危险物品的生产、储存单位以及矿山、金属冶炼单位应当有注册安全工程师从事安全生产管理工作。鼓励其他生产经营单位聘用注册安全工程师从事安全生产管理工作。注册安全工程师按专业分类管理，具体办法由国务院人力资源和社会保障部门、国务院安全生产监督管理部门会同国务院有关部门制定。

第二十五条　生产经营单位应当对从业人员进行安全生产教育和培训，保证从业人员具备必要的安全生产知识，熟悉有关的安全生产规章制度和安全操作规程，掌握本岗位的安全操作技能，了解事故应急处理措施，知悉自身在安全生产方面的权利和义务。未经安全生产教育和培训合格的从业人员，不得上岗作业。

生产经营单位使用被派遣劳动者的，应当将被派遣劳动者纳入本单位从业人员统一管理，对被派遣劳动者进行岗位安全操作规程和安全操作技能的教育和培训。劳务派遣单位应当对被派遣劳动者进行必要的安全生产教育和培训。

生产经营单位接收中等职业学校、高等学校学生实习的，应当对实习学生进行相应的安全生产教育和培训，提供必要的劳动防护用品。学校应当协助生产经营单位对实习学生进行安全生产教育和培训。

生产经营单位应当建立安全生产教育和培训档案，如实记录安全生产教育和培训的时间、内容、参加人员以及考核结果等情况。

第二十六条　生产经营单位采用新工艺、新技术、新材料或者使用新设备，必须了解、掌握其安全技术特性，采取有效的安全防护措施，并对从业人员进行专门的安全生产教育和培训。

第二十七条　生产经营单位的特种作业人员必须按照国家有关规定经专门的安全作业培训，取得相应资格，方可上岗作业。

特种作业人员的范围由国务院安全生产监督管理部门会同国务院有关部门确定。

第二十八条　生产经营单位新建、改建、扩建工程项目（以下统称建设项目）的安全设施，必须与主体工程同时设计、同时施工、同时投入生产和使用。安全设施投资应当纳入建设项目概算。

第二十九条　矿山、金属冶炼建设项目和用于生产、储存、装卸危险物品的建设项目，应当按照国家有关规定进行安全评价。

第三十条　建设项目安全设施的设计人、设计单位应当对安全设施设计负责。

矿山、金属冶炼建设项目和用于生产、储存、装卸危险物品的建设项目的安全设施设计应当按照国家有关规定报经有关部门审查，审查部门及其负责审查的人员对审查结果负责。

第三十一条　矿山、金属冶炼建设项目和用于生产、储存、装卸危险物品的建设项目的施工单位必须按照批准的安全设施设计施工，并对安全设施的工程质量负责。

矿山、金属冶炼建设项目和用于生产、储存危险物品的建设项目竣工投入生产或者使用前，应当由建设单位负责组织对安全设施进行验收；验收合格后，方可投入生产和使用。安全生产监督管理部门应当加强对建设单位验收活动和验收结果的监督核查。

第三十二条　生产经营单位应当在有较大危险因素的生产经营场所和有关设施、设备上，设置明显的安全警示标志。

第三十三条　安全设备的设计、制造、安装、使用、检测、维修、改造和报废，应当符合国家标准或者行业标准。

生产经营单位必须对安全设备进行经常性维护、保养，并定期检测，保证正常运转。维护、保养、检测应当作好记录，并由有关人员签字。

第三十四条　生产经营单位使用的危险物品的容器、运输工具，以及涉及人身安全、危险性较大的海洋石油开采特种设备和矿山井下特种设备，必须按照国家有关规定，由专业生产单位生产，并经具有专业资质的检测、检验机构检测、检验合格，取得安全使用证或者安全标志，方可投入使用。检测、检验机构对检测、检验结果负责。

第三十五条　国家对严重危及生产安全的工艺、设备实行淘汰制度，具体目录由国务院安全生产监督管理部门会同国务院有关部门制定并公布。法律、行政法规对目录的制定另有规定的，适用其规定。

省、自治区、直辖市人民政府可以根据本地区实际情况制定并公布具体目录，对前款规定以外的危及生产安全的工艺、设备予以淘汰。

生产经营单位不得使用应当淘汰的危及生产安全的工艺、设备。

第三十六条　生产、经营、运输、储存、使用危险物品或者处置废弃危险品的，由有关主管部门依照有关法律、法规的规定和国家标准或者行业标准审批并实施监督管理。

生产经营单位生产、经营、运输、储存、使用危险物品或者处置废弃危险物品，必须执行有关法律、法规和国家标准或者行业标准，建立专门的安全管理制度，采取可靠的安全措施，接受有关主管部门依法实施的监督管理。

第三十七条　生产经营单位对重大危险源应当登记建档，进行定期检测、评估、监控，并制定应急预案，告知从业人员和相关人员在紧急情况下应当采取的应急措施。

生产经营单位应当按照国家有关规定将本单位重大危险源及有关安全措施、应急措施报有关地方人民政府安全生产监督管理部门和有关部门备案。

第三十八条　生产经营单位应当建立健全生产安全事故隐患排查治理制度，采取技术、管理措施，及时发现并消除事故隐患。事故隐患排查治理情况应当如实记录，并向从业人员通报。

县级以上地方各级人民政府负有安全生产监督管理职责的部门应当建立健全重大事故隐患治理督办制度，督促生产经营单位消除重大事故隐患。

第三十九条　生产、经营、储存、使用危险物品的车间、商店、仓库不得与员工宿舍在同一座建筑物内，并应当与员工宿舍保持安全距离。

生产经营场所和员工宿舍应当设有符合紧急疏散要求、标志明显、保持畅通的出口。禁止锁闭、封堵生产经营场所或者员工宿舍的出口。

第四十条　生产经营单位进行爆破、吊装以及国务院安全生产监督管理部门会同国务院有关部门规定的其他危险作业，应当安排专门人员进行现场安全管理，确保操作规程的遵守和安全措施的落实。

第四十一条　生产经营单位应当教育和督促从业人员严格执行本单位的安全生产规章制度和安全操作规程；并向从业人员如实告知作业场所和工作岗位存在的危险因素、防范措施以及事故应急措施。

第四十二条　生产经营单位必须为从业人员提供符合国家标准或者行业标准的劳动防护用品，并监督、教育从业人员按照使用规则佩戴、使用。

第四十三条　生产经营单位的安全生产管理人员应当根据本单位的生产经营特点，对安全生产状况进行经常性检查；对检查中发现的安全问题，应当立即处理；不能处理的，应当及时报告本单位有关负责人，有关负责人应当及时处理。检查及处理情况应当如实记录在案。

生产经营单位的安全生产管理人员在检查中发现重大事故隐患，依照前款规定向本单位有关负责人报告，有关负责人不及时处理的，安全生产管理人员可以向主管的负有安全生产监督管理职责的部门报告，接到报告的部门应当依法及时处理。

第四十四条　生产经营单位应当安排用于配备劳动防护用品、进行安全生产培训的经费。

第四十五条　两个以上生产经营单位在同一作业区域内进行生产经营活动，可能危及对方生产安全的，应当签订安全生产管理协议，明确各自的安全生产管理职责和应当采取的安全措施，并指定专职安全生产管理人员进行安全检查与协调。

第四十六条　生产经营单位不得将生产经营项目、场所、设备发包或者出租给不具备安全生产条件或者相应资质的单位或者个人。

生产经营项目、场所发包或者出租给其他单位的，生产经营单位应当与承包单位、承租单位签订专门的安全生产管理协议，或者在承包合同、租赁合同中约定各自的安全生产管理职责；生产经营单位对承包单位、承租单位的安全生产工作统一协调、管理，定期进行安全检查，发现安全问题的，应当及时督促整改。

第四十七条　生产经营单位发生生产安全事故时，单位的主要负责人应当立即组织抢救，并不得在事故调查处理期间擅离职守。

第四十八条　生产经营单位必须依法参加工伤保险，为从业人员缴纳保险费。

国家鼓励生产经营单位投保安全生产责任保险。

第三章　从业人员的安全生产权利义务

第四十九条　生产经营单位与从业人员订立的劳动合同，应当载明有关保障从业人员劳动安全、防止职业危害的事项，以及依法为从业人员办理工伤保险的事项。

生产经营单位不得以任何形式与从业人员订立协议，免除或者减轻其对从业人员因生产安全事故伤亡依法应承担的责任。

第五十条　生产经营单位的从业人员有权了解其作业场所和工作岗位存在的危险因素、防范措施及事故应急措施，有权对本单位的安全生产工作提出建议。

第五十一条　从业人员有权对本单位安全生产工作中存在的问题提出批评、检举、控告；有权拒绝违章指挥和强令冒险作业。

生产经营单位不得因从业人员对本单位安全生产工作提出批评、检举、控告或者拒绝违章指挥、强令冒险作业而降低其工资、福利等待遇或者解除与其订立的劳动合同。

第五十二条　从业人员发现直接危及人身安全的紧急情况时，有权停止作业或者在采取可能的应急措施后撤离作业场所。

生产经营单位不得因从业人员在前款紧急情况下停止作业或者采取紧急撤离措施而降低其工资、福利等待遇或者解除与其订立的劳动合同。

第五十三条　因生产安全事故受到损害的从业人员，除依法享有工伤保险外，依照有关民事法律尚有获得赔偿的权利的，有权向本单位提出赔偿要求。

第五十四条　从业人员在作业过程中，应当严格遵守本单位的安全生产规章制度和操作规程，服从管理，正确佩戴和使用劳动防护用品。

第五十五条　从业人员应当接受安全生产教育和培训，掌握本职工作所需的安全生产知识，提高安全生产技能，增强事故预防和应急处理能力。

第五十六条　从业人员发现事故隐患或者其他不安全因素，应当立即向现场安全生产管理人员或者本单位负责人报告；接到报告的人员应当及时予以处理。

第五十七条　工会有权对建设项目的安全设施与主体工程同时设计、同时施工、同时投入生产和使用进行监督，提出意见。

工会对生产经营单位违反安全生产法律、法规，侵犯从业人员合法权益的行为，有权要求纠正；发现生产经营单位违章指挥、强令冒险作业或者发现事故隐患时，有权提出解决的建议，生产经营单位应当及时研究答复；发现危及从业人员生命安全的情况时，有权向生产经营单位建议组织从业人员撤离危险场所，生产经营单位必须立即作出处理。

工会有权依法参加事故调查，向有关部门提出处理意见，并要求追究有关人员的责任。

第五十八条　生产经营单位使用被派遣劳动者的，被派遣劳动者享有本法规定的从业人员的权利，并应当履行本法规定的从业人员的义务。

第四章　安全生产的监督管理

第五十九条　县级以上地方各级人民政府应当根据本行政区域内的安全生产状况，组织有关部门按照职责分工，对本行政区域内容易发生重大生产安全事故的生产经营单位进行严格检查。

安全生产监督管理部门应当按照分类分级监督管理的要求，制定安全生产年度监督检查计划，并按照年度监督检查计划进行监督检查，发现事故隐患，应当及时处理。

第六十条　负有安全生产监督管理职责的部门依照有关法律、法规的规定，对涉及安全生产的事项需要审查批准（包括批准、核准、许可、注册、认证、颁发证照等，下同）或者验收的，必须严格依照有关法律、法规和国家标准或者行业标准规定的安全生产条件和程序进行审查；不符合有关法律、法规和国家标准或者行业标准规定的安全生产条件的，不得批准或者验收通过。对未依法取得批准或者验收合格的单位擅自从事有关活动的，负责行政审批的部门发现或者接到举报后应当立即予以取缔，并依法予以处理。对已经依法取得批准的单位，负责行政审批的部门发现其不再具备安全生产条件的，应当撤销原批准。

第六十一条　负有安全生产监督管理职责的部门对涉及安全生产的事项进行审查、验收，不得收取费用；不得要求接受审查、验收的单位购买其指定品牌或者指定生产、销售单位的安全设备、器材或者其他产品。

第六十二条　安全生产监督管理部门和其他负有安全生产监督管理职责的部门依法开展安全生产行政执法工作，对生产经营单位执行有关安全生产的法律、法规和国家标准或者行业标准的情况进行监督检查，行使以下职权：

（一）进入生产经营单位进行检查，调阅有关资料，向有关单位和人员了解情况；

（二）对检查中发现的安全生产违法行为，当场予以纠正或者要求限期改正；对依法应当给予行政处罚的行为，依照本法和其他有关法律、行政法规的规定作出行政处罚决定；

（三）对检查中发现的事故隐患，应当责令立即排除；重大事故隐患排除前或者排除过程中无法保证安全的，应当责令从危险区域内撤出作业人员，责令暂时停产停业或者停止使用相关设施、设备；重大事故隐患排除后，经审查同意，方可恢复生产经营和使用；

（四）对有根据认为不符合保障安全生产的国家标准或者行业标准的设施、设备、器材以及违法生产、储存、使用、经营、运输的危险物品予以查封或者扣押，对违法生产、储存、使用、经营危险物品的作业场所予以查封，并依法做出处理决定。

监督检查不得影响被检查单位的正常生产经营活动。

第六十三条　生产经营单位对负有安全生产监督管理职责的部门的监督检查人员（以下统称安全生产监督检查人员）依法履行监督检查职责，应当予以配合，不得拒绝、阻挠。

第六十四条　安全生产监督检查人员应当忠于职守，坚持原则，秉公执法。

安全生产监督检查人员执行监督检查任务时，必须出示有效的监督执法证件；对涉及被检查单位的技术秘密和业务秘密，应当为其保密。

第六十五条　安全生产监督检查人员应当将检查的时间、地点、内容、发现的问题及其处理情况，作出书面记录，并由检查人员和被检查单位的负责人签字；被检查单位的负责人拒绝签字的，检查人员应当将情况记录在案，并向负有安全生产监督管理职责的部门报告。

第六十六条　负有安全生产监督管理职责的部门在监督检查中，应当互相配合，实行联合检查；确需分别进行检查的，应当互通情况，发现存在的安全问题应当由其他有关部门进行处理的，应当及时移送其他有关部门并形成记录备查，接受移送的部门应当及时进行处理。

第六十七条　负有安全生产监督管理职责的部门依法对存在重大事故隐患的生产经营单位作出停产停业、停止施工、停止使用相关设施或者设备的决定，生产经营单位应当依法执行，及时消除事故隐患。生产经营单位拒不执行，有发生生产安全事故的现实危险的，在保证安全的前提下，经本部门主要负责人批准，负有安全生产监督管理职责的部门可以采取通知有关单位停止供电、停止供应民用爆炸物品等措施，强制生产经营单位履行决定。通知应当采用书面形式，有关单位应当予以配合。

负有安全生产监督管理职责的部门依照前款规定采取停止供电措施，除有危及生产安全的紧急情形外，应当提前二十四小时通知生产经营单位。生产经营单位依法履行行政决定、采取相应措施消除事故隐患的，负有安全生产监督管理职责的部门应当及时解除前款规定的措施。

第六十八条　监察机关依照行政监察法的规定，对负有安全生产监督管理职责的部门及其工作人员履行安全生产监督管理职责实施监察。

第六十九条　承担安全评价、认证、检测、检验的机构应当具备国家规定的资质条件，并对其作出的安全评价、认证、检测、检验的结果负责。

第七十条　负有安全生产监督管理职责的部门应当建立举报制度，公开举报电话、信箱或者电子邮件地址，受理有关安全生产的举报；受理的举报事项经调查核实后，应当形成书面材料；需要落实整改措施的，报经有关负责人签字并督促落实。

第七十一条　任何单位或者个人对事故隐患或者安全生产违法行为，均有权向负有安全生产监督管理职责的部门报告或者举报。

第七十二条　居民委员会、村民委员会发现其所在区域内的生产经营单位存在事故隐患或者安全生产违法行为时，应当向当地人民政府或者有关部门报告。

第七十三条　县级以上各级人民政府及其有关部门对报告重大事故隐患或者举报安全生产违法行为的有功人员，给予奖励。具体奖励办法由国务院安全生产监督管理部门会同国务院财政部门制定。

第七十四条　新闻、出版、广播、电影、电视等单位有进行安全生产公益宣传教育的义务，有对违反安全生产法律、法规的行为进行舆论监督的权利。

第七十五条　负有安全生产监督管理职责的部门应当建立安全生产违法行为信息库，如实记录生产经营单位的安全生产违法行为信息；对违法行为情节严重的生产经营单位，应当向社会公告，并通报行业主管部门、投资主管部门、国土资源主管部门、证券监督管理机构以及有关金融机构。

第五章　生产安全事故的应急救援与调查处理

第七十六条　国家加强生产安全事故应急能力建设，在重点行业、领域建立应急救援基地和应急救援队伍，鼓励生产经营单位和其他社会力量建立应急救援队伍，配备相应的应急救援装备和物资，提高应急救援的专业化水平。

国务院安全生产监督管理部门建立全国统一的生产安全事故应急救援信息系统，国务院有关部门建立健全相关行业、领域的生产安全事故应急救援信息系统。

第七十七条　县级以上地方各级人民政府应当组织有关部门制定本行政区域内生产安全事故应急救援预案，建立应急救援体系。

第七十八条　生产经营单位应当制定本单位生产安全事故应急救援预案，与所在地县级以上地方人民政府组织制定的生产安全事故应急救援预案相衔接，并定期组织演练。

第七十九条　危险物品的生产、经营、储存单位以及矿山、金属冶炼、城市轨道交通运营、建筑施工单位应当建立应急救援组织；生产经营规模较小的，可以不建立应急救援组织，但应当指定兼职的应急救援人员。

危险物品的生产、经营、储存、运输单位以及矿山、金属冶炼、城市轨道交通运营、建筑施工单位应当配备必要的应急救援器材、设备和物资，并进行经常性维护、保养，保证正常运转。

第八十条　生产经营单位发生生产安全事故后，事故现场有关人员应当立即报告本单位负责人。

单位负责人接到事故报告后，应当迅速采取有效措施，组织抢救，防止事故扩大，减少人员伤亡和财产损失，并按照国家有关规定立即如实报告当地负有安全生产监督管理职责的部门，不得隐瞒不报、谎报或者迟报，不得故意破坏事故现场、毁灭有关证据。

第八十一条　负有安全生产监督管理职责的部门接到事故报告后，应当立即按照国家有关规定上报事故情况。负有安全生产监督管理职责的部门和有关地方人民政府对事故情况不得隐瞒不报、谎报或者迟报。

第八十二条　有关地方人民政府和负有安全生产监督管理职责的部门的负责人接到生产安全事故报告后，应当按照生产安全事故应急救援预案的要求立即赶到事故现场，组织事故抢救。

参与事故抢救的部门和单位应当服从统一指挥，加强协同联动，采取有效的应急救援措施，并根据事故救援的需要采取警戒、疏散等措施，防止事故扩大和次生灾害的发生，减少人员伤亡和财产损失。

事故抢救过程中应当采取必要措施，避免或者减少对环境造成的危害。

任何单位和个人都应当支持、配合事故抢救，并提供一切便利条件。

第八十三条　事故调查处理应当按照科学严谨、依法依规、实事求是、注重实效的原则，及时、准确地查清事故原因，查明事故性质和责任，总结事故教训，提出整改措施，并对事故责任者提出处理意见。事故调查报告应当依法及时向社会公布。事故调查和处理的具体办法由国务院制定。

事故发生单位应当及时全面落实整改措施，负有安全生产监督管理职责的部门应当加强监督检查。

第八十四条　生产经营单位发生生产安全事故，经调查确定为责任事故的，除了应当查明事故单位的责任并依法予以追究外，还应当查明对安全生产的有关事项负有审查批准和监督职责的行政部门的责任，对有失职、渎职行为的，依照本法第八十七条的规定追究法律责任。

第八十五条　任何单位和个人不得阻挠和干涉对事故的依法调查处理。

第八十六条　县级以上地方各级人民政府安全生产监督管理部门应当定期统计分析本行政区域内发生生产安全事故的情况，并定期向社会公布。

第六章　法律责任

第八十七条　负有安全生产监督管理职责的部门的工作人员，有下列行为之一的，给予降级或者撤职的处分；构成犯罪的，依照刑法有关规定追究刑事责任：

（一）对不符合法定安全生产条件的涉及安全生产的事项予以批准或者验收通过的；

（二）发现未依法取得批准、验收的单位擅自从事有关活动或者接到举报后不予取缔或者不依法予以处理的；

（三）对已经依法取得批准的单位不履行监督管理职责，发现其不再具备安全生产条件而不撤销原批准或者发现安全生产违法行为不予查处的；

（四）在监督检查中发现重大事故隐患，不依法及时处理的。

负有安全生产监督管理职责的部门的工作人员有前款规定以外的滥用职权、玩忽职守、徇私舞弊行为的，依法给予处分；构成犯罪的，依照刑法有关规定追究刑事责任。

第八十八条　负有安全生产监督管理职责的部门，要求被审查、验收的单位购买其指定的安全设备、器材或者其他产品的，在对安全生产事项的审查、验收中收取费用的，由其上级机关或者监察机关责令改正，责令退还收取的费用；情节严重的，对直接负责的主管人员和其他直接责任人员依法给予处分。

第八十九条　承担安全评价、认证、检测、检验工作的机构，出具虚假证明的，没收违法所得；违法所得在十万元以上的，并处违法所得二倍以上五倍以下的罚款；没有违法所得或者违法所得不足十万元的，单处或者并处十万元以上二十万元以下的罚款；对其直接负责的主管人员和其他直接责任人员处二万元以上五万元以下的罚款；给他人造成损害的，与生产经营单位承担连带赔偿责任；构成犯罪的，依照刑法有关规定追究刑事责任。

对有前款违法行为的机构，吊销其相应资质。

第九十条　生产经营单位的决策机构、主要负责人或者个人经营的投资人不依照本法规定保证安全生产所必需的资金投入，致使生产经营单位不具备安全生产条件的，责令限期改正，提供必需的资金；逾期未改正的，责令生产经营单位停产停业整顿。

有前款违法行为，导致发生生产安全事故的，对生产经营单位的主要负责人给予撤职处分，对个人经营的投资人处二万元以上二十万元以下的罚款；构成犯罪的，依照刑法有关规定追究刑事责任。

第九十一条 生产经营单位的主要负责人未履行本法规定的安全生产管理职责的，责令限期改正；逾期未改正的，处二万元以上五万元以下的罚款，责令生产经营单位停产停业整顿。

生产经营单位的主要负责人有前款违法行为，导致发生生产安全事故的，给予撤职处分；构成犯罪的，依照刑法有关规定追究刑事责任。

生产经营单位的主要负责人依照前款规定受刑事处罚或者撤职处分的，自刑罚执行完毕或者受处分之日起，五年内不得担任任何生产经营单位的主要负责人；对重大、特别重大生产安全事故负有责任的，终身不得担任本行业生产经营单位的主要负责人。

第九十二条 生产经营单位的主要负责人未履行本法规定的安全生产管理职责，导致发生生产安全事故的，由安全生产监督管理部门依照下列规定处以罚款：

（一）发生一般事故的，处上一年年收入百分之三十的罚款；

（二）发生较大事故的，处上一年年收入百分之四十的罚款；

（三）发生重大事故的，处上一年年收入百分之六十的罚款；

（四）发生特别重大事故的，处上一年年收入百分之八十的罚款。

第九十三条 生产经营单位的安全生产管理人员未履行本法规定的安全生产管理职责的，责令限期改正；导致发生生产安全事故的，暂停或者撤销其与安全生产有关的资格；构成犯罪的，依照刑法有关规定追究刑事责任。

第九十四条 生产经营单位有下列行为之一的，责令限期改正，可以处五万元以下的罚款；逾期未改正的，责令停产停业整顿，并处五万元以上十万元以下的罚款，对其直接负责的主管人员和其他直接责任人员处一万元以上二万元以下的罚款：

（一）未按照规定设置安全生产管理机构或者配备安全生产管理人员的；

（二）危险物品的生产、经营、储存单位以及矿山、金属冶炼、建筑施工、道路运输单位的主要负责人和安全生产管理人员未按照规定经考核合格的；

（三）未按照规定对从业人员、被派遣劳动者、实习学生进行安全生产教育和培训，或者未按照规定如实告知有关的安全生产事项的；

（四）未如实记录安全生产教育和培训情况的；

（五）未将事故隐患排查治理情况如实记录或者未向从业人员通报的；

（六）未按照规定制定生产安全事故应急救援预案或者未定期组织演练的；

（七）特种作业人员未按照规定经专门的安全作业培训并取得相应资格，上岗作业的。

第九十五条 生产经营单位有下列行为之一的，责令停止建设或者停产停业整顿，限期改正；逾期未改正的，处五十万元以上一百万元以下的罚款，对其直接负责的主管人员和其他直接责任人员处二万元以上五万元以下的罚款；构成犯罪的，依照刑法有关规定追究刑事责任：

（一）未按照规定对矿山、金属冶炼建设项目或者用于生产、储存、装卸危险物品的建设项目进行安全评价的；

（二）矿山、金属冶炼建设项目或者用于生产、储存、装卸危险物品的建设项目没有安全设施设计或者安全设施设计未按照规定报经有关部门审查同意的；

（三）矿山、金属冶炼建设项目或者用于生产、储存、装卸危险物品的建设项目的施工单位未按照批准的安全设施设计施工的；

（四）矿山、金属冶炼建设项目或者用于生产、储存危险物品的建设项目竣工投入生产或者使用前，安全设施未经验收合格的。

第九十六条　生产经营单位有下列行为之一的，责令限期改正，可以处五万元以下的罚款；逾期未改正的，处五万元以上二十万元以下的罚款，对其直接负责的主管人员和其他直接责任人员处一万元以上二万元以下的罚款；情节严重的，责令停产停业整顿；构成犯罪的，依照刑法有关规定追究刑事责任：

（一）未在有较大危险因素的生产经营场所和有关设施、设备上设置明显的安全警示标志的；

（二）安全设备的安装、使用、检测、改造和报废不符合国家标准或者行业标准的；

（三）未对安全设备进行经常性维护、保养和定期检测的；

（四）未为从业人员提供符合国家标准或者行业标准的劳动防护用品的；

（五）危险物品的容器、运输工具，以及涉及人身安全、危险性较大的海洋石油开采特种设备和矿山井下特种设备未经具有专业资质的机构检测、检验合格，取得安全使用证或者安全标志，投入使用的；

（六）使用应当淘汰的危及生产安全的工艺、设备的。

第九十七条　未经依法批准，擅自生产、经营、运输、储存、使用危险物品或者处置废弃危险物品的，依照有关危险物品安全管理的法律、行政法规的规定予以处罚；构成犯罪的，依照刑法有关规定追究刑事责任。

第九十八条　生产经营单位有下列行为之一的，责令限期改正，可以处十万元以下的罚款；逾期未改正的，责令停产停业整顿，并处十万元以上二十万元以下的罚款，对其直接负责的主管人员和其他直接责任人员处二万元以上五万元以下的罚款；构成犯罪的，依照刑法有关规定追究刑事责任：

（一）生产、经营、运输、储存、使用危险物品或者处置废弃危险物品，未建立专门安全管理制度、未采取可靠的安全措施的；

（二）对重大危险源未登记建档，或者未进行评估、监控，或者未制定应急预案的；

（三）进行爆破、吊装以及国务院安全生产监督管理部门会同国务院有关部门规定的其他危险作业，未安排专门人员进行现场安全管理的；

（四）未建立事故隐患排查治理制度的。

第九十九条　生产经营单位未采取措施消除事故隐患的，责令立即消除或者限期消除；生产经营单位拒不执行的，责令停产停业整顿，并处十万元以上五十万元以下的罚款，对其直接负责的主管人员和其他直接责任人员处二万元以上五万元以下的罚款。

第一百条　生产经营单位将生产经营项目、场所、设备发包或者出租给不具备安全生产条件或者相应资质的单位或者个人的，责令限期改正，没收违法所得；违法所得十万元以上的，并处违法所得二倍以上五倍以下的罚款；没有违法所得或者违法所得不足十万元的，单处或者并处十万元以上二十万元以下的罚款；对其直接负责的主管人员和其他直接责任人员处一万元以上二万元以下的罚款；导致发生生产安全事故给他人造成损害的，与承包方、承租方承担连带赔偿责任。

生产经营单位未与承包单位、承租单位签订专门的安全生产管理协议或者未在承包合同、租赁合同中明确各自的安全生产管理职责，或者未对承包单位、承租单位的安全生产统一协调、管理的，责令限期改正，可以处五万元以下的罚款，对其直接负责的主管人员和其他直接责任人员可以处一万元以下的罚款；逾期未改正的，责令停产停业整顿。

第一百零一条　两个以上生产经营单位在同一作业区域内进行可能危及对方安全生产的生产经营活动，未签订安全生产管理协议或者未指定专职安全生产管理人员进行安全检查与协调的，责令限期改正，可以处五万元以下的罚款，对其直接负责的主管人员和其他直接责任人员可以处一万元以下的罚款；逾期未改正的，责令停产停业。

第一百零二条　生产经营单位有下列行为之一的，责令限期改正，可以处五万元以下的罚款，对其直接负责的主管人员和其他直接责任人员可以处一万元以下的罚款；逾期未改正的，责令停产停业整顿；构成犯罪的，依照刑法有关规定追究刑事责任：

（一）生产、经营、储存、使用危险物品的车间、商店、仓库与员工宿舍在同一座建筑内，或者与员工宿舍的距离不符合安全要求的；

（二）生产经营场所和员工宿舍未设有符合紧急疏散需要、标志明显、保持畅通的出口，或者锁闭、封堵生产经营场所或者员工宿舍出口的。

第一百零三条　生产经营单位与从业人员订立协议，免除或者减轻其对从业人员因生产安全事故伤亡依法应承担的责任的，该协议无效；对生产经营单位的主要负责人、个人经营的投资人处二万元以上十万元以下的罚款。

第一百零四条　生产经营单位的从业人员不服从管理，违反安全生产规章制度或者操作规程的，由生产经营单位给予批评教育，依照有关规章制度给予处分；构成犯罪的，依照刑法有关规定追究刑事责任。

第一百零五条　违反本法规定，生产经营单位拒绝、阻碍负有安全生产监督管理职责的部门依法实施监督检查的，责令改正；拒不改正的，处二万元以上二十万元以下的罚款；对其直接负责的主管人员和其他直接责任人员处一万元以上二万元以下的罚款；构成犯罪的，依照刑法有关规定追究刑事责任。

第一百零六条　生产经营单位的主要负责人在本单位发生生产安全事故时，不立即组织抢救或者在事故调查处理期间擅离职守或者逃匿的，给予降级、撤职的处分，并由安全生产监督管理部门处上一年年收入百分之六十至百分之一百的罚款；对逃匿的处十五日以下拘留；构成犯罪的，依照刑法有关规定追究刑事责任。

生产经营单位的主要负责人对生产安全事故隐瞒不报、谎报或者迟报的，依照前款规定处罚。

第一百零七条　有关地方人民政府、负有安全生产监督管理职责的部门，对生产安全事故隐瞒不报、谎报或者迟报的，对直接负责的主管人员和其他直接责任人员依法给予处分；构成犯罪的，依照刑法有关规定追究刑事责任。

第一百零八条　生产经营单位不具备本法和其他有关法律、行政法规和国家标准或者行业标准规定的安全生产条件，经停产停业整顿仍不具备安全生产条件的，予以关闭；有关部门应当依法吊销其有关证照。

第一百零九条　发生生产安全事故，对负有责任的生产经营单位除要求其依法承担相应的赔偿等责任外，由安全生产监督管理部门依照下列规定处以罚款：

（一）发生一般事故的，处二十万元以上五十万元以下的罚款；

（二）发生较大事故的，处五十万元以上一百万元以下的罚款；

（三）发生重大事故的，处一百万元以上五百万元以下的罚款；

（四）发生特别重大事故的，处五百万元以上一千万元以下的罚款；情节特别严重的，处一千万元以上二千万元以下的罚款。

第一百一十条　本法规定的行政处罚，由安全生产监督管理部门和其他负有安全生产监督管理职责的部门按照职责分工决定。予以关闭的行政处罚由负有安全生产监督管理职责的部门报请县级以上人民政府按照国务院规定的权限决定；给予拘留的行政处罚由公安机关依照治安管理处罚法的规定决定。

第一百一十一条　生产经营单位发生生产安全事故造成人员伤亡、他人财产损失的，应当依法承担赔偿责任；拒不承担或者其负责人逃匿的，由人民法院依法强制执行。

生产安全事故的责任人未依法承担赔偿责任，经人民法院依法采取执行措施后，仍不能对受害人给予足额赔偿的，应当继续履行赔偿义务；受害人发现责任人有其他财产的，可以随时请求人民法院执行。

第七章 附 则

第一百一十二条 本法下列用语的含义：

危险物品，是指易燃易爆物品、危险化学品、放射性物品等能够危及人身安全和财产安全的物品。

重大危险源，是指长期地或者临时地生产、搬运、使用或者储存危险物品，且危险物品的数量等于或者超过临界量的单元（包括场所和设施）。

第一百一十三条 本法规定的生产安全一般事故、较大事故、重大事故、特别重大事故的划分标准由国务院规定。

国务院安全生产监督管理部门和其他负有安全生产监督管理职责的部门应当根据各自的职责分工，制定相关行业、领域重大事故隐患的判定标准。

第一百一十四条 本法自 2002 年 11 月 1 日起施行。

九、《中华人民共和国治安管理处罚法》

（根据 2012 年 10 月 26 日第十一届全国人大常委会第二十九次会议通过、2012 年 10 月 26 日中华人民共和国主席令第 67 号公布的《全国人民代表大会常务委员会关于修改〈中华人民共和国治安管理处罚法〉的决定》修正。）

第一章 总 则

第一条 为维护社会治安秩序，保障公共安全，保护公民、法人和其他组织的合法权益，规范和保障公安机关及其人民警察依法履行治安管理职责，制定本法。

第二条 扰乱公共秩序，妨害公共安全，侵犯人身权利、财产权利，妨害社会管理，具有社会危害性，依照《中华人民共和国刑法》的规定构成犯罪的，依法追究刑事责任；尚不够刑事处罚的，由公安机关依照本法给予治安管理处罚。

第三条 治安管理处罚的程序，适用本法的规定；本法没有规定的，适用《中华人民共和国行政处罚法》的有关规定。

第四条 在中华人民共和国领域内发生的违反治安管理行为，除法律有特别规定的外，适用本法。

在中华人民共和国船舶和航空器内发生的违反治安管理行为，除法律有特别规定的外，适用本法。

第五条　治安管理处罚必须以事实为依据，与违反治安管理行为的性质、情节以及社会危害程度相当。

实施治安管理处罚，应当公开、公正，尊重和保障人权，保护公民的人格尊严。

办理治安案件应当坚持教育与处罚相结合的原则。

第六条　各级人民政府应当加强社会治安综合治理，采取有效措施，化解社会矛盾，增进社会和谐，维护社会稳定。

第七条　国务院公安部门负责全国的治安管理工作。县级以上地方各级人民政府公安机关负责本行政区域内的治安管理工作。

治安案件的管辖由国务院公安部门规定。

第八条　违反治安管理的行为对他人造成损害的，行为人或者其监护人应当依法承担民事责任。

第九条　对于因民间纠纷引起的打架斗殴或者损毁他人财物等违反治安管理行为，情节较轻的，公安机关可以调解处理。经公安机关调解，当事人达成协议的，不予处罚。经调解未达成协议或者达成协议后不履行的，公安机关应当依照本法的规定对违反治安管理行为人给予处罚，并告知当事人可以就民事争议依法向人民法院提起民事诉讼。

第二章　处罚的种类和适用

第十条　治安管理处罚的种类分为：

（一）警告；

（二）罚款；

（三）行政拘留；

（四）吊销公安机关发放的许可证。

对违反治安管理的外国人，可以附加适用限期出境或者驱逐出境。

第十一条　办理治安案件所查获的毒品、淫秽物品等违禁品，赌具、赌资，吸食、注射毒品的用具以及直接用于实施违反治安管理行为的本人所有的工具，应当收缴，按照规定处理。

违反治安管理所得的财物，追缴退还被侵害人；没有被侵害人的，登记造册，公开拍卖或者按照国家有关规定处理，所得款项上缴国库。

第十二条　已满十四周岁不满十八周岁的人违反治安管理的，从轻或者减轻处罚；不满十四周岁的人违反治安管理的，不予处罚，但是应当责令其监护人严加管教。

第十三条　精神病人在不能辨认或者不能控制自己行为的时候违反治安管理的，不予处罚，但是应当责令其监护人严加看管和治疗。间歇性的精神病人在精神正常的时候违反治安管理的，应当给予处罚。

第十四条　盲人或者又聋又哑的人违反治安管理的，可以从轻、减轻或者不予处罚。

第十五条　醉酒的人违反治安管理的，应当给予处罚。

醉酒的人在醉酒状态中，对本人有危险或者对他人的人身、财产或者公共安全有威胁的，应当对其采取保护性措施约束至酒醒。

第十六条　有两种以上违反治安管理行为的，分别决定，合并执行。行政拘留处罚合并执行的，最长不超过二十日。

第十七条　共同违反治安管理的，根据违反治安管理行为人在违反治安管理行为中所起的作用，分别处罚。

教唆、胁迫、诱骗他人违反治安管理的，按照其教唆、胁迫、诱骗的行为处罚。

第十八条　单位违反治安管理的，对其直接负责的主管人员和其他直接责任人员依照本法的规定处罚。其他法律、行政法规对同一行为规定给予单位处罚的，依照其规定处罚。

第十九条　违反治安管理有下列情形之一的，减轻处罚或者不予处罚：

（一）情节特别轻微的；

（二）主动消除或者减轻违法后果，并取得被侵害人谅解的；

（三）出于他人胁迫或者诱骗的；

（四）主动投案，向公安机关如实陈述自己的违法行为的；

（五）有立功表现的。

第二十条　违反治安管理有下列情形之一的，从重处罚：

（一）有较严重后果的；

（二）教唆、胁迫、诱骗他人违反治安管理的；

（三）对报案人、控告人、举报人、证人打击报复的；

（四）六个月内曾受过治安管理处罚的。

第二十一条　违反治安管理行为人有下列情形之一，依照本法应当给予行政拘留处罚的，不执行行政拘留处罚：

（一）已满十四周岁不满十六周岁的；

（二）已满十六周岁不满十八周岁，初次违反治安管理的；

（三）七十周岁以上的；

（四）怀孕或者哺乳自己不满一周岁婴儿的。

第二十二条　违反治安管理行为在六个月内没有被公安机关发现的，不再处罚。

前款规定的期限,从违反治安管理行为发生之日起计算;违反治安管理行为有连续或者继续状态的,从行为终了之日起计算。

第三章 违反治安管理的行为和处罚

第一节 扰乱公共秩序的行为和处罚

第二十三条 有下列行为之一的,处警告或者二百元以下罚款;情节较重的,处五日以上十日以下拘留,可以并处五百元以下罚款:

(一)扰乱机关、团体、企业、事业单位秩序,致使工作、生产、营业、医疗、教学、科研不能正常进行,尚未造成严重损失的;

(二)扰乱车站、港口、码头、机场、商场、公园、展览馆或者其他公共场所秩序的;

(三)扰乱公共汽车、电车、火车、船舶、航空器或者其他公共交通工具上的秩序的;

(四)非法拦截或者强登、扒乘机动车、船舶、航空器以及其他交通工具,影响交通工具正常行驶的;

(五)破坏依法进行的选举秩序的。

聚众实施前款行为的,对首要分子处十日以上十五日以下拘留,可以并处一千元以下罚款。

第二十四条 有下列行为之一,扰乱文化、体育等大型群众性活动秩序的,处警告或者二百元以下罚款;情节严重的,处五日以上十日以下拘留,可以并处五百元以下罚款:

(一)强行进入场内的;

(二)违反规定,在场内燃放烟花爆竹或者其他物品的;

(三)展示侮辱性标语、条幅等物品的;

(四)围攻裁判员、运动员或者其他工作人员的;

(五)向场内投掷杂物,不听制止的;

(六)扰乱大型群众性活动秩序的其他行为。

因扰乱体育比赛秩序被处以拘留处罚的,可以同时责令其十二个月内不得进入体育场馆观看同类比赛;违反规定进入体育场馆的,强行带离现场。

第二十五条 有下列行为之一的,处五日以上十日以下拘留,可以并处五百元以下罚款;情节较轻的,处五日以下拘留或者五百元以下罚款:

(一)散布谣言,谎报险情、疫情、警情或者以其他方法故意扰乱公共秩序的;

（二）投放虚假的爆炸性、毒害性、放射性、腐蚀性物质或者传染病病原体等危险物质扰乱公共秩序的；

（三）扬言实施放火、爆炸、投放危险物质扰乱公共秩序的。

第二十六条　有下列行为之一的，处五日以上十日以下拘留，可以并处五百元以下罚款；情节较重的，处十日以上十五日以下拘留，可以并处一千元以下罚款：

（一）结伙斗殴的；

（二）追逐、拦截他人的；

（三）强拿硬要或者任意损毁、占用公私财物的；

（四）其他寻衅滋事行为。

第二十七条　有下列行为之一的，处十日以上十五日以下拘留，可以并处一千元以下罚款；情节较轻的，处五日以上十日以下拘留，可以并处五百元以下罚款：

（一）组织、教唆、胁迫、诱骗、煽动他人从事邪教、会道门活动或者利用邪教、会道门、迷信活动，扰乱社会秩序、损害他人身体健康的；

（二）冒用宗教、气功名义进行扰乱社会秩序、损害他人身体健康活动的。

第二十八条　违反国家规定，故意干扰无线电业务正常进行的，或者对正常运行的无线电台（站）产生有害干扰，经有关主管部门指出后，拒不采取有效措施消除的，处五日以上十日以下拘留；情节严重的，处十日以上十五日以下拘留。

第二十九条　有下列行为之一的，处五日以下拘留；情节较重的，处五日以上十日以下拘留：

（一）违反国家规定，侵入计算机信息系统，造成危害的；

（二）违反国家规定，对计算机信息系统功能进行删除、修改、增加、干扰，造成计算机信息系统不能正常运行的；

（三）违反国家规定，对计算机信息系统中存储、处理、传输的数据和应用程序进行删除、修改、增加的；

（四）故意制作、传播计算机病毒等破坏性程序，影响计算机信息系统正常运行的。

第二节　妨害公共安全的行为和处罚

第三十条　违反国家规定，制造、买卖、储存、运输、邮寄、携带、使用、提供、处置爆炸性、毒害性、放射性、腐蚀性物质或者传染病病原体等危险物质的，处十日以上十五日以下拘留；情节较轻的，处五日以上十日以下拘留。

第三十一条　爆炸性、毒害性、放射性、腐蚀性物质或者传染病病原体等危险物质被盗、被抢或者丢失，未按规定报告的，处五日以下拘留；故意隐瞒不报的，处五日以上十日以下拘留。

第三十二条 非法携带枪支、弹药或者弩、匕首等国家规定的管制器具的，处五日以下拘留，可以并处五百元以下罚款；情节较轻的，处警告或者二百元以下罚款。

非法携带枪支、弹药或者弩、匕首等国家规定的管制器具进入公共场所或者公共交通工具的，处五日以上十日以下拘留，可以并处五百元以下罚款。

第三十三条 有下列行为之一的，处十日以上十五日以下拘留：

（一）盗窃、损毁油气管道设施、电力电信设施、广播电视设施、水利防汛工程设施或者水文监测、测量、气象测报、环境监测、地质监测、地震监测等公共设施的；

（二）移动、损毁国家边境的界碑、界桩以及其他边境标志、边境设施或者领土、领海标志设施的；

（三）非法进行影响国（边）界线走向的活动或者修建有碍国（边）境管理的设施的。

第三十四条 盗窃、损坏、擅自移动使用中的航空设施，或者强行进入航空器驾驶舱的，处十日以上十五日以下拘留。

在使用中的航空器上使用可能影响导航系统正常功能的器具、工具，不听劝阻的，处五日以下拘留或者五百元以下罚款。

第三十五条 有下列行为之一的，处五日以上十日以下拘留，可以并处五百元以下罚款；情节较轻的，处五日以下拘留或者五百元以下罚款：

（一）盗窃、损毁或者擅自移动铁路设施、设备、机车车辆配件或者安全标志的；

（二）在铁路线路上放置障碍物，或者故意向列车投掷物品的；

（三）在铁路线路、桥梁、涵洞处挖掘坑穴、采石取沙的；

（四）在铁路线路上私设道口或者平交过道的。

第三十六条 擅自进入铁路防护网或者火车来临时在铁路线路上行走坐卧、抢越铁路，影响行车安全的，处警告或者二百元以下罚款。

第三十七条 有下列行为之一的，处五日以下拘留或者五百元以下罚款；情节严重的，处五日以上十日以下拘留，可以并处五百元以下罚款：

（一）未经批准，安装、使用电网的，或者安装、使用电网不符合安全规定的；

（二）在车辆、行人通行的地方施工，对沟井坎穴不设覆盖物、防围和警示标志的，或者故意损毁、移动覆盖物、防围和警示标志的；

（三）盗窃、损毁路面井盖、照明等公共设施的。

第三十八条 举办文化、体育等大型群众性活动，违反有关规定，有发生安全事故危险的，责令停止活动，立即疏散；对组织者处五日以上十日以下拘留，并处二百元以上五百元以下罚款；情节较轻的，处五日以下拘留或者五百元以下罚款。

第三十九条 旅馆、饭店、影剧院、娱乐场、运动场、展览馆或者其他供社会公众活动的场所的经营管理人员，违反安全规定，致使该场所有发生安全事故危险，经公安机关责令改正，拒不改正的，处五日以下拘留。

第三节　侵犯人身权利、财产权利的行为和处罚

第四十条 有下列行为之一的，处十日以上十五日以下拘留，并处五百元以上一千元以下罚款；情节较轻的，处五日以上十日以下拘留，并处二百元以上五百元以下罚款：

（一）组织、胁迫、诱骗不满十六周岁的人或者残疾人进行恐怖、残忍表演的；

（二）以暴力、威胁或者其他手段强迫他人劳动的；

（三）非法限制他人人身自由、非法侵入他人住宅或者非法搜查他人身体的。

第四十一条 胁迫、诱骗或者利用他人乞讨的，处十日以上十五日以下拘留，可以并处一千元以下罚款。

反复纠缠、强行讨要或者以其他滋扰他人的方式乞讨的，处五日以下拘留或者警告。

第四十二条 有下列行为之一的，处五日以下拘留或者五百元以下罚款；情节较重的，处五日以上十日以下拘留，可以并处五百元以下罚款：

（一）写恐吓信或者以其他方法威胁他人人身安全的；

（二）公然侮辱他人或者捏造事实诽谤他人的；

（三）捏造事实诬告陷害他人，企图使他人受到刑事追究或者受到治安管理处罚的；

（四）对证人及其近亲属进行威胁、侮辱、殴打或者打击报复的；

（五）多次发送淫秽、侮辱、恐吓或者其他信息，干扰他人正常生活的；

（六）偷窥、偷拍、窃听、散布他人隐私的。

第四十三条 殴打他人的，或者故意伤害他人身体的，处五日以上十日以下拘留，并处二百元以上五百元以下罚款；情节较轻的，处五日以下拘留或者五百元以下罚款。

有下列情形之一的，处十日以上十五日以下拘留，并处五百元以上一千元以下罚款：

（一）结伙殴打、伤害他人的；

（二）殴打、伤害残疾人、孕妇、不满十四周岁的人或者六十周岁以上的人的；

（三）多次殴打、伤害他人或者一次殴打、伤害多人的。

第四十四条 猥亵他人的，或者在公共场所故意裸露身体，情节恶劣的，处五日以上十日以下拘留；猥亵智力残疾人、精神病人、不满十四周岁的人或者有其他严重情节的，处十日以上十五日以下拘留。

第四十五条 有下列行为之一的，处五日以下拘留或者警告：

（一）虐待家庭成员，被虐待人要求处理的；

（二）遗弃没有独立生活能力的被扶养人的。

第四十六条 强买强卖商品，强迫他人提供服务或者强迫他人接受服务的，处五日以上十日以下拘留，并处二百元以上五百元以下罚款；情节较轻的，处五日以下拘留或者五百元以下罚款。

第四十七条 煽动民族仇恨、民族歧视，或者在出版物、计算机信息网络中刊载民族歧视、侮辱内容的，处十日以上十五日以下拘留，可以并处一千元以下罚款。

第四十八条 冒领、隐匿、毁弃、私自开拆或者非法检查他人邮件的，处五日以下拘留或者五百元以下罚款。

第四十九条 盗窃、诈骗、哄抢、抢夺、敲诈勒索或者故意损毁公私财物的，处五日以上十日以下拘留，可以并处五百元以下罚款；情节较重的，处十日以上十五日以下拘留，可以并处一千元以下罚款。

第四节 妨害社会管理的行为和处罚

第五十条 有下列行为之一的，处警告或者二百元以下罚款；情节严重的，处五日以上十日以下拘留，可以并处五百元以下罚款：

（一）拒不执行人民政府在紧急状态情况下依法发布的决定、命令的；

（二）阻碍国家机关工作人员依法执行职务的；

（三）阻碍执行紧急任务的消防车、救护车、工程抢险车、警车等车辆通行的；

（四）强行冲闯公安机关设置的警戒带、警戒区的。

阻碍人民警察依法执行职务的，从重处罚。

第五十一条 冒充国家机关工作人员或者以其他虚假身份招摇撞骗的，处五日以上十日以下拘留，可以并处五百元以下罚款；情节较轻的，处五日以下拘留或者五百元以下罚款。

冒充军警人员招摇撞骗的，从重处罚。

第五十二条 有下列行为之一的，处十日以上十五日以下拘留，可以并处一十元以下罚款；情节较轻的，处五日以上十日以下拘留，可以并处五百元以下罚款：

（一）伪造、变造或者买卖国家机关、人民团体、企业、事业单位或者其他组织的公文、证件、证明文件、印章的；

（二）买卖或者使用伪造、变造的国家机关、人民团体、企业、事业单位或者其他组织的公文、证件、证明文件的；

（三）伪造、变造、倒卖车票、船票、航空客票、文艺演出票、体育比赛入场券或者其他有价票证、凭证的；

（四）伪造、变造船舶户牌，买卖或者使用伪造、变造的船舶户牌，或者涂改船舶发动机号码的。

第五十三条　船舶擅自进入、停靠国家禁止、限制进入的水域或者岛屿的，对船舶负责人及有关责任人员处五百元以上一千元以下罚款；情节严重的，处五日以下拘留，并处五百元以上一千元以下罚款。

第五十四条　有下列行为之一的，处十日以上十五日以下拘留，并处五百元以上一千元以下罚款；情节较轻的，处五日以下拘留或者五百元以下罚款：

（一）违反国家规定，未经注册登记，以社会团体名义进行活动，被取缔后，仍进行活动的；

（二）被依法撤销登记的社会团体，仍以社会团体名义进行活动的；

（三）未经许可，擅自经营按照国家规定需要由公安机关许可的行业的。

有前款第三项行为的，予以取缔。

取得公安机关许可的经营者，违反国家有关管理规定，情节严重的，公安机关可以吊销许可证。

第五十五条　煽动、策划非法集会、游行、示威，不听劝阻的，处十日以上十五日以下拘留。

第五十六条　旅馆业的工作人员对住宿的旅客不按规定登记姓名、身份证件种类和号码的，或者明知住宿的旅客将危险物质带入旅馆，不予制止的，处二百元以上五百元以下罚款。

旅馆业的工作人员明知住宿的旅客是犯罪嫌疑人员或者被公安机关通缉的人员，不向公安机关报告的，处二百元以上五百元以下罚款；情节严重的，处五日以下拘留，可以并处五百元以下罚款。

第五十七条　房屋出租人将房屋出租给无身份证件的人居住的，或者不按规定登记承租人姓名、身份证件种类和号码的，处二百元以上五百元以下罚款。

房屋出租人明知承租人利用出租房屋进行犯罪活动，不向公安机关报告的，处二百元以上五百元以下罚款；情节严重的，处五日以下拘留，可以并处五百元以下罚款。

第五十八条　违反关于社会生活噪声污染防治的法律规定，制造噪声干扰他人正常生活的，处警告；警告后不改正的，处二百元以上五百元以下罚款。

第五十九条　有下列行为之一的，处五百元以上一千元以下罚款；情节严重的，处五日以上十日以下拘留，并处五百元以上一千元以下罚款：

（一）典当业工作人员承接典当的物品，不查验有关证明、不履行登记手续，或者明知是违法犯罪嫌疑人、赃物，不向公安机关报告的；

（二）违反国家规定，收购铁路、油田、供电、电信、矿山、水利、测量和城市公用设施等废旧专用器材的；

（三）收购公安机关通报寻查的赃物或者有赃物嫌疑的物品的；

（四）收购国家禁止收购的其他物品的。

第六十条　有下列行为之一的，处五日以上十日以下拘留，并处二百元以上五百元以下罚款：

（一）隐藏、转移、变卖或者损毁行政执法机关依法扣押、查封、冻结的财物的；

（二）伪造、隐匿、毁灭证据或者提供虚假证言、谎报案情，影响行政执法机关依法办案的；

（三）明知是赃物而窝藏、转移或者代为销售的；

（四）被依法执行管制、剥夺政治权利或者在缓刑、暂予监外执行中的罪犯或者被依法采取刑事强制措施的人，有违反法律、行政法规或者国务院有关部门的监督管理规定的行为。

第六十一条　协助组织或者运送他人偷越国（边）境的，处十日以上十五日以下拘留，并处一千元以上五千元以下罚款。

第六十二条　为偷越国（边）境人员提供条件的，处五日以上十日以下拘留，并处五百元以上二千元以下罚款。

偷越国（边）境的，处五日以下拘留或者五百元以下罚款。

第六十三条　有下列行为之一的，处警告或者二百元以下罚款；情节较重的，处五日以上十日以下拘留，并处二百元以上五百元以下罚款：

（一）刻划、涂污或者以其他方式故意损坏国家保护的文物、名胜古迹的；

（二）违反国家规定，在文物保护单位附近进行爆破、挖掘等活动，危及文物安全的。

第六十四条　有下列行为之一的，处五百元以上一千元以下罚款；情节严重的，处十日以上十五日以下拘留，并处五百元以上一千元以下罚款：

（一）偷开他人机动车的；

（二）未取得驾驶证驾驶或者偷开他人航空器、机动船舶的。

第六十五条　有下列行为之一的，处五日以上十日以下拘留；情节严重的，处十日以上十五日以下拘留，可以并处一千元以下罚款：

（一）故意破坏、污损他人坟墓或者毁坏、丢弃他人尸骨、骨灰的；

（二）在公共场所停放尸体或者因停放尸体影响他人正常生活、工作秩序，不听劝阻的。

第六十六条　卖淫、嫖娼的，处十日以上十五日以下拘留，可以并处五千元以下罚款；情节较轻的，处五日以下拘留或者五百元以下罚款。

在公共场所拉客招嫖的，处五日以下拘留或者五百元以下罚款。

第六十七条　引诱、容留、介绍他人卖淫的，处十日以上十五日以下拘留，可以并处五千元以下罚款；情节较轻的，处五日以下拘留或者五百元以下罚款。

第六十八条　制作、运输、复制、出售、出租淫秽的书刊、图片、影片、音像制品等淫秽物品或者利用计算机信息网络、电话以及其他通信工具传播淫秽信息的，处十日以上十五日以下拘留，可以并处三千元以下罚款；情节较轻的，处五日以下拘留或者五百元以下罚款。

第六十九条　有下列行为之一的，处十日以上十五日以下拘留，并处五百元以上一千元以下罚款：

（一）组织播放淫秽音像的；

（二）组织或者进行淫秽表演的；

（三）参与聚众淫乱活动的。

明知他人从事前款活动，为其提供条件的，依照前款的规定处罚。

第七十条　以营利为目的，为赌博提供条件的，或者参与赌博赌资较大的，处五日以下拘留或者五百元以下罚款；情节严重的，处十日以上十五日以下拘留，并处五百元以上三千元以下罚款。

第七十一条　有下列行为之一的，处十日以上十五日以下拘留，可以并处三千元以下罚款；情节较轻的，处五日以下拘留或者五百元以下罚款：

（一）非法种植罂粟不满五百株或者其他少量毒品原植物的；

（二）非法买卖、运输、携带、持有少量未经灭活的罂粟等毒品原植物种子或者幼苗的；

（三）非法运输、买卖、储存、使用少量罂粟壳的。

有前款第一项行为，在成熟前自行铲除的，不予处罚。

第七十二条　有下列行为之一的，处十日以上十五日以下拘留，可以并处二千元以下罚款；情节较轻的，处五日以下拘留或者五百元以下罚款：

（一）非法持有鸦片不满二百克、海洛因或者甲基苯丙胺不满十克或者其他少量毒品的；

（二）向他人提供毒品的；

（三）吸食、注射毒品的；
（四）胁迫、欺骗医务人员开具麻醉药品、精神药品的。

第七十三条　教唆、引诱、欺骗他人吸食、注射毒品的，处十日以上十五日以下拘留，并处五百元以上二千元以下罚款。

第七十四条　旅馆业、饮食服务业、文化娱乐业、出租汽车业等单位的人员，在公安机关查处吸毒、赌博、卖淫、嫖娼活动时，为违法犯罪行为人通风报信的，处十日以上十五日以下拘留。

第七十五条　饲养动物，干扰他人正常生活的，处警告；警告后不改正的，或者放任动物恐吓他人的，处二百元以上五百元以下罚款。

驱使动物伤害他人的，依照本法第四十三条第一款的规定处罚。

第七十六条　有本法第六十七条、第六十八条、第七十条的行为，屡教不改的，可以按照国家规定采取强制性教育措施。

第四章　处罚程序

第一节　调　查

第七十七条　公安机关对报案、控告、举报或者违反治安管理行为人主动投案，以及其他行政主管部门、司法机关移送的违反治安管理案件，应当及时受理，并进行登记。

第七十八条　公安机关受理报案、控告、举报、投案后，认为属于违反治安管理行为的，应当立即进行调查；认为不属于违反治安管理行为的，应当告知报案人、控告人、举报人、投案人，并说明理由。

第七十九条　公安机关及其人民警察对治安案件的调查，应当依法进行。严禁刑讯逼供或者采用威胁、引诱、欺骗等非法手段收集证据。

以非法手段收集的证据不得作为处罚的根据。

第八十条　公安机关及其人民警察在办理治安案件时，对涉及的国家秘密、商业秘密或者个人隐私，应当予以保密。

第八十一条　人民警察在办理治安案件过程中，遇有下列情形之一的，应当回避；违反治安管理行为人、被侵害人或者其法定代理人也有权要求他们回避：

（一）是本案当事人或者当事人的近亲属的；
（二）本人或者其近亲属与本案有利害关系的；
（三）与本案当事人有其他关系，可能影响案件公正处理的。

人民警察的回避，由其所属的公安机关决定；公安机关负责人的回避，由上一级公安机关决定。

第八十二条　需要传唤违反治安管理行为人接受调查的，经公安机关办案部门负责人批准，使用传唤证传唤。对现场发现的违反治安管理行为人，人民警察经出示工作证件，可以口头传唤，但应当在询问笔录中注明。

公安机关应当将传唤的原因和依据告知被传唤人。对无正当理由不接受传唤或者逃避传唤的人，可以强制传唤。

第八十三条　对违反治安管理行为人，公安机关传唤后应当及时询问查证，询问查证的时间不得超过八小时；情况复杂，依照本法规定可能适用行政拘留处罚的，询问查证的时间不得超过二十四小时。

公安机关应当及时将传唤的原因和处所通知被传唤人家属。

第八十四条　询问笔录应当交被询问人核对；对没有阅读能力的，应当向其宣读。记载有遗漏或者差错的，被询问人可以提出补充或者更正。被询问人确认笔录无误后，应当签名或者盖章，询问的人民警察也应当在笔录上签名。

被询问人要求就被询问事项自行提供书面材料的，应当准许；必要时，人民警察也可以要求被询问人自行书写。

询问不满十六周岁的违反治安管理行为人，应当通知其父母或者其他监护人到场。

第八十五条　人民警察询问被侵害人或者其他证人，可以到其所在单位或者住处进行；必要时，也可以通知其到公安机关提供证言。

人民警察在公安机关以外询问被侵害人或者其他证人，应当出示工作证件。

询问被侵害人或者其他证人，同时适用本法第八十四条的规定。

第八十六条　询问聋哑的违反治安管理行为人、被侵害人或者其他证人，应当有通晓手语的人提供帮助，并在笔录上注明。

询问不通晓当地通用的语言文字的违反治安管理行为人、被侵害人或者其他证人，应当配备翻译人员，并在笔录上注明。

第八十七条　公安机关对与违反治安管理行为有关的场所、物品、人身可以进行检查。检查时，人民警察不得少于二人，并应当出示工作证件和县级以上人民政府公安机关开具的检查证明文件。对确有必要立即进行检查的，人民警察经出示工作证件，可以当场检查，但检查公民住所应当出示县级以上人民政府公安机关开具的检查证明文件。

检查妇女的身体，应当由女性工作人员进行。

第八十八条　检查的情况应当制作检查笔录，由检查人、被检查人和见证人签名或者盖章；被检查人拒绝签名的，人民警察应当在笔录上注明。

第八十九条　公安机关办理治安案件，对与案件有关的需要作为证据的物品，可以扣押；对被侵害人或者善意第三人合法占有的财产，不得扣押，应当予以登记。对与案件无关的物品，不得扣押。

对扣押的物品，应当会同在场见证人和被扣押物品持有人查点清楚，当场开列清单一式二份，由调查人员、见证人和持有人签名或者盖章，一份交给持有人，另一份附卷备查。

对扣押的物品，应当妥善保管，不得挪作他用；对不宜长期保存的物品，按照有关规定处理。经查明与案件无关的，应当及时退还；经核实属于他人合法财产的，应当登记后立即退还；满六个月无人对该财产主张权利或者无法查清权利人的，应当公开拍卖或者按照国家有关规定处理，所得款项上缴国库。

第九十条　为了查明案情，需要解决案件中有争议的专门性问题的，应当指派或者聘请具有专门知识的人员进行鉴定；鉴定人鉴定后，应当写出鉴定意见，并且签名。

第二节　决　定

第九十一条　治安管理处罚由县级以上人民政府公安机关决定；其中警告、五百元以下的罚款可以由公安派出所决定。

第九十二条　对决定给予行政拘留处罚的人，在处罚前已经采取强制措施限制人身自由的时间，应当折抵。限制人身自由一日，折抵行政拘留一日。

第九十三条　公安机关查处治安案件，对没有本人陈述，但其他证据能够证明案件事实的，可以作出治安管理处罚决定。但是，只有本人陈述，没有其他证据证明的，不能作出治安管理处罚决定。

第九十四条　公安机关作出治安管理处罚决定前，应当告知违反治安管理行为人作出治安管理处罚的事实、理由及依据，并告知违反治安管理行为人依法享有的权利。

违反治安管理行为人有权陈述和申辩。公安机关必须充分听取违反治安管理行为人的意见，对违反治安管理行为人提出的事实、理由和证据，应当进行复核；违反治安管理行为人提出的事实、理由或者证据成立的，公安机关应当采纳。

公安机关不得因违反治安管理行为人的陈述、申辩而加重处罚。

第九十五条　治安案件调查结束后，公安机关应当根据不同情况，分别作出以下处理：

（一）确有依法应当给予治安管理处罚的违法行为的，根据情节轻重及具体情况，作出处罚决定；

（二）依法不予处罚的，或者违法事实不能成立的，作出不予处罚决定；

（三）违法行为已涉嫌犯罪的，移送主管机关依法追究刑事责任；

（四）发现违反治安管理行为人有其他违法行为的，在对违反治安管理行为作出处罚决定的同时，通知有关行政主管部门处理。

第九十六条　公安机关作出治安管理处罚决定的，应当制作治安管理处罚决

定书。决定书应当载明下列内容:

（一）被处罚人的姓名、性别、年龄、身份证件的名称和号码、住址；

（二）违法事实和证据；

（三）处罚的种类和依据；

（四）处罚的执行方式和期限；

（五）对处罚决定不服，申请行政复议、提起行政诉讼的途径和期限；

（六）作出处罚决定的公安机关的名称和作出决定的日期。

决定书应当由作出处罚决定的公安机关加盖印章。

第九十七条　公安机关应当向被处罚人宣告治安管理处罚决定书，并当场交付被处罚人；无法当场向被处罚人宣告的，应当在二日内送达被处罚人。决定给予行政拘留处罚的，应当及时通知被处罚人的家属。

有被侵害人的，公安机关应当将决定书副本抄送被侵害人。

第九十八条　公安机关作出吊销许可证以及处二千元以上罚款的治安管理处罚决定前，应当告知违反治安管理行为人有权要求举行听证；违反治安管理行为人要求听证的，公安机关应当及时依法举行听证。

第九十九条　公安机关办理治安案件的期限，自受理之日起不得超过三十日；案情重大、复杂的，经上一级公安机关批准，可以延长三十日。

为了查明案情进行鉴定的期间，不计入办理治安案件的期限。

第一百条　违反治安管理行为事实清楚，证据确凿，处警告或者二百元以下罚款的，可以当场作出治安管理处罚决定。

第一百零一条　当场作出治安管理处罚决定的，人民警察应当向违反治安管理行为人出示工作证件，并填写处罚决定书。处罚决定书应当当场交付被处罚人；有被侵害人的，并将决定书副本抄送被侵害人。

前款规定的处罚决定书，应当载明被处罚人的姓名、违法行为、处罚依据、罚款数额、时间、地点以及公安机关名称，并由经办的人民警察签名或者盖章。

当场作出治安管理处罚决定的，经办的人民警察应当在二十四小时内报所属公安机关备案。

第一百零二条　被处罚人对治安管理处罚决定不服的，可以依法申请行政复议或者提起行政诉讼。

第三节　执　行

第一百零三条　对被决定给予行政拘留处罚的人，由作出决定的公安机关送达拘留所执行。

第一百零四条　受到罚款处罚的人应当自收到处罚决定书之日起十五日内，

到指定的银行缴纳罚款。但是，有下列情形之一的，人民警察可以当场收缴罚款：

（一）被处五十元以下罚款，被处罚人对罚款无异议的；

（二）在边远、水上、交通不便地区，公安机关及其人民警察依照本法的规定作出罚款决定后，被处罚人向指定的银行缴纳罚款确有困难，经被处罚人提出的；

（三）被处罚人在当地没有固定住所，不当场收缴事后难以执行的。

第一百零五条　人民警察当场收缴的罚款，应当自收缴罚款之日起二日内，交至所属的公安机关；在水上、旅客列车上当场收缴的罚款，应当自抵岸或者到站之日起二日内，交至所属的公安机关；公安机关应当自收到罚款之日起二日内将罚款缴付指定的银行。

第一百零六条　人民警察当场收缴罚款的，应当向被处罚人出具省、自治区、直辖市人民政府财政部门统一制发的罚款收据；不出具统一制发的罚款收据的，被处罚人有权拒绝缴纳罚款。

第一百零七条　被处罚人不服行政拘留处罚决定，申请行政复议、提起行政诉讼的，可以向公安机关提出暂缓执行行政拘留的申请。公安机关认为暂缓执行行政拘留不致发生社会危险的，由被处罚人或者其近亲属提出符合本法第一百零八条规定条件的担保人，或者按每日行政拘留二百元的标准交纳保证金，行政拘留的处罚决定暂缓执行。

第一百零八条　担保人应当符合下列条件：

（一）与本案无牵连；

（二）享有政治权利，人身自由未受到限制；

（三）在当地有常住户口和固定住所；

（四）有能力履行担保义务。

第一百零九条　担保人应当保证被担保人不逃避行政拘留处罚的执行。

担保人不履行担保义务，致使被担保人逃避行政拘留处罚的执行的，由公安机关对其处三千元以下罚款。

第一百一十条　被决定给予行政拘留处罚的人交纳保证金，暂缓行政拘留后，逃避行政拘留处罚的执行的，保证金予以没收并上缴国库，已经作出的行政拘留决定仍应执行。

第一百一十一条　行政拘留的处罚决定被撤销，或者行政拘留处罚开始执行的，公安机关收取的保证金应当及时退还交纳人。

第五章　执法监督

第一百一十二条　公安机关及其人民警察应当依法、公正、严格、高效办理治安案件，文明执法，不得徇私舞弊。

第一百一十三条　公安机关及其人民警察办理治安案件，禁止对违反治安管理行为人打骂、虐待或者侮辱。

第一百一十四条　公安机关及其人民警察办理治安案件，应当自觉接受社会和公民的监督。

公安机关及其人民警察办理治安案件，不严格执法或者有违法违纪行为的，任何单位和个人都有权向公安机关或者人民检察院、行政监察机关检举、控告；收到检举、控告的机关，应当依据职责及时处理。

第一百一十五条　公安机关依法实施罚款处罚，应当依照有关法律、行政法规的规定，实行罚款决定与罚款收缴分离；收缴的罚款应当全部上缴国库。

第一百一十六条　人民警察办理治安案件，有下列行为之一的，依法给予行政处分；构成犯罪的，依法追究刑事责任：

（一）刑讯逼供、体罚、虐待、侮辱他人的；

（二）超过询问查证的时间限制人身自由的；

（三）不执行罚款决定与罚款收缴分离制度或者不按规定将罚没的财物上缴国库或者依法处理的；

（四）私分、侵占、挪用、故意损毁收缴、扣押的财物的；

（五）违反规定使用或者不及时返还被侵害人财物的；

（六）违反规定不及时退还保证金的；

（七）利用职务上的便利收受他人财物或者谋取其他利益的；

（八）当场收缴罚款不出具罚款收据或者不如实填写罚款数额的；

（九）接到要求制止违反治安管理行为的报警后，不及时出警的；

（十）在查处违反治安管理活动时，为违法犯罪行为人通风报信的；

（十一）有徇私舞弊、滥用职权，不依法履行法定职责的其他情形的。

办理治安案件的公安机关有前款所列行为的，对直接负责的主管人员和其他直接责任人员给予相应的行政处分。

第一百一十七条　公安机关及其人民警察违法行使职权，侵犯公民、法人和其他组织合法权益的，应当赔礼道歉；造成损害的，应当依法承担赔偿责任。

第六章　附　则

第一百一十八条　本法所称以上、以下、以内，包括本数。

第一百一十九条　本法自 2006 年 3 月 1 日起施行。1986 年 9 月 5 日公布、1994 年 5 月 12 日修订公布的《中华人民共和国治安管理处罚条例》同时废止。

十、《中华人民共和国侵权责任法》

(2009年12月26日第十一届全国人民代表大会
常务委员会第十二次会议通过)

第一章　一般规定

第一条　为保护民事主体的合法权益，明确侵权责任，预防并制裁侵权行为，促进社会和谐稳定，制定本法。

第二条　侵害民事权益，应当依照本法承担侵权责任。

本法所称民事权益，包括生命权、健康权、姓名权、名誉权、荣誉权、肖像权、隐私权、婚姻自主权、监护权、所有权、用益物权、担保物权、著作权、专利权、商标专用权、发现权、股权、继承权等人身、财产权益。

第三条　被侵权人有权请求侵权人承担侵权责任。

第四条　侵权人因同一行为应当承担行政责任或者刑事责任的，不影响依法承担侵权责任。

因同一行为应当承担侵权责任和行政责任、刑事责任，侵权人的财产不足以支付的，先承担侵权责任。

第五条　其他法律对侵权责任另有特别规定的，依照其规定。

第二章　责任构成和责任方式

第六条　行为人因过错侵害他人民事权益，应当承担侵权责任。

根据法律规定推定行为人有过错，行为人不能证明自己没有过错的，应当承担侵权责任。

第七条　行为人损害他人民事权益，不论行为人有无过错，法律规定应当承担侵权责任的，依照其规定。

第八条　二人以上共同实施侵权行为，造成他人损害的，应当承担连带责任。

第九条　教唆、帮助他人实施侵权行为的，应当与行为人承担连带责任。

教唆、帮助无民事行为能力人、限制民事行为能力人实施侵权行为的，应当承担侵权责任；该无民事行为能力人、限制民事行为能力人的监护人未尽到监护责任的，应当承担相应的责任。

第十条　二人以上实施危及他人人身、财产安全的行为，其中一人或者数人的行为造成他人损害，能够确定具体侵权人的，由侵权人承担责任；不能确定具体侵权人的，行为人承担连带责任。

第十一条　二人以上分别实施侵权行为造成同一损害，每个人的侵权行为都足以造成全部损害的，行为人承担连带责任。

第十二条　二人以上分别实施侵权行为造成同一损害，能够确定责任大小的，各自承担相应的责任；难以确定责任大小的，平均承担赔偿责任。

第十三条　法律规定承担连带责任的，被侵权人有权请求部分或者全部连带责任人承担责任。

第十四条　连带责任人根据各自责任大小确定相应的赔偿数额；难以确定责任大小的，平均承担赔偿责任。

支付超出自己赔偿数额的连带责任人，有权向其他连带责任人追偿。

第十五条　承担侵权责任的方式主要有：

（一）停止侵害；

（二）排除妨碍；

（三）消除危险；

（四）返还财产；

（五）恢复原状；

（六）赔偿损失；

（七）赔礼道歉；

（八）消除影响、恢复名誉。

以上承担侵权责任的方式，可以单独适用，也可以合并适用。

第十六条　侵害他人造成人身损害的，应当赔偿医疗费、护理费、交通费等为治疗和康复支出的合理费用，以及因误工减少的收入。造成残疾的，还应当赔偿残疾生活辅助具费和残疾赔偿金。造成死亡的，还应当赔偿丧葬费和死亡赔偿金。

第十七条　因同一侵权行为造成多人死亡的，可以以相同数额确定死亡赔偿金。

第十八条　被侵权人死亡的，其近亲属有权请求侵权人承担侵权责任。被侵权人为单位，该单位分立、合并的，承继权利的单位有权请求侵权人承担侵权责任。

被侵权人死亡的，支付被侵权人医疗费、丧葬费等合理费用的人有权请求侵权人赔偿费用，但侵权人已支付该费用的除外。

第十九条　侵害他人财产的，财产损失按照损失发生时的市场价格或者其他方式计算。

第二十条　侵害他人人身权益造成财产损失的，按照被侵权人因此受到的损失赔偿；被侵权人的损失难以确定，侵权人因此获得利益的，按照其获得的利益赔偿；侵权人因此获得的利益难以确定，被侵权人和侵权人就赔偿数额协商不一致,向人民法院提起诉讼的,由人民法院根据实际情况确定赔偿数额。

第二十一条 侵权行为危及他人人身、财产安全的,被侵权人可以请求侵权人承担停止侵害、排除妨碍、消除危险等侵权责任。

第二十二条 侵害他人人身权益,造成他人严重精神损害的,被侵权人可以请求精神损害赔偿。

第二十三条 因防止、制止他人民事权益被侵害而使自己受到损害的,由侵权人承担责任。侵权人逃逸或者无力承担责任,被侵权人请求补偿的,受益人应当给予适当补偿。

第二十四条 受害人和行为人对损害的发生都没有过错的,可以根据实际情况,由双方分担损失。

第二十五条 损害发生后,当事人可以协商赔偿费用的支付方式。协商不一致的,赔偿费用应当一次性支付;一次性支付确有困难的,可以分期支付,但应当提供相应的担保。

第三章 不承担责任和减轻责任的情形

第二十六条 被侵权人对损害的发生也有过错的,可以减轻侵权人的责任。

第二十七条 损害是因受害人故意造成的,行为人不承担责任。

第二十八条 损害是因第三人造成的,第三人应当承担侵权责任。

第二十九条 因不可抗力造成他人损害的,不承担责任。法律另有规定的,依照其规定。

第三十条 因正当防卫造成损害的,不承担责任。正当防卫超过必要的限度,造成不应有的损害的,正当防卫人应当承担适当的责任。

第三十一条 因紧急避险造成损害的,由引起险情发生的人承担责任。如果危险是由自然原因引起的,紧急避险人不承担责任或者给予适当补偿。紧急避险采取措施不当或者超过必要的限度,造成不应有的损害的,紧急避险人应当承担适当的责任。

第四章 关于责任主体的特殊规定

第三十二条 无民事行为能力人、限制民事行为能力人造成他人损害的,由监护人承担侵权责任。监护人尽到监护责任的,可以减轻其侵权责任。

有财产的无民事行为能力人、限制民事行为能力人造成他人损害的,从本人财产中支付赔偿费用。不足部分,由监护人赔偿。

第三十三条 完全民事行为能力人对自己的行为暂时没有意识或者失去控制造成他人损害有过错的,应当承担侵权责任;没有过错的,根据行为人的经济状况对受害人适当补偿。

完全民事行为能力人因醉酒、滥用麻醉药品或者精神药品对自己的行为暂时没有意识或者失去控制造成他人损害的，应当承担侵权责任。

第三十四条 用人单位的工作人员因执行工作任务造成他人损害的，由用人单位承担侵权责任。

劳务派遣期间，被派遣的工作人员因执行工作任务造成他人损害的，由接受劳务派遣的用工单位承担侵权责任；劳务派遣单位有过错的，承担相应的补充责任。

第三十五条 个人之间形成劳务关系，提供劳务一方因劳务造成他人损害的，由接受劳务一方承担侵权责任。提供劳务一方因劳务自己受到损害的，根据双方各自的过错承担相应的责任。

第三十六条 网络用户、网络服务提供者利用网络侵害他人民事权益的，应当承担侵权责任。

网络用户利用网络服务实施侵权行为的，被侵权人有权通知网络服务提供者采取删除、屏蔽、断开链接等必要措施。网络服务提供者接到通知后未及时采取必要措施的，对损害的扩大部分与该网络用户承担连带责任。

网络服务提供者知道网络用户利用其网络服务侵害他人民事权益，未采取必要措施的，与该网络用户承担连带责任。

第三十七条 宾馆、商场、银行、车站、娱乐场所等公共场所的管理人或者群众性活动的组织者，未尽到安全保障义务，造成他人损害的，应当承担侵权责任。

因第三人的行为造成他人损害的，由第三人承担侵权责任；管理人或者组织者未尽到安全保障义务的，承担相应的补充责任。

第三十八条 无民事行为能力人在幼儿园、学校或者其他教育机构学习、生活期间受到人身损害的，幼儿园、学校或者其他教育机构应当承担责任，但能够证明尽到教育、管理职责的，不承担责任。

第三十九条 限制民事行为能力人在学校或者其他教育机构学习、生活期间受到人身损害，学校或者其他教育机构未尽到教育、管理职责的，应当承担责任。

第四十条 无民事行为能力人或者限制民事行为能力人在幼儿园、学校或者其他教育机构学习、生活期间，受到幼儿园、学校或者其他教育机构以外的人员人身损害的，由侵权人承担侵权责任；幼儿园、学校或者其他教育机构未尽到管理职责的，承担相应的补充责任。

第五章 产品责任

第四十一条 因产品存在缺陷造成他人损害的，生产者应当承担侵权责任。

第四十二条　因销售者的过错使产品存在缺陷，造成他人损害的，销售者应当承担侵权责任。

销售者不能指明缺陷产品的生产者也不能指明缺陷产品的供货者的，销售者应当承担侵权责任。

第四十三条　因产品存在缺陷造成损害的，被侵权人可以向产品的生产者请求赔偿，也可以向产品的销售者请求赔偿。

产品缺陷由生产者造成的，销售者赔偿后，有权向生产者追偿。

因销售者的过错使产品存在缺陷的，生产者赔偿后，有权向销售者追偿。

第四十四条　因运输者、仓储者等第三人的过错使产品存在缺陷，造成他人损害的，产品的生产者、销售者赔偿后，有权向第三人追偿。

第四十五条　因产品缺陷危及他人人身、财产安全的，被侵权人有权请求生产者、销售者承担排除妨碍、消除危险等侵权责任。

第四十六条　产品投入流通后发现存在缺陷的，生产者、销售者应当及时采取警示、召回等补救措施。未及时采取补救措施或者补救措施不力造成损害的，应当承担侵权责任。

第四十七条　明知产品存在缺陷仍然生产、销售，造成他人死亡或者健康严重损害的，被侵权人有权请求相应的惩罚性赔偿。

第六章　机动车交通事故责任

第四十八条　机动车发生交通事故造成损害的，依照道路交通安全法的有关规定承担赔偿责任。

第四十九条　因租赁、借用等情形机动车所有人与使用人不是同一人时，发生交通事故后属于该机动车一方责任的，由保险公司在机动车强制保险责任限额范围内予以赔偿。不足部分，由机动车使用人承担赔偿责任；机动车所有人对损害的发生有过错的，承担相应的赔偿责任。

第五十条　当事人之间已经以买卖等方式转让并交付机动车但未办理所有权转移登记，发生交通事故后属于该机动车一方责任的，由保险公司在机动车强制保险责任限额范围内予以赔偿。不足部分，由受让人承担赔偿责任。

第五十一条　以买卖等方式转让拼装或者已达到报废标准的机动车，发生交通事故造成损害的，由转让人和受让人承担连带责任。

第五十二条　盗窃、抢劫或者抢夺的机动车发生交通事故造成损害的，由盗窃人、抢劫人或者抢夺人承担赔偿责任。保险公司在机动车强制保险责任限额范围内垫付抢救费用的，有权向交通事故责任人追偿。

第五十三条　机动车驾驶人发生交通事故后逃逸，该机动车参加强制保险的，由保险公司在机动车强制保险责任限额范围内予以赔偿；机动车不明或者该机动车未参加强制保险，需要支付被侵权人人身伤亡的抢救、丧葬等费用的，由道路交通事故社会救助基金垫付。道路交通事故社会救助基金垫付后，其管理机构有权向交通事故责任人追偿。

第七章　医疗损害责任

第五十四条　患者在诊疗活动中受到损害，医疗机构及其医务人员有过错的，由医疗机构承担赔偿责任。

第五十五条　医务人员在诊疗活动中应当向患者说明病情和医疗措施。需要实施手术、特殊检查、特殊治疗的，医务人员应当及时向患者说明医疗风险、替代医疗方案等情况，并取得其书面同意；不宜向患者说明的，应当向患者的近亲属说明，并取得其书面同意。

医务人员未尽到前款义务，造成患者损害的，医疗机构应当承担赔偿责任。

第五十六条　因抢救生命垂危的患者等紧急情况，不能取得患者或者其近亲属意见的，经医疗机构负责人或者授权的负责人批准，可以立即实施相应的医疗措施。

第五十七条　医务人员在诊疗活动中未尽到与当时的医疗水平相应的诊疗义务，造成患者损害的，医疗机构应当承担赔偿责任。

第五十八条　患者有损害，因下列情形之一的，推定医疗机构有过错：

（一）违反法律、行政法规、规章以及其他有关诊疗规范的规定；

（二）隐匿或者拒绝提供与纠纷有关的病历资料；

（三）伪造、篡改或者销毁病历资料。

第五十九条　因药品、消毒药剂、医疗器械的缺陷，或者输入不合格的血液造成患者损害的，患者可以向生产者或者血液提供机构请求赔偿，也可以向医疗机构请求赔偿。患者向医疗机构请求赔偿的，医疗机构赔偿后，有权向负有责任的生产者或者血液提供机构追偿。

第六十条　患者有损害，因下列情形之一的，医疗机构不承担赔偿责任：

（一）患者或者其近亲属不配合医疗机构进行符合诊疗规范的诊疗；

（二）医务人员在抢救生命垂危的患者等紧急情况下已经尽到合理诊疗义务；

（三）限于当时的医疗水平难以诊疗。

前款第一项情形中，医疗机构及其医务人员也有过错的，应当承担相应的赔偿责任。

第六十一条　医疗机构及其医务人员应当按照规定填写并妥善保管住院志、医嘱单、检验报告、手术及麻醉记录、病理资料、护理记录、医疗费用等病历资料。

患者要求查阅、复制前款规定的病历资料的，医疗机构应当提供。

第六十二条　医疗机构及其医务人员应当对患者的隐私保密。泄露患者隐私或者未经患者同意公开其病历资料，造成患者损害的，应当承担侵权责任。

第六十三条　医疗机构及其医务人员不得违反诊疗规范实施不必要的检查。

第六十四条　医疗机构及其医务人员的合法权益受法律保护。干扰医疗秩序，妨害医务人员工作、生活的，应当依法承担法律责任。

第八章　环境污染责任

第六十五条　因污染环境造成损害的，污染者应当承担侵权责任。

第六十六条　因污染环境发生纠纷，污染者应当就法律规定的不承担责任或者减轻责任的情形及其行为与损害之间不存在因果关系承担举证责任。

第六十七条　两个以上污染者污染环境，污染者承担责任的大小，根据污染物的种类、排放量等因素确定。

第六十八条　因第三人的过错污染环境造成损害的，被侵权人可以向污染者请求赔偿，也可以向第三人请求赔偿。污染者赔偿后，有权向第三人追偿。

第九章　高度危险责任

第六十九条　从事高度危险作业造成他人损害的，应当承担侵权责任。

第七十条　民用核设施发生核事故造成他人损害的，民用核设施的经营者应当承担侵权责任，但能够证明损害是因战争等情形或者受害人故意造成的，不承担责任。

第七十一条　民用航空器造成他人损害的，民用航空器的经营者应当承担侵权责任，但能够证明损害是因受害人故意造成的，不承担责任。

第七十二条　占有或者使用易燃、易爆、剧毒、放射性等高度危险物造成他人损害的，占有人或者使用人应当承担侵权责任，但能够证明损害是因受害人故意或者不可抗力造成的，不承担责任。被侵权人对损害的发生有重大过失的，可以减轻占有人或者使用人的责任。

第七十三条　从事高空、高压、地下挖掘活动或者使用高速轨道运输工具造成他人损害的，经营者应当承担侵权责任，但能够证明损害是因受害人故意或者不可抗力造成的，不承担责任。被侵权人对损害的发生有过失的，可以减轻经营者的责任。

第七十四条　遗失、抛弃高度危险物造成他人损害的，由所有人承担侵权责任。所有人将高度危险物交由他人管理的，由管理人承担侵权责任；所有人有过错的，与管理人承担连带责任。

第七十五条　非法占有高度危险物造成他人损害的，由非法占有人承担侵权责任。所有人、管理人不能证明对防止他人非法占有尽到高度注意义务的，与非法占有人承担连带责任。

第七十六条　未经许可进入高度危险活动区域或者高度危险物存放区域受到损害，管理人已经采取安全措施并尽到警示义务的，可以减轻或者不承担责任。

第七十七条　承担高度危险责任，法律规定赔偿限额的，依照其规定。

第十章　饲养动物损害责任

第七十八条　饲养的动物造成他人损害的，动物饲养人或者管理人应当承担侵权责任，但能够证明损害是因被侵权人故意或者重大过失造成的，可以不承担或者减轻责任。

第七十九条　违反管理规定，未对动物采取安全措施造成他人损害的，动物饲养人或者管理人应当承担侵权责任。

第八十条　禁止饲养的烈性犬等危险动物造成他人损害的，动物饲养人或者管理人应当承担侵权责任。

第八十一条　动物园的动物造成他人损害的，动物园应当承担侵权责任，但能够证明尽到管理职责的，不承担责任。

第八十二条　遗弃、逃逸的动物在遗弃、逃逸期间造成他人损害的，由原动物饲养人或者管理人承担侵权责任。

第八十三条　因第三人的过错致使动物造成他人损害的，被侵权人可以向动物饲养人或者管理人请求赔偿，也可以向第三人请求赔偿。动物饲养人或者管理人赔偿后，有权向第三人追偿。

第八十四条　饲养动物应当遵守法律，尊重社会公德，不得妨害他人生活。

第十一章　物件损害责任

第八十五条　建筑物、构筑物或者其他设施及其搁置物、悬挂物发生脱落、坠落造成他人损害，所有人、管理人或者使用人不能证明自己没有过错的，应当承担侵权责任。所有人、管理人或者使用人赔偿后，有其他责任人的，有权向其他责任人追偿。

第八十六条　建筑物、构筑物或者其他设施倒塌造成他人损害的，由建设单位与施工单位承担连带责任。建设单位、施工单位赔偿后，有其他责任人的，有权向其他责任人追偿。

因其他责任人的原因，建筑物、构筑物或者其他设施倒塌造成他人损害的，由其他责任人承担侵权责任。

第八十七条　从建筑物中抛掷物品或者从建筑物上坠落的物品造成他人损害，难以确定具体侵权人的，除能够证明自己不是侵权人的外，由可能加害的建筑物使用人给予补偿。

第八十八条　堆放物倒塌造成他人损害，堆放人不能证明自己没有过错的，应当承担侵权责任。

第八十九条　在公共道路上堆放、倾倒、遗撒妨碍通行的物品造成他人损害的，有关单位或者个人应当承担侵权责任。

第九十条　因林木折断造成他人损害，林木的所有人或者管理人不能证明自己没有过错的，应当承担侵权责任。

第九十一条　在公共场所或者道路上挖坑、修缮安装地下设施等，没有设置明显标志和采取安全措施造成他人损害的，施工人应当承担侵权责任。

窨井等地下设施造成他人损害，管理人不能证明尽到管理职责的，应当承担侵权责任。

第十二章　附　则

第九十二条　本法自 2010 年 7 月 1 日起施行。

参考文献

[1] 李胜. 高职生安全教育必读. 北京：北京理工大学出版社，2017.
[2] 程小红，李延明. 大学生安全素质教育. 北京：化学工业出版社，2016.
[3] 吴超. 高职学生安全教育. 北京：高等教育出版社，2014.
[4] 许曙青. 安全健康教育. 北京：电子工业出版社，2017.
[5] 赵升文. 高职生安全教育. 北京：人民邮电出版社，2009.
[6] 郭凤安. 大学生安全教育. 北京：清华大学出版社，2010.
[7] 李峥嵘. 大学生安全知识读本. 西安：西安交通大学出版社，2007.
[8] 中国红十字会总会. 学生生命安全读本. 北京：社会科学文献出版社，2016.
[9] 河南省红十字会. 应急知识大学读本. 河南：河南科学技术出版社，2013.
[10] 陈忠林. 刑法学. 北京：法律出版社，2006.